国際学入門マテリアルズ

平和・開発・国際キャリアを融合させた講義読本

岡山大学出版会

はじめに

世界の諸問題に取り組む場合、既存のいろいろな学問分野からアプローチし、分析を行うことが一般的には多い。世界の環境問題や食料問題、健康保健問題や教育問題、さらには貧困問題や紛争の問題等々、政治的・経済的アプローチが取られたり、法的アプローチが取られたり、社会学的あるいは科学的アプローチが取られたりする。さらには、例えば究極的に世界の人々の幸せを願いそれを増進させるためには、上記のようなアプローチに加え、心理学的、あるいは宗教的、生命倫理的アプローチが必要とされるかも知れない。

一つの問題に対して各学問分野がどのように関心を寄せるのか、東ティモールという国のことを題材にして他の拙著に次のように書いたことがある。

一つの事柄を各分野の学者たちはどう見て、研究の対象にするのか

ここで、具体的にある一つの事柄を学者たちがどのように見るのか、例として2002年5月に21世紀初の独立国として建国された東ティモールを取り上げてみましょう。

東ティモールは、長らくポルトガルの植民地でしたが、1974年にポルトガルが海外植民地を放棄すると、独立勢力が力を得て、翌75年には束の間の独立が宣言されます。しかし、地域の左傾化（社会主義化）を懸念するインドネシアに軍事占領されてしまいました。以降四半世紀に及ぶ抵抗運動を経て、1999年の独立を問う住民投票の結果により（それによって大混乱に巻き込まれ、多国籍軍と国連平和維持活動（PKO）が展開される事態となりましたが）、2002年に念願の独立を果たしたばかりです。

それぞれの研究者が対象とするもの

この一連の東ティモール建国の経緯を分析するに際し、国際政治学者なら、冷戦時代の国際体制から出発するでしょうし、多国籍軍や国連PKO派遣は格好の事例研究の材料となるでしょう。インドネシア政治の専門家なら、主としてインドネシア国内政治の民主化との関連から東ティモールの分離独立を容認するに至った経緯を分析するでしょう。国際社会を民族主義、エスニシティーに重きを置いて見る立場であれば、イリアン・ジャヤ、アチェ等、インドネシア各地で台頭する民族分離運動との比較が重要となるでしょう。

経済学者は、東ティモールが国として自立できる経済的条件の研究を行うでしょうし、より興味深い問題は、南海の孤島にそもそも経済開発や経済成長は必要なのかという、経済理論を超えた地球的、根源的な問いかけです。

法律は基本的に一国単位で存在するものです。かといって法律学者は独立したばかりの小国に何の関心も持たないというわけでは決してありません。大いに関心があるのです。憲法学者は独立に先立ち大急ぎで作られた憲法の内容に関心がありますし、独立後の行政をどのように行うのか、占領時代の虐殺の容疑者をどのように裁くのか等々、行政法学者や刑法学者は大いに関心があるのです。新生国家として土地の所有権や身分関係を確定させる時には、民法学者の力が必要です。そもそもポルトガル時代、インドネシア時代、そして国連暫定統治時代のそれぞれの法律を、独立後にどのように取捨選択し、適用していくかという「法の継受」の問題は法学者全員にとって重大なテーマなのです。

社会学者、文化人類学者なら、あの小さな島国東ティモール内にいくつもある地域言語グループごとの生活様式の違いに注目するかも知れません。もちろん言語学者なら、並存する言語グループそれ自体が研究対象です。またポルトガル語という外来の公用語、土地の共通語としてのテトゥン語、その他の言葉という三層の言語構造の問題、さらには、カリブ海でよく見られるように、それらが混ざり合った通用語（ピジン語）への発展ないし新しい土着言語への創造発展（クレオール化）という魅力あるテーマも可能かも知れません。

以上はほんの一例ですが、このようにどの分野の研究者であっても、東ティモールで発生したこと、現在行われていることに決して無関心ではいられないことがお分かりいただけたでしょう。逆に言えば、今世紀初の独立国家である東ティモールに何の関心も抱けないようでは、研究者として失格と言っても過言ではないのです。」（『学術研究者になるには　人文・社会系』ぺりかん社、2010年改訂版）

まさに21世紀最初のアジアの独立国である東ティモールは、学者・研究者にとり宝の山のように思えるだろう。

しかし気をつけなければならないのは、東ティモールは、研究者にとっての宝の山として存在しているのではなく、東ティモールのより良き未来のために研究者は何ができるかが重要であるということだ。医学のために病人がいるのではなく、病人のために医学があるのである。つまり世界のある問題は、特定の学問分野からの研究の対象とされ分析されればそれで良しとされるわけではない。その問題は、ある切り口から分析されるだけではまったく不十分で、解決されなければならないからだ。そのためにはその問題解決そのものを目指すべく、既存の枠組みを超えた学際的アプローチで問題解決に挑む必要がある。

例えば有名ブランド品の偽造の問題がアジアで広範囲に広がり、世界的な問題となっているとする。それを模造ブランド品問題は、貿易問題、経済問題、国際的な特許や商標の法律問題、アジア諸国の社会問題などと個別の学問分野から考えるだけではまったく不十分であろう。ＨＩＶエイズの問題でも、保健や医療の問題としてのみ対処され、解決されるものでもないだろう。同時に政治社会的な問題でもあるからだ。

以上から明らかな通り、世界の問題は、それ自体が直接に分析・研究の対象とされなければならず、しかも必要とされる学問分野（ディシプリン）がすべて統合的に適用されなければならない。その際、学問分野から発するのではなく、現実から発するべきである。学問のために現実があるのでなく、現実のためにこそ学問があるのであるから。

同じことを学生の立場から分かりやすい事例で例えるなら、学生が大学で法律を専攻しようが経済を専攻しようが、就職活動の結果、例えば総合商社に入社して、海外との取引に従事するなら、目の前の実際の取引や発生した問題を、自ら専門としていた法学や経済学からの立場だけで対処しても、ほとんど何の役にも立たないであろう。専門的な考え方の枠に捉われず、それを超越したところで、取引は行われ、現実は動いているものだからだ。

そうであるから、学生の時代から、経済やビジネスの問題を法律的に考え、あるいは法律問題を政治経済的、社会的に考え、さらには紛争や平和など、国際政治の問題の社会学的、ないし社会文化的側面に考えを巡らせる訓練をしておくのは無駄ではあるまい。

本書では以上のような考え方で、国際社会的な問題を、主として社会科学のいろいろなディシプリンを適用し学際的に考えるための基礎的な論文素材を提供しようと試みたものである。

上記東ティモールの例でもお分かりのように、ある地域のことを総合的に捉えようとすると、それは必然的に極めて学際的な地域研究の方向性に進むだろう。逆に地域を限定しないで、世界の諸問題にテーマ志向で挑むなら、それは極めて国際政策的な新しい方向に進んでゆくだろう。そしてその両者は、例えば「アフリカの保健衛生問題」とか「アフリカの人口問題、教育問題」とかというように、どこかで結びつくこともあるのである。

本書は、「地域研究」「国際政策」という上記二つの方向性を統合しようとしたり、全ての世界の問題を網羅しようとする気宇壮大なものでは全く無いが、その試みの取掛かりだけでも提供しようとするものである。とりわけ政治、経済、法律、社会といった社会科学系の諸学問の間の垣根を取り払うことを念頭に置いた。そして同時に地域研究と国際政策との間の相互交流も活性化させることも企図した。そのために、扱う分野に制約を加えず、間口を広く取るために、「国際学」という未だ馴染みがあるとは言えない、ある種、曖昧な用語をあえて用いたのである。

素材はほとんどが著者の若かりし頃から最近に

至るまでの３０年にも及ぶ長い期間に、各種の媒体に書き下したもので、わずかな調整以外は、ほとんど原文に手を加えず、そのまま掲載した。稚拙で粗野だが、青臭く、かつ壮大なビジョンを内包する初期の頃の作文から、専門家向けの脚注の多く付いた政策提言論文までまさに玉石混交である。それらが一冊の本のなかで、調和の取れた一つの流れを形成しているとは決して思わないが、しかしそれが仮に寄せ集めではあっても、専門家とは何なのか、専門をいくつも渡り歩くなら、それは専門家ではないのかと自問し、悩み続けた著者の思考の軌跡が論稿のなかに読み取れるであろう。そしてそれを読むことが若い学徒にとっては、複眼的・学際的な思考を訓練することに直結するであろう。

　最後に、逆説的だが、本書によって学生の皆さんが、学際的な考え方を少しでも体得したあと、さらに自らさらに究めたいと感じる専門分野に進むことができるなら、本書がまさに道標のような役割を果たすことができるわけで、著者の望外の幸せである。

目次

はじめに ・・・・・・・・・・・・・・・・・・・・・・・・・ 3

1．なぜ、世界と関わるか
　1．世界の視点を持つことの意義 ・・・・・・・・・ 8
　2．フィールドが教室：海外の現場に学ぶ重要性 ・・・ 12
　　・私の体験的「国際社会を見る眼」
　　・ＥＣの心臓部は唯今、分裂中
　3．国際キャリア、私の事例 ・・・・・・・・・ 19
　　・大学時代に考えたこと、やったこと
　　・ベルギー政府奨学金を得て ―社会人の公費留学―
　　・海外留学、国連勤務から国際協力専門家へ
　　・私の国際渡世、その中間報告
　4．大学で「世界」に触れてみよう ・・・・・・・ 35
　5．世界と言葉 ・・・・・・・・・・・・・・ 41

2．開発と日本
　1．世界の発展と日本 ・・・・・・・・・・・・ 46
　2．企業活動と貿易制度と国際援助と ・・・・・・・ 50
　3．経済発展と経済活動の連関を法的に見る ・・・・・ 53
　4．貿易と開発と地域主義 ・・・・・・・・・・ 70
　5．日本のＯＤＡの過去・現在・未来 ・・・・・・・ 80

3．紛争と和平
　1．冷戦後の紛争と和平――民族紛争と平和構築 ・・・・・ 94
　2．平和構築と法律との関わり――平和構築と法整備支援 ・・ 133
　3．市民とＮＧＯによる国際平和貢献 ・・・・・・・・・ 143
　　・カンボジア和平選挙に参加して
　　・カンボジアＰＫＯの読み方
　　・平和構築とＮＧＯ・市民
　　・市民による平和協力の可能性
　4．国際平和協力と日本――ゴランＰＫＯ派遣に思うこと ・・ 153
　5．日本の若者と平和貢献 ・・・・・・・・・・ 163

あとがき・初出一覧 ・・・・・・・・・・・・・ 166
著者紹介 ・・・・・・・・・・・・・・・・・ 168

第1章
なぜ世界と関わるか

1-1.世界の視点を持つことの意義

地球市民的な視野で日本を見つめ直す

新しい自画像を模索する日本

大学卒業後、約四半世紀の間、外国と日本にほぼ半分ずつ住み、仕事をしてきた。その間、ヨーロッパ、アジア、中東にそれぞれ数年ずつ住み、カンボジア、コソボ、東ティモール等、紛争や和平の現場にも数多く出向いた。そして国連、外務省、JICA、NGOなどの舞台で活動をしてきたというわけだ。そのような経験を通じて、昨今大きく報道されている外交やODA、あるいは平和協力やNGOの問題にも自ら直面することが多かった。例えば、私は、1993年のカンボジア和平の際の国際選挙監視に参加したのを皮切りに、南アフリカ、ボスニア、パレスチナ、東ティモール、スリランカ等で選挙監視を経験したし、NGOの派遣でコソボ難民支援にも出かけ、さらにはJICA専門家として経済協力の最前線にも立った。このように外国へ行き来して国際関係のなかで仕事をしていると、日本と外国の長所と短所がそれぞれ見えてくる。新世紀に日本が進むべき道も見えてくる。ここでは、「内」と「外」から日本を見つづけた立場から地球市民としての日本人像の提言をしてみたい。

日本では昨今、長引く不況という閉塞感の中で、人々は自信を喪失し、何かにすがっているように見受けられる。この縮み上がった日本人の精神をその呪縛から解き放つためには、21世紀の私たちは発想を大転換する必要がある。

20世紀に日本が高度成長を遂げてきたのは、かつてのドイツに範をとった強権的、中央集権的な体制のもと、滅私奉公を是として社会生活を営んできた成果である。効率的な目標達成には好都合なその体制も、1985年頃に経済指標の上で世界の頂点をきわめた今、再検討が必要だ。21世紀には組織から個へと重点を移行させ、しなやかで柔構造の日本へと変身を図る必要がある。そこでは国や組織が前面に出るのではなく、市民やNGOが大きな役割を果たすべきものだ。

昨今の経済不況、制度破綻が意味することは何か

20世紀の最後の10年は日本にとっては試練の時代だった。バブル経済終焉後、日本社会を未曾有の不況が襲っていると皆が思っている。もともと日本の政治に信頼を置く人は少なかったが、長らく日本人の自信の源泉であった経済の土台が怪しくなった。そして遂には、政治や経済が駄目でも日本は行政が優秀だからと常に言われてきた、その最後の砦である行政機構までもが旧大蔵省や外務省を筆頭に機能不全を起こした。追いつけ追い越せでやってきた日本経済が峠を登り切った今、これらの現実は一体何を意味するのか。

今、経済界で元気のいい業界はと言えば、旧来の規制社会の枠の中で発展した産業ではない。むしろアウトサイダー的にそれに対抗するかのように生まれてきた産業である。反対に、前途が悲観されているのは、政府の規制や保護、国境による障壁によって守られてきた伝統ある業界である。まさに経済成長を演出してきた制度そのものが、いまやマイナス面を大きく曝け出しているのである。もう少し敷延するなら明治以降の日本のやり方が行き詰ったのである。

行政の問題も同様である。外務省一つとっても、長らく賛否両論が渦巻くODA問題、公費流用などの職員の不正行為、鈴木宗男氏問題に端を発する対NGO問題、北方領土や朝鮮民主主義人民共和国による日本人拉致疑惑等々、外務省を取り巻く批判の目はかつてないほど厳しい。これは一体どういうことなのか。かつてODAと防衛は国家予算上の聖域とされ、減額さ

れることがないものとされた。その根底には外務省の仕事は一般には理解できない難しい問題であり、国民があれこれ口出しするものでもないという考え方があった。しかしその虚構は完全に崩れた。これまで治外法権的な処遇を受け続けてきた外務省を国民や政治家がいかにコントロールするかが問われ始めた。要するに明治以降、吟味されることなく漫然と続いてきたことが、今、やっと問い直されているのだ。

制度に安住するのではなく、現状に対して果敢に対応していく必要性

私たちは今や冷静に日本が到達した地点を認識し直す必要がある。達成された成果とともにそのひずみと虚構をも。例えば自動車大国日本で自動車が売れないという。見方を変えれば今までが売れ過ぎたのだ。厳しい免許試験制度や車検制度、頻繁なモデルチェンジを通じて、おそらく何十万人もの、本来余分な雇用がこの産業周辺で維持されてきた。それはそのまま車の虚構の需要につながる。こうして一事が万事、日本経済はすべての局面で下駄を履かされている。経済構造がそもそもバブル的なのだ。車が売れない現状の方が、本来的な状況である。

企業倒産が増えている。しかし組織にだって寿命や潮時があるだろう。「店をたたむ」という美しい言葉はもはや死語なのだろうか。皆が安心して失業できる社会は不可能なのか。それは社会保障制度の問題である前に、本当は日本人の人生設計の問題である。初めから失業もありうべしと考えて構えていればいい。そうなると常日頃の楽天的な消費行動にしろ、労働感、さらには自身や家族の能力研鑽にしろ、すべてが大きく変貌せざるをえないだろう。

日本は十分に発展したからこそ、今や改心出直しの時期に到達したのだ。21世紀、私たちは意識を切り替えなければならない。その材料は卑近なところにいくらでもある。例えば昨今大きな話題を呼んだNGOを考えてみよう。

外交や経済協力は政府や国際機関などが行うものと当然思われてきた。しかしここ数年来、世銀等の国際援助機関の活動がNGOの働きかけに影響を受けたり、累積債務削減の要求がNGOの活動によって世界の潮流になったりしてきた。日本でも1999年のコソボや東ティモールにおいてはNGOが紛争後の人道支援において主導的な役割を演じた。それは最近のアフガン紛争においても言える。外務省によるアフガン会議への一部NGO排除問題でそのことは世間一般にも広く知られることとなった。いまやNGOはODAの主要な担い手でもあるのだ。外交も外務省にお任せの時代ではないし、行政支援や民主化支援など国連PKOでさえ市民の参加がその活動の成否を握っている。「お上」という意識の少ない、自分と社会との関係を主体的にイメージできる市民の登場が求められている。

ベルギーのようにかつては運転免許制度が無かった国がある。米国のように免許が何千円かで手に入る国がある。だから交通事故が多発したという話は聞かない。今でも飲酒運転を規制しない国あるいはそれが普通に行われている国はいくつもある。何故か。誰でも無免許運転や飲酒運転をしてもいい場合、運転する側に重大な責任を伴った自覚があるのである。自分で運転は無理と判断すれば、運転しない、ただそれだけのことだ。日本では青信号なら左右も確認しないでまっすぐに進む人は多い。自分で周到に確認した後、信号無視して横断するより危険だ。個人の安全は自分で責任を持つものだ。社会の規制緩和、自由化と言いながら、人間が一番、制度から自由になっていない。制度の恩恵にどっぷり浸かっている。

制度に拘る人は会社に住みつく人ともなる。会社に巣食う人が時代の変化や会社の終焉を見誤る。大企業の倒産を見ればそれは明らかだろう。企業のムラ社会は崩壊し、会社人間も野に放たれる。21世紀に生き延びる人は、20世紀に普通だったことに疑問を持てる人、それから自由でいることができる人だ。

このことは制度についてだけでなく、過去の慣習や手法、あるいはより広く過去の記憶と

いったものについて言える。例えば少子化という現実に直面して、政府や専門家は途方にくれているように見える。これまで苦労してきた世代が、日本の高度経済成長に合わせて、子供たちだけにはより良い生活をと考えた時代はとうに昔のことだ。不自由なく育った若い世代には拡大思考や成長思考はそもそも希薄だ。若い世代は寄るべき大樹のない大海にこぎ出す勇気のある人々であり、日本の成長に期待もしないし、子供たちだけはなどと後世に託すこともしない。少子化は高度成熟社会の宿命であり、フランスやドイツなども等しく経験したものなのに、古い人々は納得したがらない。

グローバル時代の日本人のあるべき姿

意外と思うかも知れないが、日本こそ国際スタンダードを理解できる立場にある。

日本において国際化と言えば普通、多くの日本人が外国を訪れ、また多くの外国人が来日し、そしてわれわれの多くが英語を喋れることくらいに考えられがちである。もちろん現象面でいえばそれらも立派な国際化の一面ではあろう。しかしその議論は誤解も招きやすい。外に対してたいへんオープンで、大多数の国民が英語を喋る米国などは、本来的に国際国家だという話になる。しかし実態は、あれほど多様な移民から成る国家にしては、超大国であるという理由からか、米国は基本的に内向的な国家であり、国民も比較的、外国のことに関心が薄い。中華思想を有するフランスや中国もその傾向がある。自分たちが世界の中心に居るのだと思えば、周辺のことにはあまり関心が及ばないという道理だ。

ますますグローバル化が進展するこの世界において本当の国際化とは、それでは一体何なのだろう。むしろそれは国がどれほど外に対してオープンかといった体制の問題ではなく、国民一人ひとりがどのような国際認識を持っているかということではないか。思うに日本は、充実し、成熟した国際認識を持つには、世界の中で

もベストに近い場所ではなかろうか。日本の歴史は直線的で、日本国民も民族・言語的に純度が高く、それが故に、日本人には国際問題がわかりにくいという言い古された理屈は、一見もっともらしくて、実は正しくない。

なぜ、日本は冷徹な国際認識を持つのにベストな場所なのか。それは日本からは世界のスタンダードと非スタンダードの両方が見えるからである。今、世界を見渡してみると、英米的な概念やシステムが大手を振ってまかり通っていることに気付く。それを違う角度から見ると、言語面での英語の世界的氾濫である。

日本は明治維新の岩倉使節団以来、英独仏の文物を積極的に取り入れた経験を持ち、世界のスタンダードの何たるかを体得しているし、後日、自らの植民地で日本自体がスタンダードとして振る舞った。他方、国際機関や外交等の分野では依然、既存の英米的なスタンダードの厚い壁に苦悶している。日本はこうして実によく国際スタンダードの意義と重みを理解しうる立場にいるのである。しかしそのことと、われわれが実際、スタンダードの裏表をよく理解し、世界を冷徹に見通す目を持っているかというのはもちろん別の問題である。残念ながら日本の今の実態は否定的にならざるをえない。

例えば教育。アフリカの人から、「日本人は何語で大学教育を受けるのか？」という質問を受けて、この人は一体何を聞きたいのかと、その質問の真意が理解出来ないのではちょっと困る。アフリカでは大多数の国がイギリスかフランスの植民地を経験しており、現在でも公用語は旧宗主国の言葉だし、教育も、特に高等教育はその公用語で行われる。アフリカ人からすれば日本人が日本語で高等教育を受けるということが信じられないのである。アフリカと同じ状況はアジアでもかなり見られる。母国語による教育が受けられるということがいかに恵まれた状況で、いかに大事なものなのかということは、明治時代に外国語による大学教育が行われた歴史があるのに、現代日本では意外と気づきにくい側面である。しかしこうした背景を知らないと、英語公用語論や大学国際化なども議論

- 10 -

すら出来ない。

身の丈を踏まえた21世紀の日本人

　漱石が英国で見た個人主義が、ドイツに範を
とった伊藤博文的な中央集権主義でやってきた
日本で、遅ればせながら日の目を見る。義務と
権利はもちろん、身の丈、分をわきまえた21世
紀人の登場だ。思えば私たちが日本的と考えて
きた現象、例えば終身雇用などもきわめて20世
紀的な新しい現象に過ぎない。組織を蝕むの
は、大勢に与さない新参や異端分子なのではな
く、見せかけの和を尊ぶ、組織に住み着いた慢
心した寄生虫である。

　強かでしなやかな個人や組織が集まった国家
は総和として強い国家になるだろう。欧米列強
に対抗する必要上、緊急避難的にとられた強権
的、集団主義的な国造りはその役目を終え、今
世紀の日本人はもっとしなやかだった時代に先
祖帰りを果たす時期なのだ。

考えてみよう!!

○日本のような「自動車教習所」や「就職活動」は外国にはありません。なぜなのでしょ
　う？
○伊藤博文の海外体験をあなたはどこまで知っていますか？　「長州ファイブ」をあなた
　は知っていますか？　憲法調査は？
○日本の大学は今や「国際化＝英語化」を迫られています。東京大学の当初の教育方針を
　あなたは知っていますか？
○戦後、日本は援助を受けつつ、次第に援助する側に回った経緯、1985年の「プラザ合
　意」とは何だったのかを、調べて考えてみましょう。
○2009年の民主党政権誕生を戦後の政治・行政との関連で考えてみましょう。明らかにさ
　れつつある日米安保体制下での「日米核密約」とは何だったのでしょう。

1-2. フィールドが教室：海外の現場に学ぶ重要性

私の体験的
「国際社会を見る眼」

　学生時代のヨーロッパ貧乏旅行に始まり、20歳代の終わりの頃のベルギー留学、30歳代に入ってからのバンコクにおける国連勤務、その後帰国してからは海外調査マンとしての世界各国への調査旅行、そして組織から独立して以降、最近のカンボジア（93年5月）や南ア（94年4月）への選挙監視紀行等、長らく外国に出入りを繰り返す生活を送ってきた。本稿も実はベトナム視察旅行を間近に控えた週末にワープロの前に向かい、キーを叩き始めたというところだ。したがって本稿は初めの一般論の部分は、日本でワープロの前に腰をおろして書いたものであるが、後半の実践論の部分は、ベトナムを旅しながら、ベトナムのこと、カンボジアやラオスやタイを含めたインドシナ半島のこと、さらにはヨーロッパや南アや北米でいろいろと考えたことを織り混ぜながら、私がこれまでに体験的に培ってきた「国際社会を見る目」についてお伝えしたいと思う。

「体験的」視点の重要性

　「体験的」視点がなぜ大切かというと、それはひとえに書物の知識や机上の理論や社会一般の通念ではわかりにくい問題や実体が明らかになるからである。

　たとえばカンボジア和平の問題。世間では国連UNTACが入るまではカンボジアでは内戦が打ち続いていたが、無事選挙が終わって、やっと一応の平和が訪れたというように思いがちだ。しかし、1992年3月のUNTAC展開前のカンボジアで私が見たものは、穏やかで、

やっと眠りから醒めつつある首都プノンペンの姿と、観光客が後を断たないアンコールワットの姿であった。プノンペン政府（人民党）が国土の8割を実効的に統治しているという話が実感できる様子であった。

　逆に、本年（1994年）5月にも、和平選挙が終わって1年後のカンボジアを再訪問したが、ポル・ポト派の再攻勢により西部一体は極度に緊張が高まっていた。政府がポル・ポト派を違法とする法案を通し、それに対してポル・ポト派が独自の暫定政権を樹立したのは報道などでご承知の通りであろう。皮肉にも、カンボジア情勢は、カンボジア和平により、以前よりむしろ悪化しているのではないか。国連UNTAC以前の「平和なカンボジア」を現地で見たものにしか国連がカンボジアでしたことの評価はできないだろうし、書物の知識からだけではどうして「和平後」にこのようなことになったのか、おそらくわからないであろう。

　それからタケオに駐留した自衛隊員の物腰の低さ、現地では大いに好かれた友好的な態度を現地で見ないことには、立場はどうであれ、自衛隊の海外での国際貢献について語れないのではないか。

　次に南ア総選挙による黒人政権の誕生について。南アというとアパルトヘイトの問題ばかりに議論が集中する傾向があり、世間一般には、1994年の選挙（4月26～28日）を通じてアパルトヘイトが撤廃され、南ア史上初めて黒人が選挙に参加し、そしてその結果、政権運営に参加した、という風にとられがちだ。結論から言えば、そのすべてが間違っている。

　まずアパルトヘイトはすでに1991年6月に完全撤廃されており、今回の選挙の争点はアパルトヘイト撤廃ではなかった。だから今回の選挙を、黒人への政権委譲ととらないで、アパルトヘイトの終焉ととるならば、それはたいへんミスリーディングな考えであることになる。次に

ケープ州においては国民党が政権を取る前には、きわめて厳しい財産制限などがあったとはいえ、全人種に平等に選挙権が与えられていた時期があった。最後に、4月の選挙に至る一連の経過措置によって、特に暫定執行委員会（TEC）により、黒人も選挙前から実質的に政府の運営に関わってきた。ゼロから突然政権を投げ渡されたわけではない。以上のようなことは、丹念に南ア情報を書物や新聞雑誌で調べていけばわかることだ。

書物ではわからないのは、このような政権委譲を可能にした白人側の事情であろう。

南アの事情を多少でも知っている人は、南アがオランダ系白人による入植・建国に始まり、その後、ボーア戦争を経てイギリスの手に渡ったこと、そしてオランダ系を基盤とする国民党政権によってイギリス離れが始まり、同時にアパルトヘイトが始まったことは周知のとおりであろう。簡単に言って、アパルトヘイトは、政治を握るオランダ系の政策だったのだ。したがって今回の政権移譲でもっとも失うものが多いのもオランダ系なのだ。

しかしだからといって、オランダ系が政権移譲に反対していたわけでもない。むしろ大多数のオランダ系は、今回の選挙の意義を認め、粛々とそれに参加していた。そういう姿を見ているとオランダ系を人種主義者だなどと軽々しく批判することもできない。

今回の政権移譲は、オランダ系の国民党が、過去の人種差別的政策の過ちを認め、南アの政治経済に黒人に広く参加してもらう政策に踏み切ったということであって、それは長い間、経済を握るイギリス系が主張してきたことでもあった。見方を変えれば、黒人政権誕生はイギリス系のシナリオに沿ったものということができなくもない。

過去のアパルトヘイトを考えると、南アの白人は悪の権化のような印象を一般に与えることになるし、南アのことに多少詳しい人はオランダ系こそ始末に負えない人種主義者であると断罪しがちであるが、現場で選挙の様子を眺めていると、とてもそのような一般化ができるもの

ではないことが実感できる。

経済面を考えても一人あたりの国民所得が平均2700ドルとはいっても黒人だけをとれば600ドルに過ぎず、いきおい人口の13％を占めるに過ぎない白人の平均所得ははね上がることになる。また失業率が公式にも50％近く、黒人だけをとってみた場合の数値は異常な高さとなる。こうした現実は机上の数値だけで理解できる範囲をはるかに超えていると言わざるを得ない。

「体験的」視点を持つためには

いろいろな国に滞在し、普通にものを見るだけでは必ずしも国際社会を理解することにはつながらない。「体験的」視点を持つためには、そのための姿勢、あるいは資質といったものが必要となってくる。一言でいうなら、多面的な関心を有し、洞察に富み、そして多元的な価値観を受け入れる度量を有することが必要となってくる。

たとえばカンボジアの首都プノンペンでタクシーに乗ったとする。行き先や用件を伝えるにも年輩の運転手がまったく英語を解してくれないとする。それでイライラしたり、立腹したりしたのでは、ただそれだけで終わってしまう。逆に彼に対してフランス語で話しかけてみて、彼がフランス語を喋ることを発見したりすると、カンボジアについて一歩深く理解したことになる。彼は今冷遇されているかもしれないが、かつてカンボジアの指導層だったかもしれないし、少なくとも教育を受けている層には違いないからである。

ベトナムで、官庁を訪問していて応待してくれた高官が一言も英語を喋れないと、その人の力量を低く評価しがちだが、その人が旧ソ連や旧東ドイツで教育を受けたエリートである可能性も考えてみるべきなのである。

ベトナムのホーチミン市で、多くの若い世代のタクシー・ドライバーや、ホテルやレストランの従業員に出会った。彼らに機会を見ては話しかけてみた。なかには学生も多くいて、総じ

て勉強熱心で働き者であった。また暇をみては外国語の学習書などを開いている若者の姿を街の方々で見かけたものである。ベトナム経済の可能性を、最近の外資導入の実績や本年は10％に達しようかというＧＤＰ成長率のみに拠って論ずるのでなく、それを演出する人間というファクターにも目を向けるべきである。しかもその際には、朝から晩までオフィスにへばりつくことが普通である日本人を基準にしたのでは、夕方からは副業に精を出し、おまけに昼寝をすることも多いベトナムの勤労者の勤勉さを評価することはできない。

　ベトナム経済の評価という点では、表向き月収数十ドルという家庭が年収の数年分に相当するバイクを盛んに購入しているという現象に見られるように、表向きの経済をはるかに凌駕するヤミ経済、つまりインフォーマル・セクターが存在すると言われている。それこそフィールドでしか確かめようのない現象である。

ベトナムを旅して考えたこと

　これまでカンボジアやラオスを何度か訪問した後、今回ベトナムを初めて訪れた。タイには住んだことがあるので、インドシナ半島のなかで最後に訪れることになったベトナムは、しかし四カ国の中で最も興味深い国であった。ホーチミン市に車が入ったとき、瞬間的に感じたのは、プノンペンそっくりな街だということだ。広い通り、緑豊かな街路樹、そして均整のとれた黄色っぽいフランス風の建物等々。通りにあふれるバイクと自転車、そしてその間をぬうように走る自動車。ホーチミン市と比べて緑が多いこと、交通量が少ないことを除けば、ハノイも基本的にはホーチミン市に、さらにはプノンペンによく似ている。不思議なことに、町や通りの未整備なところは、内戦が続いていたとされているカンボジアのプノンペンと、戦後20年にもなろうとするベトナムのホーチミン市とでほとんど同じなのはなぜだろう。

　逆に両市の違いといえば、プノンペンでは通りの看板などにフランス語がかなり残っているのに対し、ホーチミン市ではフランス語がほとんど完全に姿を消していることである。そしてホーチミン市やハノイには数多い、フランス風の威風堂々たる建築物が、プノンペンでは数少なく、しかも小振りになることである。ラオスのビエンチャンにゆくと、フランス風の立派な建築物は数えるほどしかない。宗主国であったフランスの意気込みの違いが、そのまま街造りに表れている。

　景観ではホーチミン市はプノンペンに似ているが、街の活気、あるいは人々の雰囲気という面では、タイのバンコクにむしろ近い。気候的・土壌的にベトナム南部は、タイと共通点が多く、したがって楽観的・享楽的といった、人々の生活感という意味でも似かよってくるのだろう。ドイモイ（刷新）という追い風を受けて、数年のうちにホーチミン市はバンコクのような商都に変貌するであろう。

　他方、ハノイに来るとそこがホーチミン市とは違う精神に貫かれていることに気づく。

　街をゆく人々の服装はくすんだ色になる、女性の民族衣装たるアオザイが激減する。オフィスで働く女性たちもだいたいがスラックス姿だ。染みついた社会主義的発想からすれば、女性が「美しく見せる」ことは決して美徳とはされないであろうし、女性の側でもまったく「性」を意識しないで社会活動ができるシステムが社会に内蔵されているのであろう。転換を迫られるベトナムの社会主義的政策も、女性に関しては最も先進的な制度となっているのである。

　もっともハノイで訪れたオフィスなどは、例外なくホーチミン市より古くさく、陰気であった。会った人々も商売気が希薄で役人風の人が多かった。ビジネスを惹きつける誘因に欠ける首都ではある。

　発展するホーチミン市に対して、政治や古い時代の遺物に足を引っ張られる首都ハノイ。この対照は決して誇張なのではなく、訪問した人が誰でも感じる違いである。しかしそれを優秀なホーチミンと駄目なハノイというふうに単純

化してしまうと問題である。

　活気にあふれるホーチミン市とはいっても、すでに街角にはプノンペンと同じくらい物乞いが出現し、仕事に就けない人はバスで国境を越え、プノンペンに流れてゆく。プノンペンのナイトクラブなどにベトナム女性があふれ、そして建設工事現場にはベトナム人労働者が多いのは、ホーチミン市で仕事の無いベトナム人が多いことを意味している。経済の発展の恩恵を受けることができない層はむしろ拡大しているのではあるまいか。

　それに対してハノイは社会主義の雰囲気を濃厚に残しており、急激に資本主義的発展を遂げるとは思えないが、しかし街に物乞いの姿は見かけないし、経済犯罪もホーチミン市に比べれば少ないようだ。貧しいなりに皆がひとまず食べていっているという感じだ。

　どちらが本当のベトナムかというのは愚問かもしれない。なぜならベトナムが今のように統一されたのは19世紀に入ってからに過ぎないのだから。そして指標で見ればはるかに優れたホーチミン市ではあっても、逆にハノイがもつ意義、あるいはホーチミン市的なものに対して提示するアンチテーゼを理解することも、フィールドからは可能である。

地域の文化を理解するということ

　かつて留学先のベルギーで、国土の北半分に住むオランダ語系フランダース人が、南半分に住むワロン人の文化支配、そしてその媒体であるフランス語の軛から自らを解放していく現場に居合わせた。オランダ語をフランス語と同等な公用語にすることから始まり、次にはフランダース地域からフランス語を追放し、その総仕上げとして93年には何と国体を連邦化するにいたったのである。

　自らの文化の独立性を守り抜く力の強さを体感したわけだが、その経験は他の国、たとえばフランス系ケベックを抱えるカナダ、四ヶ国語を用いるスイス、スペインのカタロニア地域、

（北）アイルランドの問題、エスニシティ問題に揺れる米国等、いろいろな国や地域の理解に大きく役立った。

　ベルギーの経験を経たがゆえに、南アで今後英国系が主導権を握るにしても、オランダ系がそれに吸収されてしまうことはありえないこと、カナダのケベックはいずれにしても完全な自治を持つ方向に進むこと、ヨーロッパ統合は文化的な部分で最後にして最大の障壁に直面し、それは克服不可能であること、さらにはアフリカ大陸においては、たとえばアルジェリアのイスラム原理派の運動はさらに高揚するし、各国で英仏語の公用語を軽視しないまでも、土着語を用い学校教育を行う動きが強まることなどをかなりの自信をもって予見することができる。

　現代国際社会を突き動かす最大の要素は経済であろう。しかし時として、チェコとスロバキアが完全に分裂したように、経済の論理を上回る力をもって、国や地域社会を動かすモーメンタムが働くことがある。それはおそらく民族や住民の総意が文化的な衣をまとってひとつの方向に向かって解き放たれる時なのである。

ＥＣの心臓部は
唯今、分裂中

　1993年の新年に入るとともに西ヨーロッパに単一市場が誕生し、ＥＣ統合にとって記念すべき一里塚となった。しかし他方でチェコスロバキア連邦がチェコとスロバキアに完全に分裂したとのニュースも飛び込んできた。冷戦の頸木から解放された世界に、今や統合と分裂の動きが、錯綜しながら同時進行している。

　ＥＣ統合の政治的・行政的中心はベルギーのブリュッセルであるが、そのお膝元のベルギーで分裂が確実に進行していることは案外知られていない。

　ベルギーの歴史は実に複雑怪奇である。ローマ帝国内でラテン化されたケルト族が住んでいたところに、ゲルマン人が北方から押し寄せてきた。ベルギーを南北に分ける言語境界線が出来たのはこの時のことである。東・西フランク王国時代、ベルギーはその中心に位置していた。12、13世紀にはゲント、ブリュージュを中心にフランダース地域はヨーロッパの商業の中心地となる。その有り余る富ゆえに、後の初代エルサレム王国国王、ブイヨン城主のゴッドフロワは十字軍を先導することができたし、英仏百年戦争も起こったのである。その後、現在のベネルクス地域がまとまって、フランス王国の傍系ブルゴーニュ公国の支配下に入る。公国の首都ブリュッセルは、この時代、すでにヨーロッパの社交、文化の中心であった。その後、世界を支配したカール五世以降、スペイン・ハプスブルク、オーストリア・ハプスブルクの支配下に入った後、フランス革命に呼応したブランバント革命によってベルギー共和国が宣言されたが実現せず、その後しばらくフランスの支配を受け、ナポレオン没落後、イギリスの意向でオランダに併合された。ブルゴーニュ公国以来のベネルクス国家は、しかし長続きせず、1830年、ベルギーはオランダから独立した。

　新生ベルギーはフランスから国王を迎えて立憲君主制をとる予定であったが、イギリスの干渉を受け、イギリス女王と血縁関係にあるレオポルド王をドイツから迎えた。王制をとったのは、革命的な共和制を志向して失敗した前回の轍を踏まず、列強の干渉を避けるためであった。

　独立を指導したのが、フランス語を喋る南部ワロン地域の産業ブルジョアジーだったし、オランダの圧制から逃れるための独立であった経緯もあり、新生ベルギーはフランス語を公用語とする統一国家を志向した。そしてそのことが北部フランダース人による言語戦争を引き起こす原因となった。つまり当時、フランス語は全土で通用する共通語であり、フランダース人であっても上流階級はフランス語のみを話し、フランダース語にはそもそもまとまった言語体系がなかった。フランス語の支配に対するフランダース人の権利回復運動により、19世紀末にはフランダース語、つまりオランダ語も公用語の地位を獲得し、さらに第二次世界大戦後に至って、フランダース地域ではオランダ語が、ワロン地域ではフランス語が、そして首都ブリュッセルではその両方が公用語であると定められた。地域言語主義という概念を創り出して、要するにフランダースの地からかつての支配言語フランス語を追い出したのである。

　例を挙げよう。1442年創立の伝統を誇るルーヴァン・カトリック大学は、オランダ語地域にありながら、当然ながら初めラテン語で、次にフランス語で教育が行われてきた。しかし言語戦争の過程で、大学はフランス語とオランダ語のセクションに分離され、さらに1970年、フランス語のセクションは住み慣れたルーヴァンを追われ、南部ワロン地域に移転された。残されたルーヴァン大学は、オランダ語のみを教育言語に使用する大学となったのである。かつてはフランス語が幅を利かせたであろうルーヴァンのパブでウェイターを「ムッシュー」と呼べば、「ムッシューだってさ」と冷たい目で見られるのは請け合いだ。

　第二次世界大戦後のベルギーは、伝統的な中立政策にもかかわらず二度もドイツに蹂躙された経験を反省し、ベネルクス経済同盟を結んだ

のを手始めに、ラテンとゲルマンの接点である
が故にEEC本部を招致し、さらにフランスを
追い出されたNATOを受け容れるなど、積極
的に西側陣営の一員となり、その活動の場を提
供した。しかし他方で、ドイツ系の国王がナチ
スの勝利を信じ、亡命政府とは別にドイツ支配
下のベルギーに留まった経緯から、戦後の王位
復帰にフランス語系住民が猛反対したり、大戦
中には親ナチスの運動がやはりオランダ語系住
民を中心に活発だったという事実があり、ラテ
ンとゲルマンの溝は、戦後ベルギーの歴史に暗
い影を落としてきた。

ECの要とはいえ、ベルギーは連邦化に向け
て突き進んでおり、フランダース人は、伝統的
なフランス語とのバイリンガルたることを放棄
し、むしろ第二言語としてフランス語から英語
の方に転じる姿勢を見せている。

隣国のルクセンブルクでは母語のルクセンブ
ルク語に加えて、フランス語とドイツ語が広く
通用するし、言語戦争なるものも存在しない。
フランダース人が英米志向だとすれば、ルクセ
ンブルク人は仏・独という大国を見据えた大陸
志向だと言える。しかしそもそもECは、ラ
テンとゲルマンが組むという大陸的な発想に基づ
いていたのではなかったのか。ヨーロッパの更
なる統合にとってベルギー、ルクセンブルクの
どちらのアプローチが望ましいのか。そして理
想の「ヨーロッパ人」なるものは成立可能なの
であろうか。

ベルギー人に、ECのホスト国が言語戦争に
明け暮れているようでは駄目じゃないですかと
言うと、逆に、ECがベルギー程度にまとまる
ことが出来れば最高でしょうと逆襲されてし
まった。

考えてみよう!!

○マーストレヒト条約によってECがEUになった経緯を調べてみましょう。
○2009年12月からリスボン条約が発効しますが、EUがどう変わるのかを考えてみましょ
う。
○リスボン条約発効と同時にEU大統領職が新設され、ベルギー首相のファン・ロンパウ
氏が就任しますが、どうしてブレア元英首相等の候補を退けて、小国のベルギー人が
選ばれたのか、考えてみましょう。

文化

イスラエル廃線巡り

◇駅舎は草ぼうぼう、ほぼすべてカバー◇

小川　秀樹

仕事から海外に長期間滞在することが多い。赴任地では、しばしば車、鉄道、船といった乗り物に興味を持つ。昨年末まで二年間滞在したイスラエルで関心を持ったのは、同じ乗り物でもオスマン・トルコ時代の鉄道の廃線だった。

私は中東和平の進展をフォローするため、テルアビブにある日本大使館に専門調査員として勤務した。イスラエルに赴任して初めての週末、大使館の仲間五人でドライブに出かけた。

▽　▽　▽

眼下に茶色い鉄の魂

美しいガリラヤ湖やゴラン高原を巡り、帰途南端からヤルムーク渓谷を下った。ヨルダンとの国境に沿った谷は断がい絶壁で、道路は急なカーブが続く。ローギアでゆっくり下っていた時、ふと眼下数百㍍の谷間に茶色い鉄の塊のようなものが目に入った。脳裏に鉄橋の残がいが焼き付くとともに、真相を確かめたい欲求がわいた。

皆であれこれ想像したが、その姿形からして鉄道のための鉄橋ではないかということになった。しかし、この渓谷に何を目的に、だれが鉄道を敷いたのだろうか。

数週間後、所用でカイロを経由してエルサレムまで戻った。そこからテルアビブまではバスだと一時間、鉄道だと二時間近くかかってテルアビブに到着した。警備員がイスの下に危険物がないか床にはいつくばりながらチェックする。駅正面には銃や通信機を背負った兵士が何人も警備に当たっていた。

レールは標準軌、日本式にいえば新幹線と同じ広軌だ。ディーゼル機関車が引っ張る客車はわずか三両、レールは単線だった。乗客は十数人程度、そのうち二人はマシンガンを持った治安要員だ。

列車はエルサレム郊外をゆっくり抜け出したあと、ソレク川渓谷の傾斜を駆け下りる。窓から見える光景は日本の山岳地帯にどこか似ている。スピードは余り出ないが、左右に揺れると木の枝が窓をなでたり、音をたてて車内のドアが一斉に開閉した。まるでジェットコースターに乗ったものだ。

農園主から歴史聞く

こうした体験から、イスラエルの鉄道に興味を持った。イスラエルの詳細な地図を調べてみると、たいがい何らかの廃線や駅舎跡が記されていることに気づいた。実際に訪ねた。

廃線跡はレールこそ取り払われているが、敷かれたスペースや盛り土などはそのまま保存されていた。興味を持ったのは山間部の路線などでは金属製のまくら木が用いられたことだ。木製にしなかった理由ははっきりしない。

赴任中、週末は廃線をたどりながら写真を撮り地図を集めた。幸い大使館ナンバーの車に乗っているため、たいがいどこにでも行けたが、ヨルダン川西岸など治安上微妙な地域にも立ち入ることがある。それでも西岸の廃線跡をたどっている間に幾人ものパレスチナ人に取り囲まれ、問い詰められた。

するドイツの力を借りてオスマン・トルコが建設した鉄道はアラブの人口密集地を通して内陸ルートが中心だった。だが、経済的な利用価値が低いためかイスラエル建国前に廃線になったものが多い。一方、カイロの駅舎を起点として英国が建設した鉄道は地中海沿岸の便利なルートで、ガザ地区などを除き現在も利用されている。

駅舎は石造りで、中に入ると草がぼろぼろとはえて怪しまれることはある。

ヨルダン渓谷ぞいのベット・シェアン駅

ロレンスを連想

また西岸まではほんの数㌔という地点でイスラエル人の農園に入ってしまい、四十ー五十歳の農園主に二そう寄ってこられたこともあった。事情を説明すると、明らかに外国人であることもあり誤解はすぐに解けた。彼は逆にオスマン時代からの農園付近の鉄道の歴史を誇らしげに教えてくれた。

昨年末帰国してからは、資料の整理も可能となる。オスマン・トルコが築いた内陸の鉄道が完全に復興し沿岸部の鉄道に追われてきたら、美しい地中海をながめながらカイロやトルコへの旅も可能となるのだが……。

（おがわ　ひでき＝国際問題研究家）

（日本経済新聞　1997年6月3日付）

1-3.国際キャリア、私の事例

大学時代に考えたこと、
やったこと

悩み多き高校時代

岡山県井原市で、小・中学校を終えた私は、親の希望もあって、当時は非常に人気のあった国立津山高専に入学した。しかし山を切り拓いて建てられた環境抜群のキャンパスや寮生活が私にはどうしても馴染めず、一年で井原へUターン、そして一年遅れで地元の県立高校へ入学、そして昭和50年春、早稲田大学の政経学部に進学した。

今から思うと私は、当時の田舎では一風変わった早熟児だったのかもしれない。風光明媚な津山で、私は一人、街や野山を歩き、自分が何をする人間なのかを考えていた。何を思ったか、フランス語でもやってみようと思い、テキストと辞書を買い込んだりもした。

早稲田を志望した理由といっても、あまり明確なものはなかったが、早稲田には型にはまらない、いろいろな要素があり、きっと私にも場があるに違いないといったある種の予感めいたものだった。

ほろ苦い学生時代

早稲田に入ってからの私は優秀ならざる学生であり、少なくとも4年になるまであまり勉強らしい勉強をした記憶がない。ただエール大学から帰られたばかりの新鋭の鴨武彦先生（その後東大教授、故人）に英書研究等で4年間教わったり、教養ゼミで栄田卓弘先生（文学部教授）のナショナリズム論をとり、東欧のナショナリズムについてレポートを書いたりしたのを覚え

ている。学業外では、生協書籍部の書評誌「ほんだな」の編集を2年間やったり、家庭教師で貯めた金で2年生の夏に早くもヨーロッパ貧乏旅行をしたことなどがわずかに胸を張って言えることであろうか。この頃から国際志向が少しずつ芽を出していたのかもしれない。

4年に入ってやっと勉強してみたいという思いにかられた私は、3年次に専門ゼミに応募することさえしなかったので、いっそのこと自分でゼミをつくってみようと思いたった。その結果、早稲田に出講しておられた高橋毅夫先生（当時経企庁審議官、その後経企庁経済研究所長、新潟大教授を経て千葉経済大経済学部長、故人）に指導を快諾していただき、ここに自主ゼミ「高橋ゼミナール」が発足したのである。政経学部の学生が主要メンバーであり、教室も政経学部のものを貸していただいたが、基本的にはカリキュラム外の自主講座であり、したがって政経学部以外の学生も入っていたし、その後も絶えることなく続いている高橋ゼミの歴史のなかで、理工学部の学生やさらには慶応からの参加者もいたのである。このような自主ゼミが10年以上も続くことがそもそも稀有であるが、すでにOBの数も100名を超え、年一回のOB総会を含め、さまざまな場でOBどうしが連帯し、親交を深めあっている。

「就活」という蹉跌

さて4年生というと、いくら呑気な私でも気になるのは就職のことである。いわゆる会社員になることに殆ど関心のなかった私は、会社訪問ということを一度も体験せず、それでいて立てた戦略というのは、とりあえず4年次は国家公務員上級試験と日経新聞あたりを力試しに受けてみようという、何とも大雑把なものであった。国家公務員上級試験で一次試験を突破でき

- 19 -

なかったのもショックであったが、日経新聞の場合、役員による最終面接で落とされたのはもっとショックであった。もっとも昭和54年というのは民間の採用減のあおりで、各種試験や新聞社の就職戦線が最も厳しかった年ではあったのだが……。

世間の厳しさにやっと目が覚めた私は、早々と留年の決意をし、勉強を開始したのであるが、そのうちにだんだんと自分の志向性が明確になってゆき、国際畑の調査・研究をしたいと思うようになっていた。4年目も終わりに近づいた頃、高橋ゼミの一年間の成果をまとめたゼミ論が、日本商工会議所主催の経済協力懸賞論文において文部大臣賞を受賞し、丸の内東商ビルに出入りするうちに、商工会議所の人から、貿易や通商紛争の法的解決を専門とする機関がここにありますよと紹介され、結局、留年は半年で切り上げ、昭和54年9月から、（社）国際商事仲裁協会に勤務することとなった。

社会人駆け出しの頃

今でこそ戦略法務とか国際法務に関連して国際仲裁ということが話題にのぼり、また昨今のＩＢＭと富士通間の紛争あるいはカナダにおける日本企業連合による大規模石炭開発プロジェクトから発生した紛争において仲裁が用いられ、一般にも知られるようになったが、当時はビジネスの世界でも馴染みのうすいものであった。しかしこの職場で社会人のスタートを切ったということはその後の私の人生を強く方向づけることとなった。

商社や銀行へ行った友人たちとは異なり、夕刻5時にでも帰宅できる職場であったから、まず千駄ヶ谷の津田国際研修センターに第一期生として学び、英文ドラフティングを中心に勉強した。国際ビジネスと経済開発との関連性を法律面から探ってみようと思い、継続的に研究を続けた結果、「国際企業活動と経済開発」に対して（財）国際協力推進協会（APIC）から研究奨励賞を受けることができた。

ベルギー留学への道

また仲裁研究会という研究グループに職場から参加することができ、日本国中の民訴法や国際私法の権威による討議に接することができ、この研究会が後で触れるベルギー留学にもつながってゆくことになる。

いずれにしてもこの職場での4年間で、通商関係の専門誌や法律を英文で読むことを教わり、またテーマに沿って情報収集して、研究論文にまとめるということを教わった。

国際経済活動や仲裁の研究を行ううちに海外留学をしたいという欲求が湧いてきた。幸運にも仲裁研究会の幹事の先生から支援いただくことが出来、またコンタクトがあったベルギーの教授からも受入れについて尽力いただき、ベルギー政府奨学生としてルーヴァン大学国際法研究所に研究留学することになった。学界に籍をおかない者が外国政府から公費留学の機会を与えられるのは、非常に珍しく、合格通知を電話で知らされた時には、俄には信じられなかった程である。

| ベルギー政府奨学金を得て
―社会人の公費留学―|

留学というといくつかの典型的なパターンが直ちに想起される。高等遊民的留学や語学留学等はここで除くとすれば、純粋に学問的な学究志向の留学や、いくらか実務的な企業派遣の留学等が代表的な例であり、両方とも大学院レベルの研究を前提にしていることが共通点であろう。

このように考えてみると、大学院レベルの留学のチャンスに恵まれやすいのは、日本で既に大学院を修了したか、または在籍中である学究志望者と、留学システムを完備している大企業や官庁の社（職）員であることがわかる。対象を公費留学に限ってみると、ここでは学究志望者が圧倒的に優先されている（はっきりとそれを謳っているものも少なからず存在する）。

それでは、学究志望者以外の人（例えば学士号しか有さない社会人）に公費留学の可能性はどの程度あるのであろうか。もしその可能性が極めて低いとすれば、国際化の進展する世界の現状からみて、あまり好ましいことではないのではないか。以上のような観点から、自らの経験を中心に、いわゆる「公費留学に恵まれない私達」のための留学論なるものを展開してみたい。

日本の学士サラリーマン

高等教育に対する考え方の違いからか、欧米と日本では、大学（院）教育と職業との関係に関して大きな差異が生じ、そのことが日本の学士サラリーマンの地位をいささか特殊なものとしている。

ヨーロッパにおいては、大学教育でさえもさほど一般化してはおらず（その前の段階で学生の選別・転換が行われる）、当然、大学教育に恵まれた者は大学院に進む割合も多くなるよう

である。米国においては、大学教育は非常に大衆化しており、その結果、真の出世競争は大学院に持ち越されることになる。

ヨーロッパと米国、そのどちらにおいても、大学院というものの重要性は極めて高い。逆に日本においては、大学受験期において大方の選別は終了してしまい、入学した大学の序列に従い、人材ピラミッドが形成される。20歳に満たない段階での選別終了（しかも米国等と違い、敗者復活戦のチャンスが少ない）と徹底した企業内教育主義は、大学院教育の構造と実態を極めて特殊なものとする。

こうして、欧米であったなら当然の如く大学院に進学するであろうレベルの学生が、日本では殆んど学士として企業に入ってゆくことになる。特に文化系学部出身の学生は、長い企業内キャリアのなかで、企業や業界の状況に通じた「その道のスペシャリスト」になるであろうが、それは国際標準からいえば、ゼネラリスト以外の何者でもない。

日本の教育制度の以上のような特殊性は、それ自体何らの問題があるわけではないが、ひとたび国際化という波を受けると種々の問題を生じることになる。例えば、専門職として国際的に通用する人材ということを念頭におくと、こうした日本の優秀な学士たちに不利な状況が出てくる。国際的に通用する専門家になろうと海外留学を目指しても「公費」の壁は厚いし、国際機関等への就職を希望しても、大学院の学歴の有無は大きな、時として決定的な要因である。

一般的に専門家と呼ばれるためには、最低限修士程度の学歴を有し、専門分野での論文・著作物をいくつか発表しており、かつ学会・研究会等に所属して、組織横断的な活動をしている人々であると考えられている。多くの人達にとっては意外な事実であろうが、欧米社会、あるいは欧米の文化的影響を受けた開発途上国、さらには国際機関などは、存外、学歴社会であるということである。

国際的日本人を目指す人々は、この事実を冷静に受けとめるべきであり、そして私もそうし

たからこそ、ひとつの解決策としてベルギーへの公費留学を思い立ったのである。

スカラシップ獲得のためのノウハウ

先に「公費留学に恵まれない人々」のための留学論を書くと述べた。したがって、運よく1983年10月よりベルギー留学の機会を与えられた成功談より、むしろ、それに至る苦労話を具体的に開示しなくてはなるまい。何故なら、私もまた「公費留学に恵まれない人々」のうちの一人だったからである。

私は、1979年に早稲田大学政経学部政治学科を卒業した。4年次の上級国家公務員試験に見事に失敗したあと、会社訪問というものを全く経験することなく、経済協力について書いた論文で文部大臣賞を受賞したことが機縁で、日本商工会議所・国際商事仲裁協会に入会することとなった。投資や貿易に絡む紛争を、調停や仲裁という法的手段を用いて解決するための、日本で唯一の常設機関である。もっと有体にいうならば、裁判所と渉外法律事務所を足して二で割ったような職場である。学生時代から関心のあった国際関係論、国際法、南北問題等の分野と、投資紛争の解決という職場の看板とを無理なく調和させるために、自らの専門を国際経済法と定め、海外投資をめぐる問題を、仲裁を含めて主として法的な立場からアプローチすることに決めたわけである。

入会の翌年、つまり1980年に、運だめしでベルギー政府のスカラシップに初挑戦してみた。言うまでもなく失敗である。後で、今回の成功に絡めて詳しく述べることにするが、とりあえず失敗の原因は以下のようなものであったろう。

・大学卒業後さほど時間が経過しておらず、自分の専門が確立しているとは言えなかった。
・大学の成績が悪くかつ学士しか有さないため、ハンディキャップがあり、それをカバーするだけの研究実績が、先に述べた経済協力論文以外になかった。
・英語の実力が備っておらず、提出書類（全ての書類について英文と和文が要求される）も英文については読むに耐えないものであったと考えられる。
・留学志望及び専門が必ずしもベルギーに結びつかなかった。
・ベルギーのどこの大学で、どの教授のもとで何の研究を行いたいかという、研究予定の具体的特定がなされなかった。

以上の分析から得られた結論は、もう少し専門領域で実績を積めば、スカラシップ獲得もさほど困難ではないかもしれないということであった。1981年と82年はスカラシップに挑戦することはせず、雌伏期間として次の4点に努力することを心掛けた。

・一点でも多くの論文・翻訳を職場の貿易法務雑誌を通じて発表すること。
・職場を離れたところでも国際経済法関係で論文を書き、世に問うこと。（幸運にも「経済開発と国際企業活動」により国際協力推進協会の学術論文賞をいただき、そのうえ印刷物にもしていただいた。振り返ってみると、この受賞が83年に再度スカラシップに挑戦する勇気を与えてくれたことは確かである。）
・社外での研究会等で、いわゆる他流試合を行うこと。（全国の著名な民訴法学者の仲裁研究の集まりに加えていただき、そこで行われる議論から多くのものを得ることができた。また職場での業務を通じて幾多の法学者、弁護士等と知り合うことができ、組織横断的なつきあいをさせていただいた。）
・英語の実用能力を高めること。（勤務の後に「津田国際研修センター（国際公務員養成コース）」で英語の訓練をうけたり、外国人の友人たちと話す機会を多く設けることにより、英語で考え英語で話す習慣をつけた。ラジオ講座や英文雑誌等も十分に活用

- 22 -

した。）

手続きのポイント

　さて以上のような準備期間を経て、1983年に再度、スカラシップに挑戦したわけである。結果的にスカラシップを得ることができたので、手続のポイントないし秘訣とでもいうべきものについて思いつくままに列挙してみよう。

・各国政府のスカラシップ制度を眺めてみると、大体において、募集の通知があってから応募締切りまで、期間が極めて短い。その間に準備しなければならない膨大な書類のことを考えると、単に偶然の思いつきだけでは、応募することさえ物理的に不可能になる。スカラシップ獲得のためには、数カ月前から前年の募集要項をみながら準備を進め、当該年の要項が着いたときには大体準備が完了しているくらいの周到さが必要であろう。

・英文書類の作成については、タイプライター、複写、用紙等、材料や器具の問題から、英語の用法・表現に至るまで全てにわたり入念に仕上げることが肝要であり、留学経験者ないし英語を母国語とする人によるチェックも欠かすことができない。

・推薦状は、単に高名な人物だからという理由だけで疎遠な教授にお願いしたとしても、疎遠な印象が文中に残ってしまうことになろう。人物・経歴・学力等十分に把握してもらっている身近な教授等に依頼すべきであり、またその際、本人を熟知している人物にしか書けないようなポイントを、最低ひとつは文中に織り込んでもらうと、読んだ側の印象が違ってこよう。社会人の場合、職場（所属セクション）の長の推薦も必要となろう。頼みにくい案件ではあるが（これが頼みにくくない職場は海外留学に前向きな証拠であり結構なことである）、職場で十二分に実力を発揮して、人間関係も良好である証拠として欠かせないもので

ある。

　要求される推薦状の数によるが、一般的には、希望している先方の大学の教授の推薦状が効果大である。その意味でも、専門誌・学会等を通じて知りうる教授と数カ月前から連絡をとりあって、論文を交換したり、援助を依頼するのもひとつの手段であろう。

・研究実績をアピールするためには、積極的に実績を開示すべきであり、代表的な論文の提出が求められた場合には、原文の日本語版に劣らない英訳（サマリを求められることもある）を提出すべきである。実際問題として、このことだけで3〜6カ月の期間が必要ではないだろうか。私の場合は、代表的な論文2本を選び、一方についてはサマリを、他方については抄訳を提出した（注意していただきたいのは、論文2本の提出が求められていたわけではなかったということである）。

・多少強引でも、自分の研究課題と、それをその国（ないしその大学）で研究することの関係は強調すべきである。また研究課題はより具体的に提示すべきであり、例えば研究課題として「国際経済学」とのみ記載しても誰もそれを評価しないであろう。具体的なテーマを何点かに絞り、それについて専門用語も交えながら研究予定を記載すべきであろう。

・当該分野における研究経歴を示すために、定型応募書類の中にそれぞれ質問の枠が設けられているであろうが、例えば、Subject of study, publications, functions held at present, programme of research work等については、枠内にSee attached papersとだけ記し、詳細は全て別紙によるくらいの迫力及び分量が欲しいものである。

　結局今回の応募を振り返ってみると、学士号しか有していないこと、社会人であることの不利を、その他の優位点をアピールすることによって、ほぼカバーしえたということであろう。さらに言うなら、国際商事仲裁協会という

極めて特殊で専門的な職場に在籍していることにより、国連を舞台とする、全世界的な気運である国際商取引関係法の統一化作業（国際仲裁もその例にもれない）の流れの中に私という一個人を堅固に位置づけられることとなったという、思ってもみない（あるいは身にあまる）効果を得ることができたということである。ベルギーが、仲裁法統一の最先進国であるという事情も大きな要素であったように思われる。

ベルギー政府のスカラシップについて

　ベルギーはヨーロッパのほぼ中央に位置する、面積約３万㌔㎡、人口980万人の小国である。ゲルマンとラテンの境界線がベルギーのほぼ中央を東西に走っており、したがって、言語も、北部でフラマン語（オランダ語の一方言）が、南部でワロン語（フランス語）が話されている。東部の一部地域でドイツ語も話されるが、極めて少数であり、公用語には採用されていない。

　首都ブリュッセルは、地域的には北部フラマン語地域にあるが、ここではフラマン語、フランス語の他、英語もよく通じる。ＥＣやＮＡＴＯを含め多数の国際機関がこの町に居を構えているのは、先に述べたゲルマンとラテンの接点であるという事情があったのであろうが、そのことがこの町の国際性をより高めていることは否定できない。

　以上のような状況であるので、ブリュッセル以外の地域における民族間の対立には我々の想像を絶するものがある。我々にしてみれば、二言語をきっちりと平等に扱い、執拗なまでに行政機関等をふたつに分離する方針は、いささか不経済なものに映るが、ベルギー人に言わせれば、全く違った文化的背景をもった二民族が、ここまでうまく団結できていれば上出来だろうということになる。（因みに、私が学ぶことになったLeuven大学（フラマン語地域）にしても、言語戦争の影響をうけて、フランス語のセクションが、1970年に分離移転されてい

る。）

　さて、ベルギー政府のスカラシップに話を戻そう。ここ数年間は、毎年約８名程度にスカラシップが与えられている。ここでも両言語平等主義により、定員はそれぞれの地域に半数ずつ振り分けられているようである。フラマン語地域の大学で研究を行う場合には、オランダ語、フランス語、英語のいずれでも応募できるが、フランス語地域の場合には、フランス語でしか応募ができない。

　応募に際しての書類作成については、先に一般論としてポイントを述べておいたので、ここでは繰り返さない。試験日当日は、午前中に論文試験があり、午後から面接が行われる。論文試験といっても、自分で選んだ言語により、ベルギー留学の動機や研究課題について簡単に述べるだけであり、事前に準備できないものでもない。面接も、大使館の担当官に加えて、文部省等からの選考委員が同席するようであり、必ずしも語学の口頭試験ではない。

　憶測の域を出ないが、提出書類により判断することに加えて、その書類に記された希望大学の希望教授に照会が行われるのであろう。けだし、応募者の動機の明確性及び研究遂行の実現性を確かめるには、それが最もよい方法であるからである。

　8月30日という時期に、合格通知が電話でベルギー大使館から届いた。10月はじめからの新学期に間に合わせるためには、全ての準備を３週間程度で済まさないといけない。社会人の場合、ここでも残務整理・引継ぎという困難な問題が発生する。アパート住いの私の場合には、それを引払うという物理的に面倒な作業も残っている。

　いずれにしても、スカラシップを得るまではその獲得のみが目的であったが、それを現実に得ることができた現在、予想される困難と異国での生活に、胸が打ち震えるほどの緊張感を覚える昨今である。

海外留学、国連勤務から
国際協力専門家へ

ベルギー給費留学の日々
―初めての外国暮らし―

　社会人になって4年が経過しようとしていた1983年の晩夏、ベルギー大使館から突然電話があった。応募していた政府給費留学生に選ばれたという通知だ。ある知り合いの教授に紹介されたベルギーの教授から、ベルギーに研究しに来なさいと誘われていたので、その手段として政府給費生に応募していたのだ。

　初めは多くの人と同じくアメリカに留学しようと考えていた。そのために前年にはカリフォルニアにホームステイもしたし、暇を見て運転免許も取ったのだ。ところがアメリカに留学した場合、授業中心で学位のための詰め込み教育という雰囲気があるように思えた。それに対して私が希望しているのは、徒弟制度的ななかでの自由な研究なのである。明治の頃、多くの指導者や文人たちがヨーロッパを目指し、東西文化の間でもがき苦しんだあの遊学の如き留学に憧れていたのだ。目がアメリカでなく、ヨーロッパを向き始めた時、偶然ベルギーの教授から誘いがあった。幸運なことにベルギー政府の給費生試験は、フランダース（オランダ語系）側の大学を希望すれば、フランス語でなくても英語で受験できる。声をかけてくれた教授もフランダース系ルーヴァン・カトリック大学の国際法の先生だ。

　83年9月下旬、混在するヨーロッパ最古のカトリック大学の町での新生活が始まった。アパートを借り、毎日研究室へ通った。27歳での社会人としての留学で、しかも初めての海外暮らし。朝から晩まで書物に囲まれて過ごす日々が何の苦痛でもないことに、今更ながら気づいた。そして週末には仲間と大学のテニスコートに出かけ、ビールを飲みながら半日ほどボールを打つ。コート代はもちろん無料。大学

での4年半、そして社会人を始めた4年間、東京での計8年半の生活では味わえなかった静かで豊かな生活がそこにはあった。贅沢をしたわけではない。むしろ質素な生活だった。しかしその質素な生活の豊かさ。初めての留学生活にとって1年などあっという間に経ってしまう。奨学金は普通1年限りだ。1年終了時点で夏に自費で一度帰国して、しばし日本で過ごした後、再度ベルギーに渡った。職場に復帰する考えはここできっぱりと捨てた。多少の貯えもあったので、自腹ででももう半年強、大学の研究室に留まっていたい。その間に将来の方向を定めることにする。

　その間の半年は私の人生の方向を決定するのに重要な時期だった。私は1年かけて英文論文を仕上げていたので、それをもって博士号が取れるかどうかを検討してみた。当時のベルギーの制度では、大学院という制度がなく、修士もなにも関係なく、論文審査で博士号は取れる制度にはなっている。私のような社会人出身の研究者にも都合のいい制度だ。しかし最終的に私は学位を諦めた。書いている論文の方向性は、国際通商の必要を満たすよう、各国がばらばらな法制度を統一、調和させるべきという論調の論文で、実務的かつ未来的な内容だった。しかしいくら教授と議論しても、法律とは元々各国固有のもので、判決などを執行するのも国の裁判所なのだという教授の基本姿勢を覆すことはできず、教授が「私の父親は歴史の先生だから、私も歴史というものを重視します」という言葉を聞いた時、私はついに諦めた。何の当てもなく、立場の違う論文をいつまでも書いてはおれない。

　私は方向を国際公務員に変え、当時国連のウィーンにいた日本人教授のアドバイスもあり、外務省からの資金負担で国連機関に派遣してもらうアレンジに奔走した。こうして私は85年の夏には実質1年半滞在したベルギーから帰国した。帰国便だけはベルギー政府から提供されることになっており、この時私は生まれて初めて国際線でビジネスクラスに乗った。しかしこの帰国は私には少しほろ苦いものだった。

- 25 -

私がベルギーで過ごした83年から85年という時期は、ちょうど日本が経済指標の上からは欧米に追いついた時期だった。振り返ってみれば、どこへ行っても経済大国日本の話題に包まれ、身に余る扱いを受けたことは確かなようだ。本当に1年半の間、気分を害するような扱いを受けた記憶が一度もないのだ。

バンコクで国際公務員を

　外務省から国連に派遣してもらうとなると、その手続きたるや恐ろしく時間がかかる。結局、私の赴任も年を越し、88年2月上旬となった。そして着任して数日のうちにタイで30代に突入した。ベルギーに住み、ヨーロッパは一応知っている積もりだったが、アジアはこれが初めて。ドンムアン空港から中心街に向かう時、行き交うトラックの荷台に上半身裸の男たちが乗っている様子に早速たっぷりと衝撃を味わった。汗が吹き出るほどの暑さとともに、今日からは今まで知っている文化圏とは違う国に来たのだとの感慨を強くした。

　バンコクでは2年間過ごした。ベルギーでの希望と不安に包まれた緊張感のある生活から一転して、今度は南の国で結構な身分を保証されての優雅な生活になった。プールや掃除婦がついているアパートに住み、シーフードに舌鼓を打つ日々だ。しかしそれに流されて享楽的な生活をしていたわけでは必ずしもない。用事のない静かな夜は家で、週末には自宅から近いタマサート大学の図書室に通い、ベルギー時代の論文を補正する日々だった。バンコクでの仕事はアジア太平洋諸国への外国投資や貿易を促進するための体制作りを行うというもので、ドイツ人弁護士のボスの下、セミナーを行ったり、産業界にアドバイスをしたりした。

　タイに住んだ2年間もタイが工業化に邁進する時期で、好調なタイ経済はアジアの優等生と言われていた時期だった。バンコクの町には高層ビルが林立し始め、車が急速に普及し渋滞は悪化の一途を辿っていた。バンコクの渋滞を緩和するため日本のODAが用いられるという、思わず首を傾げてしまう状況もあった。しかしタイ社会をよくよく見ると、さほど浮かれてはいけない現状はあったのだ。国民の大半が依然貧困層なのに、首都だけが繁栄する歪さ。あの暑さの国でエアコンの存在が前提となるオフィスビルや車の普及。しかもどこへ行っても震え上がる程、冷房を効かせている。これで本当にいいのかという根源的な疑念が残った。

　2年間のタイでの仕事が終わるころ、私はまたいろいろな可能性を検討していた。国際公務員自体がそれほど似合っているとは思えなかった。国際機関も現場ではなくオフィスワークというのは、成果の見え難い、曖昧模糊としたものだ。それにタイにあと何年も滞在するのは避けたかった。こんな甘やかされた豪勢な生活は2年間で十分だ。それ以上長引くと、永遠に日本社会に復帰できないという気がした。打てば響くような日本で仕事をしたいという欲求が湧いてきていた。外務省は派遣機関かその他の国際機関に引き続き勤務するよう努力して欲しいと言う。しかし日本の資金による派遣期間は2年間で終わるのであり、今度は空きのあるプロパーのポストを射止めなければならない。国連の財政難のなか、それは簡単なことではなかった。

　パリに本部をおく、ある機関に一つポストがあった。書類選考はパスしたので、任期の最後のウィーン出張の際、パリに立ち寄り、面接と健康診断を受けて、そしてタイの仕事から88年2月に帰国した。日本でパリからの通知を待っていたら、そのうちに何と採用不可との通知が届いた。国連よりもさらにエリート意識が強くお堅いと言われるその機関であるから、不採用の通知自体にはさほど落胆しなかった。むしろこれで日本にいることができると思ったくらいだ。しかしそうなると、さあ日本でどうするかを決めなければならない。

国際コンサルタントの仕事を開始

　結局 88 年 4 月から、社会人振り出しの頃、勤めていた経済団体の知人が、独立して設立していた国際取引コンサルティング会社に、ひとまず草鞋を脱ぐことにした。私にとってはかつて大学卒業時に経済団体を選んだのと同じで、当面何になるのか、どちらの方向に身を振るかに迷い、再びモラトリアムとして、いくらか自由な立場のコンサルタントとして知人である社長の仕事を手伝うことにしたのだ。

　この時期、かつての団体職員時代と同じで、私はかなり活発に活動していた。業務の一環で、専門雑誌に記事を連載したり、政府関係の委員会に出席したり、小さな講演に招かれたり。しかしそうしたことで、だんだんと知人との関係に亀裂が入ってくる。

　幸い大手銀行の総合研究所で仕事が見つかり、90 年 4 月からはそちらに移った。ある程度気ままにやらせてもらっていた前の会社と違い、伝統と格式を誇る企業グループのシンクタンクだ。待遇も良かったが、仕事も長時間に及んだ。2 年目に入ると年収が 1 千万円を越えた。まだ金融業界も気前が良かった時代だろう。2 年間のうちに欧米ばかりに海外出張も続いた。傍から見ると何の不足もないような生活に見えただろう。しかし通勤や長い拘束時間、あるいは組織の重圧とでも言うものがだんだんと私を虫食んでいた。日本に惹かれて帰ってきたものの、4 年間東京暮らしをすると窒息しそうになる。さほど魅力的とは言いかねる欧米への繰り返しの出張や官庁からの受託調査の日々のなかで、だんだんと、断ってきたはずのアジアへの思いが募ってゆく。とりわけベトナムやカンボジアが、冷戦終了後の新時代に向って動き出しつつある時代だった。

　この頃、ベルギー時代に副テーマで書いていた文章を手直しした論文で、ある財団から経済賞をもらった。おまけに友人が経営している出版社から大学に関する初めての本を出した。大手出版社で編集をやっている他の友人からもベルギーについて本を書くように勧められていた。しかし自分の活動をしようとすれば伝統的な組織では浮いて来る。私は東京でエリート面して勤めることに疲れてきた。私は組織に雇われるのでなく、国際関係で自分が主人公の活動をすることにした。

いよいよ独立、インドシナに入れ込む日々

　私は 93 年 3 月に突然、研究所を辞めた。担当の受託調査も完全に終了していた 3 月末、招待出張で滞在していたカンボジアから直属の部長に連絡して手続きをした。大学卒業の時の気持ちが蘇ってきた。私は自分の仕事はしたいが、いわゆる勤めをしたいとは思わないのだ。

　そして 4 月からはインドシナ関係の仕事に取り組むことにした。3 月末に視察出張に招待してくれた助成財団のプログラムを担当することにしたのだ。心のなかでは立場はすでにフリー、その財団とは契約でプログラムを担当するという気持ちだった。92 年はまさにインドシナに入れ込んだ一年だった。シンガポール、ハバロフスク、スリランカ、タイなども訪問したが、とりわけベトナム、カンボジア、ラオスを長期で訪問し、その年は年の半分を海外出張で過ごした。一方で、知人の編集者の求めに応じてベルギーの原稿も準備していた。

　93 年 4 月、自分自身の行動計画に従い、完全に組織を離れる。取り組んだカンボジア問題を締めくくるため、5 月に行われた国連による和平選挙に日本政府から選挙監視要員として参加。文民警察の高田警部補が死亡し、日本ＰＫＯ史上初の犠牲者となったので、選挙監視も日本中が注目するミッションとなった。あまりにカンボジア問題が注目を集めたので、帰国してからすぐにカンボジア経験をまとめた手記を出版。その年は、ベルギー原稿を準備しつつ、カンボジア関係で雑文を書いたり、講演会に行ったりしているうちに暮れた。新聞に名前や写真が何度か載り、テレビやラジオにも数度出演した。

94年に入る。年初にベルギーの本が出版された。初の大手出版社からの出版だ。5月には今度は南アの歴史的な選挙の監視に出かけた。予期しないことだが、和平選挙を監視するプロになってしまった。ベルギー時代にアフリカ問題にも取り組んだ基礎知識にその選挙監視経験を加えて南アに関する本もある公的機関から出版した。9月には取材旅行にベトナムに出かけ、ここ数年の経験をもとにベトナムの案内書を監修して出版した。さらに昔とった杵柄で、貿易ビジネスの本も95年早々の出版予定で編集が始まった。

そうこうしているうちに経済協力機関に勤める友人から連絡があり、突然だがイスラエルへ行く気はないかという。外務省がイスラエルの大使館に勤める専門調査員を捜しているという。久しぶりに大きなまとまった仕事をして経済面での基盤を再構築したいし、新しい分野を開拓したいという事情もあった。現地語は出来ないが、英語でいいのであればと書類を提出するとトントン拍子で話が進み、95年1月早々の赴任が決まった。

初めての中東、イスラエル赴任へ

すでに完全に外国慣れしていた私にとっても中近東は初めての地域だ。中東紛争や宗教問題等、これまで私にとって馴染みのない世界だった。そしてだからこそ話を受けて、大使館赴任を決めたのだ。初めて見るイスラエル、特にテルアビブは、しかし中近東というイメージから想像していたよりは遥かに住み易く、馴染み易いところだった。何といってもヨーロッパのユダヤ人が築いた国だし、テルアビブは20世紀に出来た近代的な町なのだ。しかも地中海世界の一部だし、英語も広く通じる。もちろん周辺諸国とすべて和平が成立しているわけではなく、緊張感は日本とは比べ物にならないが、だからと言っていつも戦争とテロの恐怖に脅えている国というわけでもない。

この2年間は激動の時期だった。95年後半はイスラエル軍の西岸主要都市からの撤収が進展し、そうしたなかラビン首相暗殺事件が起こった。それにも関わらず、パレスチナ側では96年1月には歴史的なパレスチナ選挙が行われ、私も現地にいながらにしてその監視に関わった。ところが今度はその年の5月のイスラエル選挙において和平を推進した労働党ペレス党首が破れ、右派のリクード党ネタニヤフ党首が首相選を制した。これで和平が完全に停滞することとなった。その一方で、日本からゴラン高原に自衛隊がPKO派遣されてやってきた。

和平が大きく動いた時期だったので、私たち民間からの応援部隊も実のところ結構忙しかった。しかしその合間を縫って私はイスラエル中を車で見て周った。なにしろ四国と同じ面積の国で、比較的道路は整備されている。しかも渋滞が基本的には皆無で、ドライブ旅行には絶好だ。国中にあるローマ時代や十字軍時代の遺跡や、オスマン・トルコ時代の廃線跡など、丹念に見てまわった。私は一つの国をこれほど丹念に見た経験はかつてない。

大使館勤めの2年間は私にとって蓄積の2年間なので、基本的には筆を休めていたが、40歳未満が応募の要件だったある新聞社の論壇新人賞に日本の国際平和協力に関する論文を書き、佳作入選し、論文集として本にもなった。ちなみに私は40歳の誕生日を、96年2月、暖かい土地での静養を兼ねて訪問してくれていた妻とカイロに旅行し、知り合いの二組の夫妻とナイル川船上ディナー・クルーズで過ごした。

再びフリーランスで活動再開

96年末任期を無事完了し、イスラエルより帰国、再びより自由な立場で活動することにする。私はこうしてすでに5年間、独立して国際問題研究家、国際ボランティアとしてやってきた。その締めくくりに民間外交官も経験した。昔、日本の組織には似合わないこと、国際的なことを自由にやりたいと思ったことがこのような形である程度実現している。97年から約2

年間は、充電期間とし、イスラエル時代に蓄積したものを徐々に書いたりしながら、フランス人の知人が長をやっているフランスのある経営大学院のアジア・コースの手伝いなどをすることにする。２年間の単身での在外生活で贅沢な生活をしたわけではないので、結構な貯えが出来ている。また上手い具合に古巣のシンクタンクから、海外案件で手伝って欲しいとの要請があり、秋以降、半年ほどの時間を使い、外部のコンサルタントとして海外調査を請け負う。個人にしてみれば結構な額の仕事となる。イスラエルに関する原稿の取りまとめ等を行ううちに97年も終わりに近づいた。

　さて98年、正念場の一年である。イスラエルについてまとめている書き物を成果物として順に世に出してゆかなければならない。何よりも２年間は充電の期間とは言っても、その２年目にはその翌年からはまた何か大きな仕事として何をするかの目処を付けなくてはならない。しかし98年のうちに翌99年からの仕事の目処をつけることはできなかった。むしろ年末から翌春にかけて、実は私は大学院博士課程への進学を画策していた。

　99年の春先、それが叶わなかったと分かったのと時を同じくして、遠くバルカンの地でコソボ紛争が発生し、ＮＡＴＯ空爆が開始され、難民問題が発生した。岡山のＡＭＤＡ本部を訪問すると、早速、アルバニアへ医療チームを率いて行ってくれないかとの話。結局、その年は４月にアルバニアへ、７月と８月にアルバニアとコソボへ、そして12月にも三度コソボへ行くこととなった。おまけに夏にはインドネシアの占領から独立する東ティモールの住民投票が行われ、その前後にはティモール島をも訪問した。大学院入学に失敗したことを忘れさせるかのように、99年はまさにＮＧＯ活動の一年となった。

　そして2000年、今度は一転してＪＩＣＡからタイに派遣され、４月から12月までの間、ＡＳＥＡＮに対する高等教育支援プロジェクトのアドバイザーとして仕事をした。二度目のタイ赴任は、勝手知ったる土地で、短期派遣なの

でアパートや車を借りることもせず、オフィスがあったチュラロンコン大学のすぐそばのホテルに住み、毎朝５分の徒歩通勤という暮らしを満喫した。

　こうして私は2000年までに、日本での普通のサラリーマン、ヨーロッパ留学、国連勤務、シンクタンク勤務、外務省からの大使館派遣、人道的支援のＮＧＯ活動、そして経済協力のＪＩＣＡの仕事と、軒並み国際関係の仕事を自分で経験したこととなった。2001年は何をすべきか。ここで私は再度振り出しに戻り、まだ果たされていない大学院での研究という目標を意識し始めた。

　2000年12月、帰国した私は再び、大学院博士課程のことを考え始めた。なぜそれほど拘ったのか。多分それは、若い頃、ベルギー政府給費留学生として、ヨーロッパで一番古いカトリック大学であるルーヴァン大学の国際法研究所に留学をしながら、修士課程というコースが無かったので実際に修士号という称号を得ることはなかった経緯、あるいはその後、イギリスの会社のスカラシップでオックスフォード大学を志願し、二人の候補者のうちの一人に選ばれ実現一歩手前まで行きながら、結局はかなえられなかった経験などを引きずっているからかも知れない。それにも関わらず、その後のキャリアは外務省のＪＰＯ（国連勤務）といい、専門調査員といい、さらにはＪＩＣＡの仕事といい、修士修了程度以上の人が狙うレベルのことをずっと行ってきた。そうした過程で潜在意識のなかでは後ろめたさを感じ続けていたのかも知れない。

　あるいはその後、数多くの論文や著書を書いたし、人前で喋ることも始めた。ふと気づくと40歳代に突入し、むしろ若い人が私の経験を聞きたがる年代に入った自分に気づいた。世間的には国際関係で経験豊富な人物と見られるが、逆に自分に欠けているものはしっかりとした学問的な専門性、裏付けであることを痛感するようになった。しかしだからといって、修士課程からやり直すことには抵抗があった。私は誰もが羨む公費海外留学経験者だったし、そも

そもこれまでの社会人経験のなかで調査、研究畑のこと以外やったことはないのだ。修士課程ではなく、直接、博士課程に入りたいと最後まで拘ったのは、私自身のささやかな自負心と面子の問題だった。

地元の横浜国大に対して、修士認定を受け、社会人として出願したい旨、問い合わせをした。そのための出願は締め切りが正月明け、実質上年内ということだ。まだ間に合う。私は迅速に行動開始した。書類を作って年内に資格事前審査の出願を終えた。社会人出願の場合、ＴＯＥＦＬで特定のスコアをクリアすれば語学試験が免除されるので、新年早々に受験に出かけた。事務所で聞いたところによると、修士相当認定を求めた上での博士課程「飛び級」出願ははじめての経験だという。果たして資格審査には合格、博士課程出願が認められた。

２００１年、
博士課程入学から大学教員へ

2001年度は思い通りに物事が運んだ年だったかも知れない。前年12月の上旬に帰国、早速ＴＯＥＦＬ等の受験の申し込みを開始したが、年内には受験機会はなく、やむなく新年の最初の機会に麻布のテンプル大学キャンパスまで出かけた。すべてパソコンでの試験ＣＢＴに移行していて、「試験開始」との号令のもと、皆が一斉に試験を始めるのでなく、準備完了した者から順次ヘッドフォンをしてパソコンに向かい、解答してゆく。実に合理的な試験方法だ。

帰国してからまずＴＯＥＦＬの受験を思い立ったのは、それが横浜国大の博士課程を社会人として受験するに際して、語学筆記試験免除などの大きな威力を発揮するからだ。受験申し込みをした段階ではまだスコアは出ていなかったが、そのうちアメリカからスコアを知らせる手紙が届いた。260点、かつてのスコアで言うと620点、横浜国大の基準点207点を軽く突破し、これで晴れて語学試験免除となる。

口頭試問も何とか無事にクリアーし、やがて合格通知が届いた。4月からは博士課程の大学院生として大学へ通い始める。横浜国大では博士一年目はかなりのコースワークが要求されるので、学期中は仕事は何もせず、基本的に大学院での勉学に専念することにした。幸い地元の国立大学の大学院、しかも修士ではなく博士課程だったし、前年のＪＩＣＡ専門家としてのタイでの大仕事が一段落したこともあり、家族など周辺の理解も得られた。

前期は学部の学生並に、いや少なくとも修士の院生なみにゼミや講義に出た。博士の講義は多くなかったが、指導教授のアドバイスもあり修士課程の関連科目も多く受講したからだ。かなり忙しかったが、それでも久々のキャンパスライフは楽しかった。指導教授の国際法のゼミ、講義を中心にして、それに加え前期は国際人権論、国際私法などを受講し、後期は社会変容と法、紛争解決法などを学んだ。社会経験、国際経験の豊富な、他とは少し年代とキャリアの違う院生なので、先生の方でも私を普通の院生とは見てくれない。特に私が少し詳しい分野の話になると、私の発言が求められたりすることも多かった。もっとも私はそれに甘えることなく、ゼミには休まず出席し、発表もこなしたし、専門英書購読では翻訳と解説もやった。知的刺激の多い、楽しい院生生活が続いた。

学業に関連する範囲の調査・研究に関わる仕事を見つけて、多少の収入を確保する手段を講ずることにした。まず外務省のＮＧＯ専門調査員に応募して、ＮＧＯの支援活動をすることにより外務省より多少の手当てを貰うこととした。地元横浜のインターバンドという民主化支援ＮＧＯと組んで申請を行い、これは上手く調査員に委嘱されることとなった。並行してＪＩＣＡの客員研究員に応募し、平和構築という新しい分野での研究報告書の作成を請け負う申請もした。これも和平と開発復興が大きな関心を集めているご時世で、実際に和平構築が進展しつつある東ティモールの事例を研究し、報告書を書くというきわめて今日的なテーマを提案し、選考を通過、委嘱を受けることができた。

さていよいよ長い夏休みがやってきた。社会

人院生の場合、夏休みだからといって浮かれているわけにはいかない。大学の休みの期間こそ、仕事の時期だからだ。まず短期の活動ではあるが、７月にはＪＩＣＡの法整備支援専門家研修の受講生に選ばれ、東京での集中研修とカンボジア実地研修の機会にも恵まれた。

次に長い夏休みの大半は、前出のインターバンドの派遣で、東ティモールへ出かけた。これはほとんど手弁当の出張である。８月30日に行われた制憲議会選挙監視とその後の民主化支援プロジェクトを作るためである。もっとも全部で一ヵ月半を予定していたティモール滞在であるが、10月に出版予定だった国際ＮＧＯ活動に関する拙著の著者最終ゲラ校正があったので、選挙監視が終わり一段落した９月の上旬、急遽現地で往復の航空券を手配して５日間だけ帰国した。そして９月12日、再度、東ティモールへと出かけた。何と、前夜にニューヨークで発生した同時多発テロのショックや周囲の心配にも関わらず。こうして９月末までティモールに滞在し、10月からは久々に大学に復帰した。

大学に復帰してみると後期は前期のように勉学に専念できる環境にないことが分かった。10月10日には日経からの拙著が刊行された。そして11月には再度ティモールへ行くことがきまった。これはＮＧＯ専門調査員としての海外調査の費用枠を使っての公式な出張となり、その後、スリランカ選挙監視もその行程に組み込まれることとなった。しかし2001年の最大の出来事は、ティモールからバンコクを経由してスリランカに行った時に起こった。

11月30日の深夜にスリランカに到着、翌12月１日から会議など主催者による公式行事が始まったのだが、日本の我が家からメールが届いた。山口県立大から大至急のファックスが入り、教員公募の最有力候補者となったので、採用となった場合を想定し、担当科目のシラバスを４科目分、作成して至急送って欲しいとのこと。実は今回の海外出張の前に、インターネット上の教員公募情報で自分に合いそうな募集があったので、筑波大と山口県立大に応募書類を

出していたのだ。その夜、遅くまでパソコンに向かい、シラバス作成を終えると、翌朝、会議の合間を縫ってファックスとメールで山口県立大に送付した。

内定してから知人等に話すと、大体の反応は、「いつかはそうなると思っていた」といったもので、驚いた反応をする人は皆無だった。母親に至っては電話で報告すると、「あっ、そう。良かったね」とあっさりしたもの。

波紋を一番呼んだのはむしろお膝元の横浜国大であった。博士課程に入って一年も経たないうちに、地方とはいえ公立大で、非常勤でもない正規の助教授の口が決まったのだ。博士課程ともなれば皆、最後は大学教員を狙っている。学位論文が欲しいのはもちろんだが、学位が貰えても働き口がなければどうしようもない。最後の目標は大学教員ということだ。それを熟知してか私の指導教授には、「祝杯ものですね」とことのほか喜んでもらえた。大学の先生にとって一番厄介で頭を悩ます院生の就職の世話という問題が、私に関しては早速無くなったのだから。

そういえば国際畑の友人、知人たちがここ数年のうちに多く大学へ草鞋を脱いだ。冗談でなく、仕事仲間のうち最近数年で大学教員になった人の数は 20 人を下らないだろう。皆、初めから学界にいた人たちではなく、外で活動をしてきた人たちだ。そして私も遅ればせながらそうした人たちの仲間入りをすることになる。

私の国際渡世は大学教員奉職をもって終わるのか、あるいはこの後もまだ続くのか、それは実は自分自身でもまだ分からない。

私の国際渡世、
その中間報告

今でこそ「大学で教員をしています」とか「大学で国際関係論を教えています」と自己紹介するものの、長らく私は一言で自己紹介できないような立場で仕事や活動を行ってきた。当然ながら、両親や自分の家族を含め、一般の人からは容易には理解できない類の仕事、人生だったのだろうと思う。

そもそも高校時代から私の人生は波乱含みだった。父親が電力会社勤務ということもあり、当時は人気絶頂だった国立工業高等専門学校に進学するも、まったく馴染めず1年で中退。地元の普通高校に入りなおし、昔の仲間からは一年遅れで卒業、大学に進学した。

大学は憧れていた早稲田、周りからは順風満帆な学生生活に見えたかも知れないが、前半は東京や大学の生活に慣れるのに大変で、後半はといえば、直情・直感型人間の性格を改造するのに精一杯な日常生活。結局、真面目で優秀な学生にはなれずじまいで、希望の専門のゼミにも入ら（れ）なかった。

4年前は受験した大学は全部合格した私だったが、就職時は狙っていた新聞社や上級公務員等の試験にはすべて落ちた。いや実際には筆記試験にはかなり通ったが、最終面接を突破できなかったのだ。

その頃一つのことを悟った。私は良くも悪くも日本の基準には合わないのだと。そして人生の照準を思い切って国際分野、世界に定めた。ならば大学院進学が必要だと感じたが、そんなお金があるはずも無い。そこで東京丸の内にある経済団体に勤め、国際業務をしつつ、改めて真面目に勉強し始めた。夜間も学校に通い、英語をやり直して、フランス語の勉強も始めた。何と、私は社会人になってから目を悪くし眼鏡をかけるようになったのだ。その間、国際企業活動と経済開発の関係を法的に（！）分析する論文執筆にも励んだ。何かの目標があった訳で

はないが、何かに憑かれたように勉強し、結果、その論文で外務省外郭団体のある賞を受けることができた。

その論文以降、運が巡ってきたのかも知れない。ベルギー政府の給費留学試験にも合格、夢にまでみた給費留学のチャンスに恵まれた。幕末以降、日本の指導者はほぼ例外なくヨーロッパ留学しているではないか。ならば自分もヨーロッパ留学したいと考えたのだ。

現存する世界最古のカトリック大学であるルーヴァン大学において、2年間、書物に囲まれ、朝から晩まで一つのテーマのことを考える日々。しかし不思議なことに、それが苦痛でもなく、むしろ似合っていることを発見した留学生活でもあった。しかし日本で修士課程を普通に終えているわけでもない者が、一足飛びで2年間で英語の学位（博士）論文が書き終わるはずもなく、やや失意のうちに留学を切り上げた。しかしまだまだ外国で挑戦してみたいという気持ちがあったので、次は外務省から国連に派遣してもらうことにした。

こうしてタイのバンコクに赴任したわけだが、それが初めて経験するアジアの国だった。暑さ、匂い、裸に近い人々の姿等々、初めはかなりのカルチャーショックを感じたものだ。時代は1980年代も後半に入った頃で、隣国のベトナムやカンボジアで新しい時代の胎動が始まっており、心を奪われたが、現実の私はといえばバンコクのオフィスで会議やペーパーワークに明け暮れる日々。現場に出たいという欲求不満が募った。タイで優雅な独身生活を送っていながら、当時は（今は違う）心底では、タイのことを好きではなかった。トムヤムスープなどタイ料理も結局、当時は好きにはなれなかった。

このままでは自分がスポイルされてしまうという焦りなのか、あるいは4年間の外国生活のなかで里心がついたのか、国連生活にも見切りをつけ帰国、その後4年間は海外調査・コンサルティング関係の仕事をした。その間、結婚もした。しかし東京での安定した高収入の、しかし多忙なシンクタンク研究員生活にもやはり飽

きはくる。中央官庁などの仕事でビジネスクラスで欧米諸国に出張を繰り返す日々。しかし個人的に関心があったのはアジアやアフリカだった。折りしも時代はいよいよカンボジア和平が動き出す頃になっていた。再び海外志向が表れてお尻がムズムズし始めた。そして何と私は35歳で、人も羨む安定した職を投げうち、フリーランスの国際ボランティアの道に足を踏み入れたのだ。

国際ボランティアとして活動した10年間で、カンボジア和平にも参加したし、外務省からイスラエル大使館に派遣されもした（パレスチナ担当専門調査員）。NGOでコソボ難民支援活動にも従事したし、JICA専門家としてプロジェクトを立ち上げに二度目のタイ赴任をしたりもした。その間、南アやボスニア、スリランカや東ティモール等、世界の方々で国際選挙監視にも従事した。そして何より、その間、10冊以上の本を書いた。

そんな活動をしながら、次第に気づいていったことがある。10年という期間のうち、初めの頃は自分は若手であったはずなのに、そのうちに中堅ベテランになり、いつの間にか海外で若い人を指導する立場になっていたのだ。いつまでも若い積もりで、「自分さえ良ければいい」では駄目なのだ。

そして45歳の時、一つの決断をした。横浜国大の大学院博士課程に籍を置き、自分が今までやってきたことに一つのまとめをしようと思った。将来若い人の指導をする際に必要な知見を備えるべく準備しようと考えたのだ。博士1年目は、40歳代にして三度目の青春をまさに満喫し、学問の世界に浸るとともに、NGOのお手伝いで東ティモールなどに出入りする充実した日々を送った。そして博士論文のことが気になり始めた矢先、46歳で山口の県立大学に奉職することが決まった。博士論文執筆を抱えたままの地方赴任となったので、必然的に論文のテーマは、新しいテーマに挑戦するというより、ベルギー留学時代以降、蓄積のあるテーマにし、教員生活をしながら執筆を続け、無事二年後には学位を取得できた。

こうして山口で4年を大学教員として過ごした。新米教員とはいえ、さほど若くはないので、慣らし運転期間などはなく、初年度から4年生の卒論指導を行ったり、大学院も担当したり、最初から全力投球すべき立場に置かれた。それ以外にも毎年学生を海外スタディーツアーに引率したり、客員教授や客員講師の招聘、国連グローバルセミナー開催、外国大学との姉妹提携交流、EU協会の運営等々、これまでの一般社会、国際社会での経験を活かし、こじんまりとした地方大学の国際関係の多くを担当した。

学生たちと東京や岡山、福岡等に国内スタディーツアーを行ったり、国会議員のところや企業・NGOにインターン派遣したり、海外活動経験者をゼミに呼んだり、手を変え品を変え、学生たちに刺激を与え続けた。この実践を重んじる教育方針に学生たちもよく応じてくれ、進学したもの、英語教員になったもの、公務員になったもの、図書館司書になったもの、旅行業界に進んだもの等々、活躍してくれている。2006年の春には定員6人のゼミから、既卒も含め何と3名の大学院進学者が出るのである。まさに40歳代後半になって初めて感じる仕事上の充実感、人生の理想に近いような教員生活であった。

今、人生を振り返っていくつか思うことがある。他人や世間体を気にして生きていては何も出来ない。「したい」「すべき」と感じたことを一人でもやり続けることで、道は開け、しかも結果は後からついてくるものだ。できるかどうかを思い悩む程度なら、止めた方が賢明だろう。そんなことではやり続けることなど所詮無理だから。

昔は日本人が世界の平和や紛争に関るような仕事は想像すらできなかったが、私はそんな時代でも世界を常に意識して世界の場に居続けた結果、平和や紛争に関ることができるようになった。しかしだからといって、一つのことだけをやり続けることだけがベストなわけではない。回り道でも無駄なことは決してない。私の場合で言うなら、国際ビジネスや国際法務、あ

るいは民族問題や言語問題に多少の心得があることが、この分野で損になるはずがないだろう。

　海外で過ごしていける人は違いを楽しめる人であり、しなやかさとしたたかさを兼ね備えている人である。人が好きとも言えよう。人が好きな人が海外で築いた人脈は、真の人脈である。例えば保健に近い分野でいえば、私はバンコク時代、松田正巳氏と週末ごとに食事をして語り合ったし、イスラエル時代はあのガザにて神馬征峰氏と語り合った。お二方がどんな方なのか、保健に詳しい方には説明は不要だろう。同じことは例えばベルギー時代の留学仲間で建築家の人が取り組んでいた建築物の修復の問題や、社会保障や言語学が専門の仲間についても言える。

　さて人の縁もさることながら、科学的ではないということで、人生におけるタイミング、流れ、勢いといったものを軽んじてはいけない。

　例えば私で言えば、大学時代に専門ゼミにさえ入れず、自分で仲間を集めて自主ゼミを始め、客員教授だった官庁エコノミストの先生に経済の指導を受けた。その結果、南北問題・開発問題に関心を持ち、短い論文を書いたら、ある学生論文募集で文部大臣賞をもらえた。その懸賞論文を主催していたある経済団体に誘われ、留年を半年で切り上げて就職した。そこの団体職員として国際法務を専門にしていたことがベルギー留学のきっかけとなり、さらにその後の外務省からの国連JPO派遣につながる。そして外務省からJPO選抜された実績が、さらに後の外務省専門調査員や幾度も政府選挙監視員に選ばれる背景となった。しかも若かりし頃、その経済団体やベルギーでやっていた研究が、約20年後、横浜国大での博士論文に結実することにもなった。

　ベルギーと言えば、政府給費留学で国際法の研究に赴いた国だが、ご承知の通り、EU統合の中心地でもあり、またワロン系とフラマン系が言語紛争を起こしている地でもあり、さらにはコンゴ（旧ザイール）やルワンダ等、アフリカの紛争に深く関っている国でもある。これらの問題を現地で体感したことが、国際問題を専門とする私のなかにどれほどの影響を残したかはここで敢えて言うまでもないだろう。一つだけ例を挙げるなら、ベルギーで二つの民族の対立を経験した身であれば、イスラエルに行けば、アラブ（パレスチナ）とユダヤの対立が自然と理解できるし、ボスニアの民族対立もよく分かるのである。

　あるいは1992年に和平前のカンボジアに出入りを始め、翌年の国連による和平に参加したことが、私の人生にとってどれほどのインパクトを持ったことか。自衛隊派遣云々はさて置き、日本はカンボジア国連PKOで本格的に国際貢献を始めた。民間人でも世界の和平に関ることができる時代が到来したのである。そして私は、末端とはいえ、その国連のオペレーションを内部にて経験する機会に恵まれ、その経験を事実上の処女作として出版もした（『カンボジア遠い夜明け』（WAVE出版））。その後も、ゴラン高原やボスニアや東ティモールなど、政府やNGOの立場で紛争と和平の現場に立つことができた。こうした10年間の経験を2001年には一冊の本にまとめ（『あなたも国際貢献の主役になれる』（日経新聞社））、それが翌年から山口で大学教員を始める直接の契機になったものと思う。安定と高収入を投げ打ってでもカンボジアに入れ込んだあの時期がなければ、今の私もないと言っても過言ではないだろう。

　さて独り善がりで我田引水の気のある文章を書き続けてきたが、話を少しまとめることにしよう。私が言いたいのは次のようなことだ。誰もが普通にすることではないことで興味がある分野があったら、それを追求してみなさいということだ。例えば、サラリーマンになってメーカーの営業をするより、遺跡を後世に残す仕事の方が面白くありませんかということだ。

1-4.大学で「世界」に触れてみよう

小川秀樹ゼミの4年間

　大学は今、大きな時代の転換に直面している。かつては完全に大学の格式や入学難易度によって序列化された固定化された世界だったが、価値観が多様化する時代の変遷、少子化の時代到来により、競争と生き残りを賭けた厳しい世界に中に放り込まれた。これを受験生の立場から見ると、自分が大学に求めるものという観点から大学を主体的に選べる時代になったということだ。

　かつては難易度によってしか大学は計ることができず、大学は事実上情報が閉ざされた世界だったが、今やインターネットにより、カリキュラム構成はおろか、授業の具体的内容（シラバス）、さらには個々の教員の研究歴などもすべて公開されるのがごく普通になった。公開講座、出前講座、オープンキャンパスなどと相まって、大学の中身は急速に公開、透明化されているのだ。受験もＡＯ入試に象徴されるように、筆記試験偏重から大きく変わりつつある（逆にその弊害も指摘されつつあるが）。

　仮に世界の問題、国際的なことに関心がある受験生がいるとしよう。インターネットで、例えば山口県立大学国際文化学部のサイトを訪問してみて欲しい。どんな教員がどんな授業を担当しているのかが居ながらにしてすべて分かるようになっている。小規模な大学の割には国際交流がきわめて活発で、例えばアメリカ、カナダ、中国、韓国の大学と提携し、交換留学が可能なことも分かるだろう。次に私の研究室のサイトを訪問して欲しい。これまでどのような経歴を有しているか、どんな著書があるのか、学内外でどんな活動をしているか、専門ゼミでは何を扱っているのか、そして国外・国内スタディーツアーでどこへ行ったのか等々、広報している。大学で専門ゼミに所属したらどのような勉強ができるのかというイメージが湧くはず

だ。そしてその大学や学部に興味を覚えたら、再度大学のサイトで入試の情報を確認すればいいというわけだ。

　拙著の宣伝になるが、大学で勉強するさまざまな専門分野、とりわけ国際系の分野について関心があったら、「学術研究者になるには（人文・社会科学系）」（ぺりかん社、2010年改訂）をご覧いただきたい。いわゆる文科系の各専門分野の面白みが主として若者向け、とりわけ高校生向けに分かりやすく解説されている。世の中の問題を各専門分野がどのように見て、どのように解決しようとしているのかが分かるだろう。本のタイトルからするなら、一部のきわめて優秀な人のみに関係するお堅い職業のガイド本と思われるかも知れないが、実際の中身は、世界の問題に関心がある人は、どのようなことを勉強・研究すれば、その道が世界に繋がるかという視点に貫かれている。ある分野を専門にするということが、そのまま世界に繋がっていくことも理解できるだろう。

　さて筆者は世界各地において開発や和平に関する分野で長らく仕事をしてきたが、40歳代の後半に入って、初めて大学教員になり山口に赴任した。山口県立大学において、国際関係論を担当しながら、「世界に直接通じる小川ゼミ」を標榜、海外にスタディーツアーに出かけたり、国連職員をキャンパスに呼んだり、学生に世界の風に触れる機会を作ることに力を注いできた。

　2002年に山口に赴任した時、実はその前年に、45歳にして入学した横浜国大博士課程の一年目を終えたばかりだった。必要単位は取り終えていたが、博士論文執筆を残しての教員奉職だった。大学教員として教えるというのは初めての経験で、期待に胸を膨らませながらも緊張しつつ山口での新生活に入ったものだ。

　今、振り返ると、一年目はまさに無我夢中と

いうか、怖いもの知らずという感じだったのだろう。息つく暇もない前期の講義を終えると、夏休みを利用して下級生を中心にタイ・ベトナムにスタディーツアーを行い、その後、一人でヨーロッパにも研究旅行（ベルギーに関する本執筆のための取材旅行）に出かけた。後期に入ると、フランスから院生インターンを山口に呼び、県立大学をベースに半年間のインターン生活をさせた。また４年ゼミ生を国会議員の議員会館にインターン派遣したりもした。それは多分、山口県立大学で初めての試みだろうと思う。年末には外務省の広報誌「外交フォーラム」のゼミ取材があり、その様子は翌年２月号の巻頭カラーグラビアで紹介された。また年明け早々にはEUセミナーを開催、オランダモデルの話を長坂寿久拓大教授にしていただいた。まさに怒涛の一年で、自分の博士論文のことはしばし忘れる程だった。

　２年目に入ると、初めて私の講義を聞いたことがある世代の人が３年ゼミ生として定員一杯の６人入ってきた。秋にはそのゼミ生を中心にEUスタディーツアーを行い、学長や他の先生もそれに加わり、ベルギー、フランス、スペインを周った。最後のスペインでは山口と縁の深いナバラ州のナバラ州立大学を訪問、それがその直後の両校間の姉妹提携につながった。また参加者のうちのゼミ生２人は、ヨーロッパツアーから引き続きヨルダン・パレスチナまで足を延ばした。パレスチナに土地勘のある教員のゼミならではの離れ業だったろう。なお二年目も引き続きフランス人インターンを山口に招聘した。

　この年は国内スタディーツアーも積極的に行い、岡山ツアーでは人道医療援助NGOのアムダを訪問したり、山陽放送のスタジオ見学で、百マス計算で有名なカリスマ教師蔭山英男さんにお会いしたりした。また東京・横浜ツアーでは、UNVやJICA、NGOインターバンド、（自分がまだ在籍する！）横浜国大大学院などを訪問した。さて山口での教員２年目は、その横浜国大の博士課程３年目だ。春先から時間を見つけては博論の最終執筆、見直しに入ってお

り、無事2004年３月には博士号を取得できた。

　３年目に入ると、博士論文の重圧からも解放され、小川ゼミの活動もいよいよ佳境に入っていく。私は開放教育委員ということで、公開講座や客員教授も担当していた。そこで５月の開学記念日に客員教授として日本人初の宇宙飛行士秋山豊寛氏を招き、400人の記念講演会を開催した。秋山氏は冬にも再度講義のため山口に来ていただき、そのどちらにおいても氏のお世話等、小川ゼミ生が活躍した。

　夏の海外スタディーツアーは、タイ・カンボジア国連ツアーを実施した。山口国連協会との共催という形で、教員３人をはじめ、外部からの参加者も含め総勢18人のツアーになった。バンコクで国連機関を訪問、プノンペンとアンコールワットでも国際協力の現場を見て歩いた。何とプノンペンでは、マラソンの有森裕子さんが代表を務めるNGOハートオブゴールドのプノンペン事務所に学生たちは寝泊りさせていただき、日本のNGOの海外での活動を肌で知る機会にも恵まれた。参加者の何人かは、秋に行われた山口国連協会のシンポジウムで国連ツアーの報告会を行ったりもした。さらに年が明けてからゼミ生２人が、スマトラ沖地震の津波被災地であるプーケットやバンコクの国連機関を重ねて訪問したりした。その他、開放教育委員として担当していた徳山での公開講座にゼミ生が参加したり、筑紫哲也氏のスローライフの講演会にゼミとして参加したり、さらには岡山や佐賀（旧知の佐賀県知事、NGOなど訪問）に国内スタディーツアーを行った。

　さて最終の４年目になると、小川ゼミの活動もいよいよまとめの段階に入ってゆく。この年最大のイベントは何と言っても山口で初開催の国連大学グローバルセミナーであった。島根県立大学で開催されていた頃からプログラム委員として参加していて、山口に招致する窓口になったのも私だった。世界遺産というテーマを提案したのも、石澤上智大学長を基調講演にお呼びしたのも。というわけで小川ゼミ生もセミナー運営全般で大活躍してくれた。小川ゼミ生の協力が無かったら、セミナーはかなり支障を

- 36 -

きたしていたことだろう。

　さてこの年の海外スタディーツアーは、いかにも国際関係論のゼミツアーらしく東ティモールに行った。まさに話題満載で、民族紛争、国連ＰＫＯ、ＯＤＡ、ＮＧＯ、自衛隊の海外派遣、平和構築等々、紛争直後の途上国のすべてが分かると言っても過言ではない東ティモールを堪能した。まさに小川ゼミ・スタディーツアーの集大成、真骨頂だったろう。同じ時期、小川ゼミからの長期交換留学としては初めて、ゼミ生がケベックへ旅立っていった。秋になると、客員教授の記念講演会があり、ゼミ生の何人もがすでに面識のある岡山のＮＧＯアムダの菅波代表をお迎えした。その他、４年目も岡山、佐賀、東京（参議院、JICAなど）に国内ツアーを行った。

　さて４年間で山口での小川ゼミは終止符を打つ。ゼミに参加し、ゼミ仲間になった学生の皆さんにとっては、おそらく他では有り得ない、楽しく有意義で、かつ濃密な数年間だったのではないだろうか。実践的な学習を標榜して、自ら外へ出かけ、外部の人と交流すべく、中距離走のようなスピードで走り続けたのだと思う。それはただただ学生の皆に、常に外から刺激を受け、世界に関心を持って欲しかったからである。その甲斐あってか、皆、たくましく育ってくれたようだ。

　山口県立大学での制度としての小川ゼミは終わるが、私の小川ゼミ自体は、ゼミ生が求める限り、常に存在し、窓は開かれている。これからもゼミ生たちが、どのように人生を切り開いてゆくかを応援しながら見守って行きたいと思う。

補遺：

　日本の大学で海外体験学習の効果を認め、全学を挙げて体系的な取組みを始めたのは、東京の恵泉女学園大学であろう。1999 年から取組みを開始し、毎年 100 名以上を海外のフィールドに送り出しているという。2004 年からは「大学教育における海外体験学習研究会」を発足させている。その成果としては、「フィールドスタディに参加した卒業生の中からは青年海外協力隊、ＪＩＣＡジュニア専門員、国際ＮＧＯなど国際協力に携わる機関で活動する者を輩出するとともに、・・（中略）・・注目すべき成果を挙げています」（恵泉女学園大学学長木村利人、海外における体験学習の実態基礎調査報告書、2007 年 3 月）とされている。

　上述のように恵泉においてこうした取組みが可能だったのは、同大学に大橋正明教授がいらしたという事情を抜きには語れない。同氏は、恵泉で大学教員になられる前から、バングラデッシュをフィールドとする歴史の長いＮＧＯシャプラニールの活動に携わってこられた。日本の大学で開発経済学を学び、学部を終えた後、インドに留学した経験も有している。ちなみに私は 1999 年のコソボ危機の際のアルバニアで、日本赤十字から派遣されていた同氏と偶然出会い、大学が同窓という縁もあり、別々の組織の活動ではあったが、一緒に汗を流した経験がある。こうした人物が存在しないと、大学ですぐにフィールドスタディなどを組織できるものではない。

　ひるがえって私が山口の４年間で担当したゼミ生は 20 数名に及ぶが、2009 年現在、２名が青年海外協力隊で外国へ赴任中である（ペルー・ベトナム）。その他、２名が高校の英語教師（下関・防府）、３名が公務員（刑務官など）、１名が図書館司書、３名が人気の観光業などに従事している。またゼミ生のうち、６名が大学院に進学し（広島大２名・横浜国大２名など）、３名が在学中に交換留学（スペイン・ケベック・中国）に出かけた。小規模な大学の少人数主義の一つのゼミの実績としては、驚くべき数値を示していると言わざるをえず、まさに大学時代に世界に触れる環境にいれば、自ずと世界への道が開けるということの証ではないだろうか。

　山口のあとに赴任した埼玉の東京国際大学では４年の専門ゼミは１年間のみの担当であったが、初めて預かった専門ゼミ生２名は、１名は卒業後、シリアへとアラビア語の語学留学に旅立ち（その後帰国、進学）、他の１名は米国に交換留学に出かけ、そのままアメリカの大学を卒業している（再度、大学院留学予定）。

小川ゼミに集まってくれた人々は本当に優秀で頼もしい人たちが多いし、学生時代に大きく伸びた人が多いという実感が強い。

さて 2007 年秋から奉職した現在の岡山大学では、国際センターの教員を務めている。私自身でゼミを担当していない反面、まさに大学の国際化と全学の学生の交換留学を直接に担当するポジションにいるので、１万人を越える学部学生のなかの海外志向のとりわけ強い学生を、学部の枠を超えて指導していることになり、外国との行き来の事例は枚挙に暇が無いし、しかも赴任２年では卒業後の進路がまだ出揃ってない現況でもあり、ここでは割愛させていただくことにする。

タイ・ベトナム海外研修ツアーを企画・引率して

2002 年 8 月下旬、前期の国際関係論基礎ゼミのメンバーを中心にして、タイ・ベトナムへスタディーツアーに出かけました。4 月に着任したてで、まだ学内のことも良く分からない立場でしたが、授業等で学生たちの希望を聞いてみると、夏季休暇期間中に海外スタディーツアーの機会があるなら、ぜひ参加してみたいという学生が少なからずいることが分かり、思い切って企画、実施してみました。赴任していきなりでは無謀ではと危惧もありましたが、これまでも中央官庁の役人、企業人、学生たちを海外に案内するという経験は豊富なので、そのノウハウを赴任先で早速使ってみることは、招聘していただいた大学に対するささやかな恩返しになるだろうとの殊勝な気持ちももちろんありました。

行き先としては費用面を考えて、より安価におさまるアジアがいいということになりました。ゼミのなかで、行き先としてタイ・カンボジアを提案したところ、学生の反応は、むしろタイ・ベトナムへ行きたいというものでした。そこでタイ・ベトナムという組み合わせにして立案することにしました。

ツアーのメインテーマとしては、たとえばNGO視察ツアーなども可能でしたが、第一回目としては、より広範な目的を持ったものにしようと思い、国際協力や交流、国連などの国際舞台の仕事の現場を見るといういうことにしました。

まずバンコクでは、ＦＡＯ（世界食料農業機関）、ＵＮＩＣＥＦ（国連児童基金）の日本人若手職員からブリーフィングを受け、質疑応答など行いました。また名門チュラロンコン大学を訪問して、ＡＳＥＡＮ大学連合（AUN）事務局を表敬訪問したり、私自身がJICA企画調査員として立ち上げた高等教育プロジェクトについて、JICAスタッフから説明を受けました。さらにかつて私自身も在職経験がある国連ＥＳＣＡＰ（アジア太平洋経済社会委員会）を訪問し、その役割や実際の仕事について、ブリーフィングを受けました。

ベトナムでは外務省を訪問し、日本課長から日越関係について話を聞き、またJICAのハノイ事務所を訪問し、青年海外協力隊の話を中心にディスカッションをしてきました。

それ以外にも、東ティモール滞在を経て、現在バンコクの大手ホテルにてインターンをしている人の現地参加を得て、その方から海外で仕事をすることについて、道中、折に触れて話しを聞く機会を設けました。

私のこれまでの国際的な経験の一端を学生に共有してもらうこの種のスタディーツアーを、今後はアジアに限定することなく、可能な限り実施していきたいと考えているところです。

大学ゼミ訪問 第50回
山口県立大学国際文化学部 小川秀樹ゼミ

Yamaguchi Prefectural University Associate Professor Ogawa Hideki

夏には8日間の行程でタイ・ベトナムへのスタディツアーを実施。かつて小川先生自身が立ち上げに関わったタイ・チュラロンコン大学内の東南アジア諸国連合(ASEAN)大学連合SEED-Net事務局や、世界食糧機関(FAO)などの国際機関を訪問した。

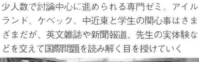

少人数で討論中心に進められる専門ゼミ。アイルランド、ケベック、中近東と学生の関心事はさまざまだが、英文雑誌や新聞報道、先生の実体験などを交えて国際問題を読み解く目を授けていく

11人の1・2年生が集まる基礎演習。この日は渦中のイラク問題が取り上げられたが、その背景を知ることが授業の狙い。まずはこの国の歴史や国情について学生自身が調べ、発表するところから始まった

通算で一〇年以上を海外で過ごしてきたという小川先生。その豊富な現場体験は数々の著作物や、研究室の壁に掛かった選挙監視員のIDカードに表されている。活動の詳細は研究室のホームページで

小川先生のアレンジで仏ポワチエ大学からインターンとして来校したトランシュパンさん。学内に置かれる山口EU協会やEU研究会の仕事をこなす

欧州連合(EU)や外務省、国際機関、NGOなどの資料が閲覧できる国際情報資料センターの開設も実現させた

　「る姿勢を身につけてほしい」と小川先生は話す。それが、国際関係を学ぶうえでの大前提であり、学問に対する本当の動機づけにもなるからだ。また、そのためにこそ、ベルギーの大学で国際法を学び、官民それぞれの立場で国際協力を知る先生自身の多彩な知見が生かされる。実際、カンボジアに始まり、中近東、ボスニア、コソボ、東ティモールと世界の紛争地帯を渡り歩いた経験からエピソードを繰り出すとき、学生たちの反応には明らかに手ごたえが感じられるという。

　だがもちろん、授業は現場の話に終始するわけではない。小川先生が受け持つゼミには一・二年生対象の基礎演習と三・四年生向けの専門演習があるのだが、いずれのクラスでも、国際社会を取り巻く問題の「現実」だけでなく「背景」を知ることが重視される。

　たとえば、最近では欧米圏とイスラム世界との間で文明の対立が顕在化しているが、散発する事件そのものを追うだけでは問題の本質は見えてこない。対立構造の根底にある文化や思想の違い、歴史にまで立ち戻らなければならないことは自明である。とかく近視眼

的になりがちな若い世代に対して先生は、現場体験と歴史的視点を両輪のように授けることで、国際社会の見方・考え方を知ってもらい、一見して無関係に思える個々の事件の間にも何らかの関連性が潜んでいることを示唆していく。その結果、学問としての国際関係論に進むための下地となる一種の「教養」を修得させることが、学部課程におけるゼミの役割だと考えている。

　したがって、ゼミで取り上げるテーマは和平、開発、民族、国連などとさまざまで、国家間の外交から市民による国際協力までを幅広くカバーする。教材には報道記事や現地の写真、ビデオ、地図などを活用し、国内外に広がる先生自身の人脈を生かしたスタディツアーやインターンシップの導入にも取り組む。「世界を楽しみつつ、世界で仕事をしてきた」という小川先生ならではの方法で、地域から地球を見る教育が進められている。

photo: Togawa Takashi

Yamaguchi Prefectual University
Associate Professor Ogawa Hideki

眼前に山並みが迫る豊かな自然環境に居を構える山口県立大学。看護学部の近代的なキャンパスと、国際文化学部や社会福祉学部が置かれる伝統的な校舎群が国道を挟んで同居する

大学ゼミ訪問
第50回
山口県立大学国際文化学部 小川秀樹ゼミ（国際関係論）

戦国時代の名将・大内義隆が京都を模して興したとされる西の京、山口。その名にふさわしく緑豊かで閑静な佇まいの市中中北部に山口県立大学のキャンパスはある。もとは女子大学だったのだが、七年前に男女共学の総合大学として再生された。

小川秀樹先生が国際文化学部助教授としてこの地に赴任したのは二〇〇二年四月。それまでは国際問題の専門家として、民間シンクタンクや外務省、国際協力事業団（JICA）、あるいは非政府組織（NGO）からの派遣で途上国を中心に世界六〇カ国以上に足を運び、紛争後の平和構築活動などの任にあたってきた。活動の軸足を教壇に移すことに決めたのは、二〇年以上にわたる現場体験を教育の場に還元し、後進の育成に貢献したいと願ってのことである。

「大学で論や学と名のつく勉強を始める前に、若い人たちにはまず、世界で現実に起こっていることに目を向け、自分の問題として捉え

小川秀樹 Ogawa Hideki
山口県立大学助教授

1979年早稲田大学政治経済学部政治学科卒業。日本商工会議所・国際商事仲裁協会に勤務の後、83年よりルーヴァン・カトリック大学国際法研究所（ベルギー）留学。続いて外務省より国連アジア太平洋経済社会委員会（ESCAP、在タイ）に派遣。帰国後、さくら総合研究所（現日本総研）、笹川平和財団などを経て93年独立。以後、継続して国際協力分野に身を置き、外務省専門調査員（在イスラエル大使館）、アジア医師連絡協議会（AMDA）欧州担当顧問、国際協力事業団（JICA）企画調査員、外務省NGO専門調査員、JICA準客員研究員など歴任。横浜国立大学国際社会科学研究科博士課程を経て2002年4月より現職。『あなたも国際貢献の主役になれる』（日本経済新聞社）、『学術研究者になるには 人文・社会科学系』（ぺりかん社、編著）など著作多数。

小川先生の専門ゼミに学ぶメンバー。新任教員が三・四年の演習を受け持つのは異例だが、現実の国際問題に強く魅かれて集まった

1-5.世界と言葉

「言語の政治性：英語vs.仏語」

　英語を学習している学生などから、英語で思うように喋れないというような話をよく聞くが、私がすぐに聞き返すのは、それではあなたは英語で喋りたいと思っていることを、日本語でも十分に喋れますか、喋っていますかということだ。卑近な例を出すと、外国人をどこかの観光地で案内しているとする。道端にあったお地蔵さんを見て、これは何ですかと聞かれて、あなたは英語で、いや日本語でさえ咄嗟に上手く回答できますかということだ。要するに日本語で喋るべき知識、思考がないなら、英語で喋れるはずがないというごく当たり前の事実だ。

　言語は知識や思考を伝える道具であるが、さらに突き詰めるなら、それに留まらず、思考そのものではないか。知識とか思考とかは言語でするものなのだ。知識や思考そのものは本来的に中立的であるから、当然言語それ自体も中立的である。しかし「敗戦」を「終戦」と言い換えるように、しばしば人は言葉に政治性を付与する。「低開発」「未開発」「開発途上」なども同様だろう。「サイゴン陥落」と「サイゴン開放」も。

「国際語」と「方言」

　言語はしかしそれ自体が、二つの局面において高度な政治性を有する。一つは他の言語と並立する状態、つまり国際社会においてであり、他の一つは、同じ言語内の地域差という局面においてである。前者は国際語・公用語・共通語などという問題としてあらわれ、後者は標準語に対する方言という問題としてあらわれる。もちろんこの二つの局面というのは、きれいに分離できるわけでは全然ない。というのも一言語により統一された民族国家の方が、珍しい存在

であり、通常、言語と国境線が一致しないことの方が多く、公用語と方言の問題を二つの側面で別々に議論できないことが多いからである。

　例えばヨーロッパの小国ベルギーは、国内で上の二つの要素を併せ持っている。ベルギーの公用語は独立以来、フランス語であったが、20世紀に入りフランダース語も次第に公用語の地位を得ていった。それにいたる過程において、唯一の公用語であったフランス語に対するフランダース人の反発は内閣を幾つも倒す事態さえ招来し、言語戦争と言われた。

　北半分はフランダース語、南半分はフランス語、そして首都のブリュッセルは両語併用と公用語の範囲は固まったものの、全土を通じて通用するのはやはり依然フランス語であり、首都ブリュッセルの住民の80％がフランス語を喋るとのデータもある。しかしこのフランス語の優位は、必ずしもフランス語系（ワロン人）住民の社会的優位を意味しているわけではなく、むしろ逆にフランス語とのバイリンガルな人の多いフランダース人に有利に作用しているというのが面白いところである。

　他方、人口比で言えばベルギー国民の半分以上が母語とするフランダース語（フレミッシュ語またはフラマン語）は、基本的にはオランダ語である。そして言語戦争の過程で、フランダース人たちはその言語的基盤をオランダ語に求めた。現在、オランダ人とフランダース人は協働して、標準オランダ語の強化・育成に努めているのである。このことは、フランダース語が隣国のオランダ語に対してあたかも方言であるかの地位に甘んじていることを意味している。

　まったく同様のことが、フランス語を喋るワロン人についても言え、もともと由緒正しいピカール語を含めて、ワロンの地域諸語が成立していたところへ、パリを基盤に勢力伸張の著しいフランス語を受容したので、本国フランス語に対してベルギーのフランス語は方言たる地位

- 41 -

に置かれている。何とこの国では、公用語を巡って長年紛争を経験しただけでなく、方言の問題が国境を越える問題ともなっているのである。

さてそのベルギーにおいて、フランス語の重圧から開放されたフランダース人は、今は他方の国際語である英語の方に急速に傾斜している。あたかもオランダ人が英語を第二の母語のように喋るように。その際、オランダ人やフランダース人は今や世界を席捲する英語に対して何のわだかまりも引け目も感じない。何故か？

英語史の視点

そもそもブリテン島の先住民族はベルギー地方にいたケルト系ベルガエ族が海峡を越えて移住したものと言われている。そこへゲルマンの民族大移動によって、ドイツ低地からオランダ地方にかけて分布していたアングロ・サクソン人が大挙ドーヴァー海峡を越えてブリテン島に移り住んだ。当然彼らはオランダ語などを含む低地ドイツ語をブリテン島に持ち込み、それが英語の祖先となったのだ。その後もブリテン島の苦難は続いた。スカンジナビアからの民族侵入を受けた後、11世紀にはフランスからノルマン人がやってきてブリテン島に覇権を確立した。その後3世紀以上にわたってブリテン島では支配階層はフランス語を喋り、英語は庶民、農民の言葉に成り下がった。当然、その間、英語に膨大な量のフランス語が流入してくる。今でも英単語の3割から4割はフランス語ないしフランス語経由で入ってきたラテン語だという。

英語がその地位を次第に回復するのは、15世紀前半に即位したヘンリー5世がフランス語のほとんど出来ない初めての国王となり、続いてチョーサー、シェークスピアが登場し、さらには宗教改革により、宗教世界でもラテン語の頸木を脱し、現地の言葉が用いられ始めて以降なのである。こうして16世紀になってやっと英語の地位向上が図られ始めたわけだが、実際には18世紀に至るまで、ヨーロッパではフランス語が隆盛を極めた。19世紀は七つの海を

支配した英国の世紀だが、それでも言語的には英語はやっとフランス語に追いつき並んだに過ぎない。英語がフランス語を完全に突き放すのは、20世紀になり、戦争に明け暮れるヨーロッパの旧大国に替わりアメリカが新大国として登場してきてからなのである。

このようにヨーロッパの言語文化史をみてくるなら、ベルギーのフランダース人たちが英語に親近感を持つどころか、英語を自分たちの子供のように思うとしても不思議ではないだろう。ブリテン島の先住民族は、自分たちと祖先を共有しており、その後の民族大移動もゲルマンの仲間たちの移動であった。自分たちと同じ低地ゲルマン語がブリテン島に渡ったのであり、そこにフランス語の大波が押し寄せた。低地ゲルマン系の言葉を喋りながら、フランス語の支配に苦しんだフランダース人にしてみれば、対岸のイギリス人の民族模様、言語史体験はまさに自分達とまったく瓜二つなのである。フランダース人にとり、英語は外国語などでは有り得ないのかも知れない。

英語の覇権は続くか？

さて現在は、英語が世界を覆いつくしていると言っても過言ではない。

英語の世界を概観してみよう。北米をほぼ抱き込み、アジア太平洋でも他を圧倒し、アフリカの半分を抱えている。中南米でも圧倒的に重要な外国語である。ヨーロッパ大陸でも、フランス語の勢力範囲以外では、着実に勢力範囲を拡大している。上で述べた理由により、英語を外国語とも思わない北欧やオランダなどでは多くの国民に浸透しているし、スイス・ベルギーのような多言語国家でも中立的な言葉として重宝されている。フランスにおいてさえも若い人やビジネスマンが英語を普通に使うようになり、まさに英語はビジネス、技術の言葉である。

英語に対して対抗する気概を辛うじて示しているのが旧国際語であるフランス語である。アフリカにおいては英語とがっぷり四つ、十二分

に拮抗し、北米においてはケベックというかなり重要な地域を有する。アジア太平洋では、インドシナからの退潮が著しいため、まったく形勢は不利である。ヨーロッパにおいても、かつてECなどはフランス（語）主導で牽引されてきたものが、今は英語にその主役の座を奪われた。しかしそれでもなお、国連やEUなどの外交分野、文化分野での重要性が失われ、国際語としての立場が失われたわけではない。

それに比べると、例えばスペイン語は依然国際語とはいえ、中南米の地域語に落ち着きつつあるし、いくら国連の公用語とはいえ、ロシア語はやはり旧ソ連圏の言葉、中国語やアラビア語はやはりその民族の言葉という域を大きく出ることは無いだろう。

さて、この英語の言語的な覇権はいつまで続くのか？

かつてローマが全盛の頃でも、ギリシャ語はその威厳を脈々と保っていたし、むしろ書き言葉としてはギリシャ語の方が重宝された。ローマ帝国は二重言語だったと言われる所以だ。そのローマ帝国内で地歩を確立したのがラテン語だが、西ローマが滅んでも、ラテン語が俗ラテン語、つまり現在のロマンス諸語に変容していっても、聖書の言葉としての威厳を中世を通じて保ち続けた。そのラテン語の国際性と威厳を引継いだのはフランス語である。11世紀以降のノルマンの征服や十字軍、英仏百年戦争の発生は、いずれも見方を変えれば、ヨーロッパ大陸のフランス語勢力の伸張である。そのフランスは18世紀中庸には北米（ケベック・シティ）とインド（プラッシー）で相次いで英国との植民地戦争に軍事的に敗れるが、その後もフランス語の全盛期は続いた。

要するに政治的・軍事的に支配勢力が退潮していっても、その言語文化の影響、余韻はその後も長く続くということだ。とするならたとえ米国の一国覇権主義は終焉したとしても、英（米）語の影響力はなおこの先長く続くということだ。学生諸君が生きているうちに英語が廃れることなどないだろう。一番良い方法は、以上述べてきた英語の苦難の歴史を理解し、英語を高尚なものと思うことなく、外国人に学びやすい偉大なる「ごちゃまぜの混成語」（それをピジンという）なのだと悠然と構えればいいということだ。

考えてみよう!!

英語と米語、そして仏語の違いは何故？（どれだけ英語（米語でなく）にフランス語の影響が強いか）

○高尚な単語はフランス語？

○動物名と食肉名の関係（飼育・料理はイギリス人、食べるのはフランス人？）

Ox → beef, sheep → mutton, swine → pork

○匂いに関する単語も使い分け？

"smell" は英語で、一般的な意味での匂い、臭い匂いの "stink" は英語、

良い匂いの "aroma, scent, fragrance" はフランス語。

○法律英語の不思議：万全を期すため、同じ意味の英語とフランス語の並列

Law and ordre（法）、last will and testament（遺言状）

○英・米語で違うスペルの理由は何故？

colour-color, flavour-flavor

centre-center, litre-liter, theatre-theater

realize-realize, analyse-analyze

programme-program, catalogue-catalog

connexion-connection, cheque-check

○英・米語で違う発音は何故？

Jaguar, Tube, Schedule, Z

○英・米語で違う単語

serviette-napkin

第 2 章

開発と日本

2-1. 世界の発展と日本

経済協力への私の提言

レッセフェール＝自由放任の修正

もしも自由放任の経済をどこまでも維持してゆくなら先進諸国はさらに自らの経済を高めるであろうし、開発途上国は先進技術、資本は入ってくるにしても依然、基本的には原燃料などの一次産品供給地という地位にとどまらざるを得なくなるであろう。

しかしそうしたレッセフェールが至上であるという信念はもはや崩れた。国際経済におけるレッセフェール、言いかえれば国際分業体制はまだ有効に作用する部分を残してはいるが、かなりの部分で修正を余儀なくされている。その最も大きな原因は国家の主権の問題、あるいはナショナリズムの問題である。

ある国家の経済はその国の資源、労働力、教育、国際環境などに基本的に規定されるが、しかしさらに国家の意志（ここではそれが真に国民の意志であるか否かは問わない）が重要な要因になりつつあることに注目しなければならない。言いかえれば経済が政策的に、さらには政治的に先導されつつあるということである。このことは国内経済においても当てはまる。

国内経済における自由経済の追求が結果的に富の偏在や資源分配の不公正をもたらすに至ったことに対する反省が憲法25条の国民の最低限の生活を保障する条文を規定せしめたのである。日本国憲法は社会国家ないし福祉国家を目指しており、明らかにレッセフェールの修正を企図しているのである。

経済援助の論拠

レッセフェールの修正として経済援助が把握されるとしても、援助そのものの本質と限界は厳密に理解されなければならない。経済援助が正当なものとして是認されるとするならば、その論拠は「世界はひとつの共同体である」ということであるに違いない。なるほど日本国憲法25条が国内における貧困を根絶することを宣言したのと同じように、世界的にも貧困は根絶されるべきなのかもしれない。まさに経済援助は貧困国に対する社会保障的所得移転なのである。

しかし反面そうした議論が、援助をすれば発展するに違いないという楽観論に基づいていることも事実である。果たして援助は必ず発展をもたらすのであろうか。

現在開発途上国が先進諸国に要求しているのは

①援助総額を増やし

②そのなかで政府開発援助（ODA）が占める割合を拡大し

③さらにその中で贈与部分を大きくするというものである。

具体的には各国の援助総額をGNPの1％に高め、そのうち政府開発援助の割合を70％にまで拡大することを要求している。

これまで先進諸国から開発途上国に流れ出た資金の総量は膨大な額にのぼっている。これに対しようやく発展の途を歩み出した開発途上国はあまりに少ない。

こうした現実が開発途上国にその要求をエスカレートさせるとともに、反対に先進国の援助に対する挫折感を強めているのである。いわゆる「援助疲れ」の現象である。

ここに至って援助はいかなる限界をもち、いかなる方向に進展されるべきかという問題がクローズアップされてくる。

援助の限界

援助というものは先進国から開発途上国への一方的所得移転ではあるが、それは決して開発

途上国の一人あたりの所得水準を外見的に高めることではない。それは開発途上国が自ら恒常的に所得を生み、かつその水準を高めてゆけるようなメカニズムを育成するのを助けるべきものである。

したがって開発途上国が経済発展への主体的な条件を確立している場合ならいいとしても、そうでない場合には明らかに援助が弊害をもたらすことになる。

例えば援助が存在すること自体、開発途上国の貯蓄増強や輸出増強への自覚を妨げることになる。

あるいは援助の結果、開発途上国内における所得分配に一層の不公平をもたらし、必要とされる社会制度変革をさらに遅らせるかもしれない。

援助する側から言えば、援助の成果がいかに制限的であるかを理解するようになり、ひいては援助の成果を高めるため全面的に開発途上国の政策に介入するようになる。それが開発途上国における激しい反発を引き起こすことはすでに我々の体験したところである。

これで明らかなように援助の問題は開発途上国の政治・社会制度の問題に行きつかざるを得ないのである。

経済援助の方向

数々の欠点はあるけれども経済援助は経済発展にとって欠かすことのできないものだ。大切なことはいかに欠点の少ないものに経済援助を変えてゆくかということである。

まず開発途上国に経済発展を遂行する主体的条件が欠けている場合について考えてみよう。この場合には経済発展を支える基盤である交通、通信、水道、電力などのインフラストラクチュアの建設、技術援助などが有効であると思われ、かつ財源としては政府開発援助の贈与部分を充当することが好ましい。

インフラストラクチュアの建設や技術援助がある程度なされ、教育も一定の水準に達したな

らば今度は開発途上国自身の主体的条件を生かすような援助がのぞまれる。この場合には返済の必要のある借款も相応の妥当性を持ってくる。さらに民間直接投資が資金のみならず生産技術、経営技術を提供するものとして重視されえよう。以上のように贈与と借款とは経済発展への影響において区別することが必要であるように思われる。

ところで以上のような方法で途上国が経済発展の主体的条件を確立したとしてもそれを生かす場がなくてはならない。具体的には他国の市場に対する輸出の可能性である。

先進国の開発途上国に対する市場開放は経済援助を一歩超えた高次の経済協力に属すると考えられる。場合によっては開発途上国に対する援助の代わりにその財源をもって先進国側の市場を開放することも可能であろう。

これに関しては日本の経済協力政策のところでみてゆこう。

日本の経済協力と貿易政策

現在日本は諸外国から貿易黒字の責任を厳しく問われている。もとはと言えば原燃料だけを輸入して製品を集中豪雨のように輸出するという日本の貿易政策に原因があるのは明らかだ。輸出する際には自由貿易主義を標榜し、強力な輸出競争力を最大限に生かしながら、輸入の面ではできるだけ製品輸入を制限するという矛盾はもはや許されない。セーフガードや幼稚産業論を援用する余地は多少あるとはいえ、基本的に輸入を自由化しなければならない。

現在、名目的には輸入制限品目も特殊なものだけになってはきたが、今度は非関税障壁(NTB)の問題が大きくクローズアップされている。海外輸出業者が輸出努力を怠っていながらそれをNTBのせいにしているとも考えられるが、しかし日本としてもNTB軽減のために努力する必要は否定できない。

ところで輸入自由化を進めれば日本の雇用に影響があるのは明らかだ。特に安い労働を武器

にした中進国の労働集約的生産品の流入は日本の中小企業を倒産に追い込む危険性が高い。最近では韓国のようにテレビやラジオを大量輸出する中進国も現われている。日本としては存立基盤をなくした産業、企業を強引に支えてゆくのではなくて、製品の高度化、労働力の適正配置を推進してゆくべきである。

このような政策を進めてゆけば種々のメリットがある。例えば為替変動の効果が大きく、かつ早くなる。最近しばしばJカーブ効果ということが言われる。為替が変動してもすぐには収支不均衡は収縮せず、かえって一時期不均衡が増すことさえあるというものである（例えば円レートが上昇してドル建て輸出価格が上昇しても日本の製品の性能やサービスでの競争力の強さによってさほど販売量が減らない。かえって価格上昇により販売総額が増えることも考えられる。輸入の場合でも日本の輸入の60％以上は原燃料であり、それはいくら輸入価格が下落しても景気が回復しない限り輸入数量は増えない。以上の理由により為替変動の効果が現れるにはかなりのタイムラッグがあることが承認されている）。

もしも日本が輸入をさらに自由化し水平貿易を推進させるなら為替変動の効果は大きくなるであろうし、スイスやドイツ国民のように円高の利益を大いに享受できるであろう。

ところで輸出というのは輸入の外貨をかせぐという意味において意義を持っているが、輸出そのものが積極的意義を持っているわけではない。特に大規模な輸出が輸入国の失業を招くとすればその意義は問い直されなければならない。

ここに海外直接投資の概念が登場してくる。

海外直接投資について

日本の海外直接投資の性格はアメリカ、西独のそれと比べるとかなり異なった特徴を持っている。

例えば日本にはつい最近まで投資する機会が十分にあったため海外直接投資は近年になって盛んになったにすぎない。またアメリカや西独においては先進国向け投資が多いが、日本の場合には開発途上国向け投資が多い。業種別にみてもアメリカ、西独は製造業のシェアが大きく、日本は資源関係、商業、サービスの投資が多い。投資の動機についてみても、アメリカ、西独は市場拡大を主目的としているが、日本の場合にはそれらとならんで資源の確保、国内立地難などという動機が存在する。

海外直接投資は基本的には受入れ国政府と外国投資家との間に利益と目的について合意がある場合にのみ行われる。これからの直接投資のあるべく姿を考えてみよう。

日本の投資に顕著である資源開発投資の場合には、受入れ国側の開発計画を尊重、支援する形で行われるべきであり、さらにはその資源の現地加工をも促進すべきである。また受入れ国側の参加を進め、いわゆる合弁の形がのぞましいと思われる。そのことが生産技術、マネジメント技術などを現地人に教育することにもなる。また当然のことながら現地の労働慣行、取引慣行を尊重することも重要である。

以上のような要請を満たした海外直接投資は必ずや現地の支持を受けることができよう。それができない場合があるとすれば、もはやそれは経済問題ではなく政治の問題である。

現行国際法では、もしも海外投資による企業が国有化などの損害を受けた場合、その保障は受入れ国の国内法によることが原則となっており（国内的救済の原則）、投資者側が自らそれを認め自国の外交的保護を放棄する（カルボ条項）ことも多い。

海外投資に経済的側面のみでなく政治的側面さえもがつきまとうということは十分認識しておく必要がある。

国際経済のあり方

現在、国際経済はきわめて困難な状況に置かれている。かつては先進国だけがナショナルな

もの、つまり完全雇用とか成長にこだわっていればよかったのに、今では開発途上国がナショナルなものを強く要求しはじめた。逆に先進国はナショナルなものを放棄しても開発途上国との協調、協力を要求されるに至った。依然国内では成長、高賃金、完全雇用への要求が労働組合を中心に強く、当然海外からの競争圧力に対しては保護貿易主義を求めている。政治家が選挙に勝つためにそれらを受け入れると、今度は国際的に対立を招来してしまうのである。

　先進国は国内の雇用を不安にしてでも自国の市場を開放しなければならないようだ。そうなると近い将来日本でいや世界中で雇用問題が注目されるであろうことは明らかである。

　世界から貧困を追放すること、それは経済の問題というより人道上の問題である。そのことが国際経済におけるレッセフェールの修正を要求したのである。けれどレッセフェールを修正して国際協調、福祉世界を目指すとしたところでそこに種々の問題点があることはすでに指摘した。レッセフェールの修正とは言ってもそれ程簡単ではない。例えば国内経済においてケインズ経済学が不況とインフレというトレードオフを解決できずに苦しんでいる時にいつのまにか財政政策軽視、マネーサプライ重視の新自由主義経済学が台頭するようになった。新レッセフェールなのかもしれない。国際経済においても国際協調と対立する形で新重商主義の台頭がささやかれている。

　結局、経済援助の限界をよく踏まえたうえでトータルシステムとしての経済協力に尽くし、世界から貧困を追放してゆくことが大切であると思う。

考えてみよう!!

○米国発の経済危機以降、日本でも「派遣切り」等、雇用問題が大きな社会問題になっていますが、この30年前の小論と現在の状況の不思議な一致、あるいは世界と日本の経済成長、完全雇用、所得の再配分（社会保障ないし経済援助）について考えを巡らせてみましょう。

○自由放任（レッセフェール）の限界について書かれていますが、2009年に米国と日本で相次いで登場した民主党政権の政策という視点から考えてみましょう。

2-2.企業活動と貿易制度と国際援助と

ビジネスも貿易も外国人労働者も「援助」？

本章では、先の開発への素朴な提言を扱った小論に続き、本論以降に、国際企業の国際戦略と技術独占問題（以下、「企業戦略論文」と略称）、ＥＣと貿易政策問題（「貿易政策論文」）、そして経済協力とりわけＯＤＡに関する論文（「ＯＤＡ論文」）が続いている。それらは執筆時期のかなり異なる論文群であり、相互の連関や流れを読み取るのはさほど簡単なことではないかも知れない。何故なら最初の「企業戦略論文」は、国際ビジネス戦略と法規制という観点の論文であり、二番目の「貿易政策論文」は、ＧＡＴＴの貿易規範とＥＣが論争を続けた貿易制度の問題であり、三番目の「ＯＤＡ論文」は、直接的にＯＤＡに関するものであるからである。端的に言えば、企業活動の問題と世界の貿易制度の問題と国際援助の問題が並んでいるのであり、まったく三つの異なるテーマの論文が並んでいると思われる方もいるだろう。

「企業戦略論文」は、先進国の国際企業が他の先進国あるいは途上国に活動を広げるに際して、どのような行動（発展）パターンを取り、それはどのように途上国の政策上の必要と合致しない部分があり、それゆえ途上国政府はそれを法規制によりどのように是正しようとしているのかという問題を論じている。本論文は1970年代の、輸出ネットワークを張り巡らせることにより外に膨張しようとする日本企業、そして途上国の開発の遅れを背景として先鋭化する南北間の利害対立という時代背景を基礎に書かれている。それは1985年の「プラザ合意」による円高誘導を受けて、以降、日本企業が海外投資ブームに乗って盛んに中国や東南アジアに進出（直接投資）することになるが、企業が今のように国際化する少し前の時代である。「国連開発の10年」とされた1960年代に行われた貿易や投資、援助にも関らず、途上国は何故発展しないのかと、それまでの楽観的な近代化論に疑問が提示された時期でもある。他方で資源ナショナリズムが声高に叫ばれ、石油の分野ではオイルショックさえ招来せしめた時代である。それが1980年代の民営化に代表される新自由主義の時代を経て、冷戦後の1990年代以降、グローバリズムにより先進国、とりわけ米国流の市場主義が有無を言わせぬスタンダードになったのである。今を批判的に分析するためにも、過去にこうした時代があったことを理解しておくことは無意味ではあるまい。

次の「貿易政策論文」は、戦後の世界の貿易体制が、自由・無差別という、米国流の理想主義的発想のもとで構築され、それがとりわけＥＣの個別の事情により捻じ曲げられた経緯を分析したものである。日本は貿易立国という性格上、世界でも最もこの自由貿易体制の恩恵を受け、それを支持する立場であるが、そうであるなら余計に、それに異議を唱える陣営の意見が見えにくい立場にある。本論文の意図はその日本からは見えにくい部分を明らかに提示することにある。そのＥＣの差別主義は、ＧＡＴＴにより事後的に黙認される形で承認されただけでなく、後にはその開発促進的な側面が積極的に評価され始めた。そしてその延長線上に、農産物やサービス貿易等に絡む途上国側からのＧＡＴＴ原則への異議申し立てという現状がある。ＥＣは今やＥＵと名前を変え、ＧＡＴＴもＷＴＯ体制へと引き継がれていったが、両者ともに後継機関の性格が以前のものからガラッと変わったわけでは毛頭ない。ＷＴＯの課題を検討するためにも、ＧＡＴＴが設立当初からどのようなジレンマを抱えてきたのかという出発点を理解しておくことは必須である。

最後の「ＯＤＡ論文」は、世界の国際協力の潮流のなかで援助大国日本は、協力手法としては借款重視・企業重視という、また主体別では市民参加の割合が少ないという、そして地域・分野別ではアジア重視、理工系分野が得意分野であった等々、かなり特異な性格を有しており、

その日本の援助政策を見直すことを目的として書かれた比較的最近の論文である。当然ながら、世界の国際援助という場合に非常に広範囲な資金等の流れを言うのであり、当然に民間資金の流れ（義捐金等として）やNGOの役割を含むだけでなく、さらには、それも援助のカテゴリーに入る軍事援助さえも含む。企業の役割も、さらには市場を開放することも当然にそれに含まれる。日本では国際協力というと、一つの側面にしか過ぎないODAかNGOにすべてが凝縮されてしまう傾向がある。

　さて、その三番目の「ODA論文」の冒頭でも一部触れているが、これら三つの方向性は互いに独立したテーマなのでは決してない。例えば貿易を促進する国連機関であるUNCTADが「援助より貿易を」というスローガンを掲げたことでも分かる通り、貿易とは企業の海外発展の一つのステップというだけの話ではない。貿易とは開発の主要な関心テーマなのであり、そうだとするなら二番目と三番目の論文の直接的な連関がお分かりいただけるだろう。貿易と開発が連関する側面は、国連ミレニアム開発目標（MDGs）で、最後の8番目の目標「開発のためのグローバル・パートナーシップの推進」の冒頭で「開放的で、ルールに基づいた、予測可能でかつ差別のない貿易及び金融システムのさらなる構築を推進する」（ターゲット12）とされている事実からも容易に伺えよう。あるいは、途上国の開発を目指して、技術貿易を含めた貿易・海外投資を促進するとして、その成果がより途上国側にもたらされるべく企業と受入国政府が綱引きをしている現状をミクロ的に描き出したのがまさに最初の「企業戦略論文」である。そしてその途上国の開発という問題に、所得移転的に直接に対応しようとするのが、まさに援助＝ODAであり、それが最後の「ODA論文」ということになる。まさに三つは相互に連鎖し、そして循環しているのである。

　話が変わり、数年前のあるとき、海外出張中の飛行機内で読んだ英字紙に概略次のような経済記事があった。

> 「途上国への海外送金額は、ODAと直接投資を足したものを凌駕
>
> 　先進国の外国人労働者が本国送金する額は、政府開発援助（ODA）と海外直接投資（FDI）の額を足したものよりも大きいことが分かった。このことがあまり広く喧伝されないのは、金融機関自体がその事実に気づいていないのと、外国人労働者問題が常に政治的に問題含みだからである。外国人労働者が毎年本国送金する額は控えめに見積もっても、US\$2000億であるが、FDIはUS\$1250億、ODAはわずかにUS\$600億にしか過ぎない。インド、メキシコ、フィリピンが海外送金を受入れる上位3カ国である。この問題が軽視されるべきでないのは、この海外送金こそ、『もっとも必要としている人々』に『直接に』届く類のものだからである。」

　この記事から分かることは、開発というとすぐに国際援助ODAということが脳裏に浮かびやすいが、それよりも民間企業によるFDIの方が量的にも重要だし、さらにそれよりも先進国から途上国への労働者による本国送金が圧倒的に重要であるということだ。

　とするなら、先進国としては、途上国に所得移転的に援助するのは結構だが、それよりも市場を途上国に開放しなさい、また企業による途上国への投資を促進しなさい、いやさらに決定的に重要な手段として、途上国からの労働者に雇用を開放しなさいという話になっていくのである。そのことは、日本の現状からも容易に分かる通り、先進国側からすれば、基本的な国の形を考える、あるいは政策的に変えるということに他ならないし、それに必ず繋がっていく。

　例えば外国人労働者による本国送金の問題の重要性に気づいたとして、普通は経済学者がこの種の問題に取り組むだろう。金融問題だし、企業戦略の問題だし、開発問題だからだ。しかしこの問題の全体像、あるいは背景とでも言うべきものは、送り出し側にしろ受け入れ側にしろ、むしろ社会学者の領分に近いものである。あるいは受入れ国側を中心に考えて、労働法の分野からアプローチすべきという議論も出よ

- 51 -

う。しかし重要なことは、ある問題に直面したときに、専門領域（ディシプリン）からアプローチするのでなく、当該問題そのものから出発する必要があるということである。外国人労働者の本国送金の問題を考えるに際して、そもそも送り出し側と受け入れ側とを両方考慮しなければならず、受入国側の労働法上の問題など、一つのアプローチで可能とは思われない。

　私たちの思考や取組みは専門分野に発するべきでなく、現実そのものから発すべきである。専門研究や研究者のために問題があるのでなく、問題や課題のために専門研究や研究者が存在するのであるから。

　本章で系統の違う論文を一見無造作に並べた理由もそこにあり、究極の高次の目標が開発であるなら（個別企業の利益という目標をも超越する世界的な目標という意味で）、学際的にそれに対応する術をこれらの論文から読み取って欲しいと思う。世界の課題に挑戦したいと思う若い国際志向の学徒であれば、本章で掲げたような幾つもの経済面、法律面での専門的思考に対処できるだけでなく、次の章で取り上げた戦争や平和に関する政治的思考にも対応性を備えて欲しいものである。

考えてみよう!!

○「南北問題（North- South Problem）」という用語が登場した背景、「東西問題」や「第三世界」との関連、さらには「南南問題」とは何かを考えてみましょう。また、南北問題が登場した1960年代以降の開発理論の変遷を調べてみましょう。

○本稿で用いた（後発）開発途上国＝ＬＤＣは国連による用語・定義です（Least Developed Countries）。その内容を調べてみましょう。途上国の定義は国際機関により異なりますが、ＬＤＣ以外にも、世界銀行やＯＥＣＤ／ＤＡＣ（経済協力開発機構・開発援助委員会）による定義などがあります。それらはどのような用語・定義なのでしょうか。以上はＧＤＰやＧＮＰなど経済的な指標に基づくものですが、国連開発計画（UNDP）は人間開発に重きを置いた新しい指標である人間開発指標（HDI）を用いています。これは一体どのようなものなのでしょう。

○あなたが起業したとして、その商品をアメリカに輸出したいと思ったら、いったいどのような手順、手続きを踏み、どのような準備をして「モノ」を輸出できるのでしょうか？　どのように顧客を見つけ、代金はどのように回収するのでしょうか？　貿易実務ということについて、しばし調べ考えてみましょう。

○あなたが独創的な発明をして、日本で特許を申請するとします。日本での特許の国際的な有効性はどのようになっているのでしょうか？

○海外直接投資の重要性が繰り返し指摘されていましたが、海外直接投資の「スピルオーバー効果（Spillover effect）について調べてみましょう。また、多国間投資協定（MAI）や多国間投資保証機関（MIGA）などについて調べてみましょう。

○「工業所有権」という言葉が出て来ましたが、最近は「知的所有権（財産権）」という言葉の方をよく聞きます。二つはどう違うのでしょうか？　WIPO（世界所有権機関）やTRIPS（貿易関連知的所有権に関する協定）などについて調べてみましょう。

○ＬＡＦＴＡ（ラテンアメリカ自由貿易連合）とＡＮＣＯＭ（アンデス共同市場）のその後の変遷について調べてみましょう。

2-3.経済発展と経済活動の連関を法的に見る

経済開発と国際企業活動

経済開発と
国際企業活動

　現在の国際経済社会を見渡すと、さまざまな問題のなかで南北問題が最も深刻であるように思われる。もちろんこの場合、南北問題とは広義での南北問題であり、単に南と北の諸国の純粋に経済的な格差のみをいっているのではない。

　例えば、平和の問題。一般的には平和の問題、または軍事の問題は、東西対立の結果であると考えられる。確かに米ソ間の軍拡や一部の開発途上国間の代理戦争の裏には米ソの深刻な対立関係が存在する。しかし軍事拡大は、起こることの想定されていない、あるいは起こることの許されない机上の理論としての米ソ直接対決のためだけに、ビッグビジネスの要請により行われているように思われる。また開発途上国の国内的不安定に乗じて、経済、軍事援助と代理戦争が行われているのであって、元をただせば経済的自立を十分に達成できない途上国が多いことに最大の原因があるのである。戦争が緊張とか紛争とかというもののレベルの高いものだとするなら、結局、平和の問題も開発途上国自身の問題なのであり、つまり一種の南北問題と考えることもできるのである。

　また東西問題はどうであろう。

　政治経済体制や主義の相違により緊張が高まり紛争が生ずると考えるむきもあるが、通常それらは自己正当化の口実にすぎないのであり、その裏側にはより現実味のある経済的必要が隠されていることが多いのである。中国的な世界観、つまり「経済または現代テクノロジーという観点からは、中国もまた第三世界にほかならないのである」というのはまさにそのことを示している。つまり中国のような社会主義国家で

も、外国の資本や技術にたよった国家建設を行えば国家の自立性は弱まり、民族の価値体系も分裂し、そして経済は従属化してゆくというのである。この意味において、政治的先行性を自認する中国と他の第三世界との間にはもはや何の差異も存在せず、国家の自立と経済開発を目指す国々は、資本および技術との関係において、つまり第一、第二世界との関係において同じ立場に立つことになる。

　中国のこの世界観からも明らかなとおり、大切なことは政治経済体制や主義なのではなく、開発途上国がいかに資本および技術を獲得し、経済的自立を確立してゆくかということなのである。

　以上からわかるとおり、現代国際社会に種々の問題はあるけれども、それらの基調を成すのは、そして一番深刻なのはやはり南北問題であるということである。

　南北問題において技術と資本が大切であると述べたが、そのことは換言すれば、先進諸国の企業の国際的活動が問題であるというのと同じであり、結局、この問題における主要な当事者は国際企業と途上国政府であるということができる。そうした意味から本論文のタイトルも「経済開発と国際企業活動」とした。

　本題に入る前に、用語の使用方法の統一をはかっておこう。

　開発途上国は「ＬＤＣ諸国」と呼ぶことにする。国際企業という用語を用いるのは、必ずしもビッグビジネスのみを対象とするのではなく、２国以上にて生産、販売活動を行う企業をも含めようとしたからである。これは国連などによる「多国性企業」の定義と一致するが、日本では「多国籍企業」を一定の規模以上の企業に限定する傾向があるので、あえて「国際企業」という語を用いた。

- 53 -

国際企業の行動様式
そのケーススタディ

この章においては、企業が国際的活動を本格化してゆく段階に応じて取りうる戦略を、典型的なケースを設定しながら考えてゆきたい。

ケース1《販売代理店契約》

日本のメーカーA社はX国のY社に販売代理権を付与し、販売代理店として活動させたとする。X国での販売実績はY社の活動いかんにかかっているので、成績不良の場合（最低販売量未達成の場合など）には解約できる旨の規定を設け、さらにY社側からの要求を容れて独占権をも付与する。（総代理店、一手販売店）Y社に独占権を与えたことへの対応として、A社側からは競合品取扱い禁止と他地域への再販売禁止がY社に対して要求される。

いまや貿易は「安かろう、悪かろう」式の売りっぱなしの時代を終わり、相手国市場の動向調査にはじまり、販売代理店の設置、宣伝活動の促進、アフターサービスの充実など、より市場に密着した戦略が必要とされるに至っている。つまり波打ち際までの貿易から、相手国市場での企業活動へと大きく概念が変わりつつあるのである。その際、現地市場に販売代理店を設置するのは新しい国際企業活動への第一歩である。ここで付言しておくと、法律的には代理店と販売店は厳密に区別されるべき概念である。代理店とは、売主に変わって販売促進活動を行い、買主を探すが、契約が締結されればその契約は売主と買主との間のものであり。代理店の名はどこにも出てこないことになる。こうした活動により代理店は売主（本人）よりコミッションを受け取るわけである。これに対して販売店の方は、自らの勘定と名前でもって販売活動を行うのであり、契約関係も販売店と買主との間に直接生じることになる。以上のような相違はあるが、とりあえずここでは販売店のことを念頭に話をすすめてゆこう。

ところでケース1の場合、A社の行動によりすでに種々の法的問題が起きている。

まず、最低販売量未達成の場合の解約である。販売店契約における売主と販売店の関係をみると、前者が圧倒的に経済的強者であることが通常であり、販売店は常に弱い立場に立つことになる。しかも継続的取り引きを行うためには、そうした一方的当事者関係ではなく、両当事者間の互恵、信頼関係がまず前提とされなくてはならない。こうした問題は販売代理店契約のなかの南北問題とでもいえようか。

近年、世界中で販売代理店保護の動きがみられ、特に中南米、中東、西ヨーロッパ、米国などでその法制化がなされている。それらの販売代理店保護法は、強行性を持つ特別法であり、内容的にもほぼ共通した根本思想をもっている。契約解除または契約更新拒絶の要件として以下のことが規定されることが多い。

・販売代理店の怠慢
・販売代理店の契約違反
・本人を害する販売代理店の行為

したがって、最低販売量未達成をもってただちに契約解除をなしうるかどうかは、法律的には大いに問題とされるのである。

また問題となりうる他の規定として、競合品取り扱い禁止、他地域への再販売禁止がある。

一般的には、売主が他国の会社に一手販売権を付与した場合、自らは直接当該国において販売活動ができないのはもちろんのこと、他に販売店を選任することもできないと解されている。他方、販売店側は、そのことからただちに売主以外から競合品を購入してはならないという双務的な義務を負うものではない。それゆえ、売主としては競合品取り扱い禁止に拘ることになるのであり、さらには売主本人あるいは他の販売店と競合することを避けるために、他地域への再販売をも禁止することに傾きがちなのである。

参考までに、日本においては、輸入総代理店契約などを独占禁止法の適用により規制するた

- 54 -

め、「総代理店契約等における不公正な取引方法に関する認定基準」が公正取引委員会により発表されている。

そのなかの規制事項として、

① 再販売価格制限
② 再販売先の制限
③ 部品等の入手経路制限
④ 並行輸入の不当な阻害
⑤ 不当な解約条件
⑥ 競争品の取り扱い制限（ただし、独占権を国内当事者に付与する場合であって、すでに扱っている商品の取り扱いを禁止しない時を除く）

などがあげられている。

独占禁止法は、経済に競争機能を働かせるためだけでなく、不公正な取引をも取り締まる使命をもつのであり、そうした立法、規制は、ＬＤＣ諸国においてもますます行われるようになるであろうことは疑問の余地がない。

独占の問題については、後ほど特許に関連して再び述べることになろう。

いずれにしても販売代理店の設置は、単発的な貿易取引より一歩進んだ形態であり、市場における長期的な商業活動の礎となるものである。それでは次に、国際企業の第２のステップである技術提携についてみてみよう。これは後述する直接投資や技術移転とも大きく関連するので、説明は最小限にとどめたい。

ケース2《技術提携契約（特許）》

日本の企業Ａ社が、Ｘ国にて特許を取得したとする。するとＡ社はＸ国にて特許製品を、製造、輸入、販売または使用する独占的地位を得ることになる。しかし実際にはＡ社はＸ国にて製造を開始しないで、単に日本から当該製品を輸出しつづける。もし当該特許使用製品が他社からＸ国に輸入される場合には、Ａ社は特許権侵害を理由に輸入差し止めを申し立てることができる。

特許権とは、いうまでもなく、特許を独占的に使用、収益、処分する権利であり、それは一国単位で独立して存在する。

本来、特許の実施とはそれが工業的に実施されることであり、特許製品の輸入または販売は特許の実施とはみなされるべきではないのであるが、工業所有権の保護に関するパリ条約のなかで「特許権者が、外国において特許にかかるものを製造してこれを輸入しても、特許権は消滅しない。（第５条Ａ（１））」と規定されているのである。

つまりケース２の場合、Ｘ国の特許システムは、Ｘ国へのＡ社製品の独占輸入を法的に保証するシステムに転化してしまう。Ｘ国にて当該特許関連産業が育つはずもなく、単に国際収支の悪化にだけつながってゆくのである。

ケース3《技術提携契約（ノウハウ）》

日本の企業Ａ社はＸ国のＹ社に対し、一定のノウハウ実施権を付与する。ノウハウは一度漏洩されてしまえば、債務不履行として相手方に損害賠償を請求できるにしても、もはや原状回復は困難であるので、Ａ社はＹ社に対して秘密保持を厳格に要求する。秘密保持のため、例えば次のようなことをＹ社に要求する必要がある。

○Ａ社との間の秘密保持契約に調印させる。
○さらにＹ社の従業員技術者に対しても、直接に秘密保持契約に調印させる。
○秘密書類を許可なく複写、複製させない。
○秘密を開示するものを厳しく制限する。
○使用済みの書類は焼却させる。

ケース３のノウハウの実施許諾の場合は、法的保護手段の確立された特許とは違い、公知となっては全く意味をなさないノウハウであるがゆえに、さまざまな微妙な問題が生ずる。

ノウハウが何らかの理由で公知になった場合、Ａ社はＹ社の契約上の義務違反を理由に争うことができ、その公知になった理由がＹ社の

責に帰すことができない場合でも、ひきつづき
Y社より契約期間中、ロイヤルティを得ること
ができる。契約期間終了後でも、ノウハウが秘
密性を有する限り、その使用を禁止し、あるい
はロイヤルティを得ながら実施許諾することが
できると考えられている。

　結局、当該ノウハウの他者による使用を、法
律上差し止めることができないという点で、特
許ほどの独占性、強行性を有さないと考えられ
るが、逆にいえば両当事者間のより密接な信頼
関係が重要であり、それゆえ、監督とか指導を
テコとした経営支配（資本支配との対比におけ
る）さえも行われる可能性が高いのである。

ケース４《商標使用許諾》

　日本の企業Ａ社が、Ｘ国のＹ社に商標使用許
諾を与えるとする。まず、その際、商標登録は
Ａ社自らの名でＸ国にて行い、Ｙ社による登録
を決して認めない。

　商標はその商品のシンボルでもあり、またそ
れを付した商品の品質を保証する機能をもそな
えることになる。したがって商標商品の品質維
持という名目で、Ａ社はＹ社に対し半製品や原
材料の入手先を制限し、しかもそのほとんどは
Ａ社自ら供給（輸出）することにする。Ｙ社の
製品輸出地域を制限することも考慮する。

　周知のとおり、商標は商品の出所を示すと同
時に、その品質を保証する機能をも有している。
それゆえ、例えば米国では、品質管理の伴わな
い商標使用許諾は商標の放棄とみなされるほど
なのである。つまり同じ商標のもとに品質の異
なった商品が販売されたのでは、買主を誤認さ
せることになり、極力避けられなければならな
いことなのである。

　こうした背景から、ケース４のなかの「半製
品や原材料の入手先を制限すること」は何ら法
律的な問題を生じない。そのことは欧州共同体、
米国、日本のいずれでも当てはまる。

　Ａ社がＹ社の製品輸出地域に制限を課するこ
とに関しては、ケース１で述べたことと同様の

効果を生ずることになろう。

　以上、ケーススタディの形式をとって、販売
代理店の設置、特許・ノウハウの供与、商標の
使用許諾の問題を順に眺めてきた。それらの問
題は相互に関連をもちながら（特に特許とノウ
ハウ、そして販売代理店と商標は密接につな
がっている）、企業と国家経済に大きな影響を
及ぼすことになる。

　ここまでは波打際までの貿易と、直接投資な
どによる海外企業経営のちょうど中間部分を
扱ってきた。いよいよ、企業の国際活動がさら
に活発化し、直接投資に至る段階にきたようで
ある。章を改めて、この問題に光をあててみよ
う。もちろん、この章のケーススタディで浮き
彫りになった国際企業活動の問題点は、次の
テーマにも大きくかかわってくるはずである。

直接投資の基本問題

　直接投資の問題を考えるために、この分野で
は先輩格にあたるアメリカ企業の海外直接投資
活動を眺めてみることにしよう。

　アメリカの海外直接投資の歴史を振り返って
みると、

① 　第一次世界大戦までの期間
② 　両大戦間の期間
③ 　第二次世界大戦後の現代

に大きく区分することができよう。

　第一次世界大戦までの期間においては、アメ
リカは依然として外国資本輸入国の立場にあ
り、アメリカからの直接投資は、農業、工業、
鉄道など後進国対象型投資が主流を占めてい
た。したがって地域的にも、ラテンアメリカ（特
にメキシコ）やカナダが大きなシェアを占めて
いたのである。

　両大戦間の期間においては、後進国対象型投
資という基調は変わらないものの、カナダ、ヨー
ロッパを中心に、電気機械、化学、食品などを
含む製造業に対する投資が増加したことが指摘
されうる。

- 56 -

第二次世界大戦後においては、戦争により飛躍的に拡大した生産力を維持するために、政府投資（援助という名の）を先鋒にして、そしてＧＡＴＴやＩＭＦといった国際機関と連帯して、世界的な市場獲得競争に乗り出していったのである。そのための投資形態としては、技術独占を狙った対先進国の直接投資が主流をなしてくるのである。

この傾向を数値で示せば、1929 年に投資額の 48％を占めていたラテンアメリカが、1973 年には 17％に大幅に減少し、反対にヨーロッパは 18％から 35％に増加している。先進諸国対ＬＤＣ諸国の比で示しても、1929 年の 49％対 51％が、1973 年には 60％対 26％と大きく逆転しているのである。

特に問題となるのは、1958 年以降急増した、アメリカ企業による対ヨーロッパ投資である。つまり、アメリカ国内において独占もしくは寡占を達成した巨大企業は、ヨーロッパ市場にてシェアを拡大すべく、そしてキャッチアップしつつあったヨーロッパ企業に対して技術面での優位性を保持すべく、相ついでヨーロッパにて投資を行ったのである。

巨額の技術開発投資により達成された技術上の優位は、製品輸出や技術輸出（つまり前述した特許やノウハウのライセンス供与）によるよりも、海外直接投資（つまり現地法人設立）による方がより長期にわたって保持されると考えられる（これについては「技術移転」の章で再度取り上げることにしよう）。そのためには、一国単位で確立されている特許制度の活用が積極的になされなければならない。独占権を付与された期間に当該技術をさらに改良、高度化しなければならないし、それに付随したノウハウ、あるいは経営技術さえも秘密性を守りながら蓄積、発展させてゆく必要があるのである。そしてそれ以上に大切なことは、その間、活発な活動により、技術開発に投じた資金を回収すべくマーケットシェアの拡大が追求される必要があり、そのこと自体が実質的には企業の目標であるわけである。何故ならば、技術が継続的に高度化されなければならないことを前提とする

と、技術が独り歩きするものでない以上、そして技術開発が市場、つまり需要に依存している以上（特別に高度で特殊な技術は例外であろうが）、マーケットシェアの拡大は企業にとって至上命令であるに違いないからである。

以上はアメリカ企業の、主として西ヨーロッパ諸国に対する直接投資に関しての分析であった。繰り返すことになるが、1950 年代末までの製品輸出と技術輸出による開発費の回収というパターンが、直接投資というパターンに変遷してきた背景には、ライセンス供与による技術移転戦略が、西ヨーロッパ企業の急激な技術力向上をもたらし、ひいてはアメリカ企業の相対的地位低下を引き起こしたという事実があることに注目しなければならない。

それとともに、アメリカ企業のヨーロッパに対する直接投資戦略が、ヨーロッパにおいて幾多の摩擦を引き起こしたこともさらに重要である。アメリカ企業の戦略と受入国の政策との衝突という高次のレベルのものから、受入れ国の外資規制との抵触、さらには国民感情との対立といったものまで種々のコンフリクトが生じ、各国政府を悩ませることとなった。しかもこうしたコンフリクトが生じたのは、貿易や投資の自由化が達成された諸国、それも同質の精神的土壌を有する諸国間においてなのである。このことは、これから観察しようとする先進国企業のＬＤＣ諸国への直接投資というコンテキストにおいて極めて暗示的な状況ではあるまいか。

ＬＤＣ諸国への直接投資

前章のはじめで、アメリカ企業の海外進出が資源独占型から技術独占型へと変遷してきたことを述べたが、しかしだからといって、資源独占型が重要性を失ってしまったわけではもちろんない。ＬＤＣ諸国、特に資源保有国を中心に、依然、資源独占型投資は重要な地位を占める。エネルギー危機が叫ばれる昨今、そのことは自明であろう。

また製造業投資も一定の条件の整ったＬＤＣ

諸国に対して行われるようになった。もっとも、受入国政府の提供する輸出加工区のような地域に対して、労働集約的な、製造工程の一部を移転するというのがその典型的な形態である。しかし韓国、香港、シンガポール、台湾などがかなりの経済成長を遂げることができたのもこの方式によるところが大であるし、最近では中国さえも本格的にこうした戦略をとろうとしているのは周知の事実である。

つまり明らかなことは、ＬＤＣ諸国にとり、資源関連投資とならんで製造業投資も非常に大切なものになるのであろうということである。その場合、同一の文化圏を形成している諸国間においてさえ生じた経済的摩擦が、先進国とＬＤＣ諸国との間において頻発するであろうことは想像に難くない。

さて、国際経済論の入門書をひもとけば、必ずといってよいほど国際投資についての投資国、受入国におけるメリットとデメリットが記述される。曰く、投資国にとっては資本の海外移転、雇用機会の減少などを伴うが、配当、利潤、ロイヤルティなどの送金を受けることができ、逆に受入国にとっては資本の流入、技術、経営技術の導入、雇用の増大などプラス面を期待できるが、反面、輸入される半製品や、上述の理由により外貨が流出することなども無視できない、等々。

確かに、経済学的な物の考え方からすれば、国際投資の個々の誘因や実態よりも、その投資の結果としての経済成長へのインパクト、国際収支への影響が問題とされるのももっともである。しかし、国際投資の双方の当事国における利益と費用を比較し、それがどちらの国に有利に影響を及ぼすかを判定することは、国際経済学的には非常に興味がもたれることに違いないが、ここではその方向に深入りすることはできない。何故なら、投資者本国の経済政策にかかわらず、投資者は経営の観念をもって投資を行うのであるし（投資家本国は、一般的には貿易・投資につきほとんど制限のない西側先進諸国である）、投資受入国も、利益最大化と費用最小化を目指して、受入国にとり好ましい投資を、好ましい条件で導入しようとするであろう。となるとそれは一方では政治の問題であり、他方では経営の問題である。換言すれば、経営的感覚により行われる国際投資を、受入国は国策により、つまり政治的に受け入れるのである。そしてその行為を規制するのは主として受入国の法律なのである。

国際企業問題は、政治、経済、法律、社会のすべての問題を含んでいるが、ここにもその一端がうかがえるのである。こうした事情ゆえにわれわれは、投資受入国における外資政策を順に眺めてゆかなければならない。

以上のような視点から改めてこの問題を考えてみよう。

国際企業を通ずる直接投資は、ＬＤＣ諸国に、資本、技術、経営技術を移転するが、その際最も問題となるのは、ＬＤＣ諸国において、その法域の内側で、先進国の資本家および経営陣により完全に統制された企業が存在するという事実、つまり企業の所有に関するものではなかろうか。

そして次には、卓越した技術力と充実した資本力をもつこうした国際企業は、たとえそれがＬＤＣ諸国内にて法的要請を満たして設立されたものであっても、特許法などの法制や優遇措置を巧みに利用し、あるいは制限的商行為を行うなどして、株主に対する忠誠のみに奔走し、投資受入国の経済開発に寄与するところは少ないのではないかという問題も提起されうる。

ＬＤＣ諸国にしてみれば、自らの主権のもとに資源、資本、人材を最適に配分し、適正な経済成長をはかるためには、国内の企業活動をある程度コントロールする必要がある。つまり国際企業のもつ資本、技術、経営技術はのどから手が出るほど欲しいが、経営を外国人に完全に掌握されているのでは困るのである。また外資企業の設立を認めるからには、国内経済開発に大きなはずみがつかなければ意味がないのである。

このようにして、ＬＤＣ諸国による外国投資規制が案出されることになるのである。

一般的にいえば、外資導入を認めた場合の便

益、国際収支に及ぼす影響、外国人に所有を認めるべきでない特定産業分野、経済計画との整合性、国内産業との共存性など諸々の要素を勘案して外国投資法制が形成されることとなる。そして投資を認められる分野、その際の優遇措置、条件および義務が決定されるのである。

　ここで問題となるものに、国内資本の参加、内国民の経営参加、利潤や配当、ロイヤルティの送金、課税の特典などが考えられるが、ここでは政治、法律的な意味でさらに重要であると思われる技術移転をめぐる問題などにつき順にみてゆきたい。

技術移転の問題点

　アメリカ企業による対ヨーロッパ直接投資が、1950 年代末より急速に拡大した根本的な原因として、アメリカより流れ出した豊富な資金と高度技術により、ヨーロッパ企業が大いに復興し、アメリカ企業の技術的優越性にかげりが見えてきていたことが理由のうちのひとつであることはすでに述べた。つまり、国際収支赤字に苦慮するアイゼンハワー政権は、直接投資より技術輸出を優先する政策をとり、そのことがヨーロッパ企業の急速なアメリカ企業へのキャッチアップの基礎をつくったのである。

　そのほか、アメリカ企業を直接投資にかりたてたものとして、アメリカにおける利潤率の相対的低下、アメリカ政府の直接投資促進政策（通商航海条約、二重課税免除措置、投資保証制度など）、独占禁止政策への対応（アメリカの反トラスト法は、海外においても他の独立企業と競争制限的な行為を共謀することは違法である。その際、合弁会社は独立した会社と見なされるが、全額出資子会社は親会社の一部と見られ、反トラスト法の適用がない。また国内で寡占を達成した企業が、反トラスト法によりそれ以上の拡大の機会を奪われ、それを海外に求めたことも理由のひとつであろう）などがある。

　以上の理由により、アメリカ企業は製品輸出よりも、あるいは技術輸出よりも直接投資をよ

り選好し、技術的優位性を維持するのに努めるようになるのである。データによれば、戦後の数年間においては、イノベーションの 90％が市場でライセンス供与され、残りの 10％が海外子会社へ移転されたが、1970 年には完全に地位が逆転し、ほんの 10％がライセンス供与されたのに対し、90％は海外子会社へ移転されたのである。つまり、ヨーロッパ市場にて、直接工場を建設し、生産を開始して競争力を維持するのと同時に、関連企業以外への技術移転をできるだけ制限しようと努めたのである。

　ここで注目すべきは、技術移転の方法のなかで直接投資が技術独占のために最も好都合な方法であるということは、裏返せば、通常いわれるように、直接投資により最も効果的に技術移転が行われるとは必ずしもいえないということである。

　技術独占の観点からは、技術輸出よりも合弁会社が、そして合弁会社よりも全額出資子会社のほうが選好されるのは当然であろうが、そうだとすると、第一級の技術ほど子会社だけへの技術移転でとどめられるケースが大いに考えられ、より陳腐化した技術が合弁会社、さらには技術輸出へと向けられる可能性が高い。具体的な可能性としては、高度技術は子会社への移転と特許制度により固く秘密にとざされ、より標準化した技術に対して不当に高いロイヤルティを支払うという最悪のケースも考えられるのである。

　つまり、いわゆる「経営資源」の移転という面から最適とされる直接投資は、必ずしも技術移転という観点からも最適というわけでは決してないのである。

　以上からわかるとおり、アメリカ企業の戦略は、少なくともヨーロッパにおいては技術移転を関連会社内だけで独占しようとした性格をもっていたことになる。この事実は、資本とともに技術を渇望するＬＤＣ諸国にとっては極めて注目に値するものであるに違いない。

　もし仮にＬＤＣ諸国の投資受入態勢が西ヨーロッパなみに自由化されているとするならば、投資企業も西ヨーロッパにおいてとったのと同

様の政策をとるであろう、しかしながら前述した如く、ＬＤＣ諸国側の外資規制は着々と整備されてゆき、内容においても現地化要求は急であり、資本、経営のみならず、技術さえもその要求のカテゴリーに入ってくる。そうなると投資企業側では、全額出資や過半数出資に関わることは事実上、意味がなくなるケースが増えてくる。そこに直接投資戦略を補う形で、新しい戦略が生まれてくる必然性がある。

例えば北側先進諸国においては、スタグフレーションの慢性化に伴う投資意欲の減退、技術開発費の増大、開発リスクの増大、国際経済における保護主義の台頭、国内労働組合の反発などといった新しい状況に直面して、国際企業は従来の直接投資重点主義から、ジョイントベンチュアやクロスライセンス（特許やノウハウを相互に供与しあうこと）などを含めた企業戦略へと転換しつつある。

これを別の角度から眺めると、西ヨーロッパ企業はすでにアメリカ企業と同等に組めるだけの体質強化、技術蓄積を達成したと考えられるわけであって、それゆえ、アメリカ企業がヨーロッパ企業とジョイントベンチュアを設立することにより、投資負担、開発費負担、危険負担を軽減することができ、さらに保護主義をかいくぐって西ヨーロッパ市場へのアクセスを獲得することができるのである。

特にすぐれた技術を持つ会社が相手の場合は、クロスライセンス契約により、相互に技術を流用することができ、双方とも時間と費用の節約、輸入制限回避、独禁法回避、重要技術との交換、特許権侵害によるリスクの回避などのメリットを享受することができるのである。

これに対して、南北間の投資活動の場合はどうであろうか。一部の例外を除いて、ほとんど全部のＬＤＣ諸国で、外国資本が資本支配を長期にわたって続けることが不可能な以上、そして過半数出資さえもが非常に困難な以上、それをカバーすべく外国投資家の対応策が考えられていてよいはずである。

この場合、外国投資家は、出資制限をクリアするためにジョイントベンチュアを設立することが考えられる。次に出資分には拘泥しないで、その代わりに現地会社との間に各種の制限的契約（購入契約、販売契約、特許・ノウハウのライセンス契約、商標使用許諾契約など）を結び、それをテコに実質的な経営支配を行う戦略がある。ケーススタディの際に述べたように、こうした一連の契約を通じて現地会社への輸出が増大し、さらにロイヤルティさえも獲得できるのである。場合によっては資本関係を有さない会社でも、前述の各種契約、特に経営契約によって経営支配を確立できるのである。

またさらには、現地に何らの資産も支配も残さないという面で長所を持つプラント輸出、海外建設工事などという形態も重要性を増してきている。

以上の、新しい戦略について考えてゆくことにしよう。

資本所有と経営支配については、一般的に次のことがいえる。

まず基本的には、外国投資家は現地法人の安定支配を確保すべく可能な限り高い出資率を目指すであろう。アメリカの国際企業はその典型であり、常に過半数支配を念頭に活動している。しかも、規模の大きい会社、あるいは高度技術を有する会社ほどその傾向が強いのは注目に値する。

出資に対して制限を受けるような場合、マイノリティ所有にもかかわらず支配力を強化するために、各種契約（前述したように、技術ライセンス契約、経営契約、その他の制限的契約が考えられ、それらを一括して「非株式取り決め」と総称することができよう）により傾斜してゆくことになろう、資本関係を有さない非関連企業の場合でも、非株式取り決めの締結しだいで、実質的な企業支配が可能であることはすでに述べたとおりである。

ここに至って、技術ライセンスとか、制限的取引の問題が大きくクローズアップされることになる。しかも制限的取引の問題は、通常、技術ライセンスとか商標使用許諾、あるいは独占的な販売代理権などから派生するものなのであ

る。つまり独占的な契約から制限的な契約や取引の問題が生ずるのである。換言するならば、企業間の格差（企業間の南北問題といっても差し支えあるまい）より制限的取引関係は生まれてくる。

企業間の格差とは何かといえば、それは経営資源の格差であろう。そのなかでも最も重要なものは技術であるので、その問題をライセンスとも絡めながら、もう少し見てゆくことにしよう。

技術革新のめざましい今日、開発蓄積された技術を企業内で秘密にして、優位性を少しでも長く保つという消極的な方法に代わって、有能な競争者がそれらを自己開発してしまう前に当該技術をライセンス供与し、開発費用の早期回収をはかる方が賢明であると考える傾向も生まれていることに注目する必要がある。

例えば、技術面で均質化の著しいアメリカ、ヨーロッパ、そして日本の大企業間においては、単に技術をライセンス輸出するという段階を通り越して、次に述べるような共存共栄のためのライセンス戦略を取り始めているのである。つまり、技術をライセンスするにあたり、ライセンシーに対し、当該技術をもとに将来開発するであろう技術を、ライセンサーに譲渡またはライセンスすることを約束させる場合がある（グランド・バック）。また、技術のライセンスに際し、その対価としてライセンシーの有する技術のライセンスを要求することもある（クロス・ライセンス）。さらには、同一業者間で技術を相互に利用しあうことを約束し、技術（この場合、特に特許）のプール性をとる。そうすると特許権侵害などの問題を回避することができる（パテント・プール、この場合、逆に独占禁止法違反の疑いが濃くなる）。

以上は主として、技術的強者の間のライセンス戦略であった。したがって、いずれの場合でも深刻な独占禁止法との抵触問題が生ずることになるのである。

これに対してＬＤＣ諸国の、技術的弱者の立場にある企業に対してはどのようなライセンス戦略がとられるのであろうか。この問題を考え

るために、特許制度についてノウハウとの関連において概観しておこう。

特許は新規な技術的思想であり、それを開示したものに対し、一定期間、当該技術を実施する独占的権利を保障するのが特許法制度である。その法制は、一国ごとに互いに独立して存在する。

ＬＤＣ諸国の多くも、何らかの形で特許法を有しているが、その実態は自国の開発技術をその法域内で権利化するというものではなくて、むしろ先進諸国の先発企業の既存特許を受け入れるための制度であるといったほうが正しい。したがって性格としては、輸入特許、再発効特許、確認特許、登録特許などの権利を保護するものとなっている。

具体的に、特許制度の運用状況をみてみよう。例えば、特許付与総件数のうち内国人占有率を比べてみると、先進工業国平均では1964年43％、1972年36％となる。これに対してＬＤＣ諸国平均では、1964年12％、1972年16％となっている。しかも、16％の特許件数のうちのかなりの部分が外資系会社、現地子会社によるものとみられるので、純粋な内国人による特許取得の件数は極めて僅かになってしまう。

しかも、ＬＤＣ諸国において外国人に付与された特許がどこの国の技術かをみると、1972年において、アメリカ40.6％、西ドイツ11.5％、スイス9.6％、英国8.9％、フランス7.3％などとなっており、ここでもアメリカ企業の卓越した技術力を知ることができる。

次に、特許制度の国際版としてパリ条約の存在を見逃すことはできない。

特許、商標などの内国民待遇、属地主義という原則に基づいて、工業所有権全般の保護と不正競争行為の防止を企図するこの多国間条約は、しかし必ずしも技術移転を促進するものとはいえず、むしろ技術独占法と呼ぶにふさわしい内容であるといえよう。

例えば、この条約は特許などの権利だけは獲得しながら、それを実施に移さない権利所有者に対する強制的実施やその他の制裁ということ

- 61 -

については非常に消極的であり、そのような制裁、つまり強制的実施や権利消滅といった措置は加盟国の国内立法に委ねているのである。

このあたりの事情をより明確に把握するために、ケーススタディ2と多少重複することになるが、次のようなケースを考えてみよう。

パリ条約に加盟しているLDCの一国において、外国企業のある技術に対して特許が与えられたとする。もちろん、その外国企業は特許製品を付与国にて独占的に生産、販売できるが、しかし、もしそうしないで、本国あるいは他の第三国から輸入するとしたらどうであろう。

この場合、パリ条約は、特許権者による特許付与国への独占輸入を法的に保証するシステムに転化してしまう。何故ならば、特許権者以外の者による特許製品の生産、あるいは輸入販売は特許権の名において差し止めされるからである。当然ながら、製品の輸入では技術移転など望むべくもない。

特許権者にしてみれば、自ら開発した技術が他に普及することを心配することなく、かつ市場だけは法的に完全に確保できるわけである。これほど好都合なシステムもあるまい。

LDC諸国の付与した特許の84%が外国人に対するものであり、しかもそのうちの90%以上が生産過程において実施されていないという事実は、上述の状況を考えると十分納得のゆくものである。

以上のような特許システムの基本的性格ゆえ、UNCTAD諸国を含め60ヵ国以上の国が未だパリ条約に未加盟なのであり、特許法の充実よりも、直接に技術を伴った外国資本の導入をはかることに重点を置く傾向があるのである。

さらに加えるならば、強制的実施や強制的ライセンス、さらには公開制度により誰かに特許技術を実施させるとしても、出願明細書が抽象的かつ曖昧に記載されており、また仮に特許の詳細を知りえたとしても、その周辺の、あるいはその実施過程のノウハウなしでは技術的にも経済的にも実施することができないほどに、現代技術は高度かつ複雑化しているのである。

この状況は、端的に表現するならば、先進諸国の国際企業とLDC諸国との間の技術は奪い合いであり、国際企業がその本質上、高度技術独占志向を崩さないことは明らかであるので、結局、LDC諸国としては外来技術の確実な実施とそれによるスムーズな技術移転を要求しつつ、他方で適正技術育成のために、わが国の実用新案に類する制度を設けるなどして国内技術向上のために法制を整備してゆく必要があると思われる。

これに対してノウハウは、特許権の如き属地性、特定性を有せず、したがって契約当事者が目的のノウハウ、その範囲、実施地域などを具体的に特定しない限り、それを確認することは誰にもできない。また当事者自らその秘密性を保持しないと、第三者によるノウハウの無断使用があっても、それを阻止する法的手段はない。したがって秘密性を保持するには、ライセンス契約締結前の交渉時にあまり多くを開示しては危険が大きいし（交渉が破談、中止になることは多い）、契約終了後のライセンシーの義務（ロイヤルティの継続支払い、ノウハウの使用禁止、秘密保持義務、図面や資料等の返還など）を明確に規定しておかなくてはならない。契約期間中のライセンシーの義務については、ケーススタディ3ですでに述べたとおりである。

前述したように、周辺ノウハウ、または工程ノウハウなしでは特許を実施することが不可能なほどに、現代技術は高度化、複雑化しており、かつ管理ノウハウ、あるいは経営ノウハウなどをも含めた統合的な意味でのノウハウこそ、LDC諸国が最も選好しているものなのである。

しかしながら、特許と比べてこうした微妙な側面をもつノウハウのライセンスゆえ、契約当事者間の信頼関係が重要なことはいうまでもない。さらにライセンス供与した後も、ライセンサーによるライセンシーの監督という行為が必要な場合が多いことも否定できず、そこからライセンサーによる企業支配の問題が起こることも十分考えられる。

多くの識者によれば、国際取引のなかでノウハウの占める重要性はおそらく特許のそれよりも大きいであろうといわれる。ノウハウには自動的には独占性が付与されていないが、ノウハウを開発した者はそれを供与する相手方を選択でき、その者に対して秘密維持、品質管理などという名目のもとに支配的な影響力を及ぼしうるのである。そしてこれこそが、ノウハウ開発企業の最も好む独占の形態であるというわけである。

以上のように考えてくると、株式所有やその出資率にかかわらず、先進国の国際企業がLDC諸国において実質的に企業経営権を握ることはさほど困難なことでないことがわかる。そうであるからこそ、国連やUNCTADにおいて、企業格差つまり技術格差をテコにする（実務的には制限的契約条項による）経営支配の問題が取り上げられたのである。

LDC諸国の、技術移転と直接投資への対応

技術移転に対する国際企業側のアプローチをみてきたので、今度はLDC諸国側のそれへの対応を考察しなくてはならない。そしてその後、直接投資に対する対応をみることにする。ここでは、LDC諸国の南北問題への姿勢が典型的な形で現れているラテンアメリカを例にあげて考えてゆきたい。

メキシコにおいては、1973年より技術移転（特許・ノウハウのライセンス）や商標の使用許諾を規制する法律が施行され、外国企業による技術や商標のライセンスを厳しく統制している。

この法律は、メキシコ企業が技術を獲得するのを制限するものではもちろんなく、最も公平な立場で最良の技術を獲得することを補助しようとするものであり、したがって以下のような事例がある場合にはそのライセンスは承認されないものと定められている。

○ライセンサーがライセンシーの会社経営に強い影響力、決定権を行使しうる場合
○当該技術を使用して、製造した製品をライセンサーのみに独占的に供給することを義務づける場合（下請的実施）
○製品の輸出制限など禁止事項が含まれているとき
○契約中に制限的条項（生産量の制限など）が含まれているとき
○ノウハウ・テクニカルアシスタンスなど、補助ないし周辺技術の使用および教示を制限するとき
○紛争解決のために外国裁判所の管轄が合意されている場合

以上のような規定は、ブラジル、アルゼンチン、アンデス共同市場（ANCOM）においてもみられ（もとより内容が同一であるわけではないが）、企業者が技術ライセンスを行う際に常に念頭におかなければならないことである。

列挙した禁止事項を読んだかぎりでは、この法律は政府が自国企業への適正な技術導入を強力に補佐するものというイメージが濃厚なのであるが、こうした法律の真の狙いはただそれだけなのであろうか。

本論文の最初で提示した4つのケーススタディからも明らかなとおり、販売代理店の場合であれば、外国メーカーと販売代理店とは強者・弱者の関係にたつのであり、技術ライセンスの場合、特に先進国の国際企業とLDC諸国の現地企業との関係においては、常に先進国のライセンサーは強者なのである。強者・弱者の関係の存するところ自由な競争が減殺されることはすでに述べたとおりである。とするならば、このようなメキシコの技術移転法は、欧米や日本でいうところの独占禁止法に該当するものであると考えることもできよう。つまり、これらの諸国では、強者としての経済的権利濫用を禁止するという発想によって、欧米の独占禁止法と同様の法規制を打ち出しているのである。

結局、この法律は適切な技術の導入、自国企業保護、独占禁止という3つの観点から起草さ

れたと考えることができ、そうだとすると、Ｌ
ＤＣ諸国が国際企業による技術ライセンスに対
してどのような態度をとっているかということ
を一般論として把握することも困難なことでは
ない。思いつくままにあげてみると、次のよう
なものがある。
○ＬＤＣ諸国の目標とする技術を選択し、不必
　要、不適切な技術は避ける。
○技術的植民地になることを回避するため、制
　限条項の削除、周辺・補助技術の使用許諾、
　技術訓練の実施などを求める。
○外貨準備との兼ね合いもあり、不当なロイヤ
　ルティ支払い、その他の海外送金を合理的
　に規制する。
○現地企業が自ら技術を習得し、改良し、さら
　にそれを実施できる権利を留保しておくと
　ともに、そのためにも外国企業の技術訓練
　実施能力なども審査する。
　国際企業によるＬＤＣ諸国の現地企業に対す
る技術ライセンスの問題は、これから述べる直
接投資に対する厳しい規制（出資制限、フェー
ド・アウト）とのコンテキストにおいて、つま
り国際企業の戦略が資本所有による支配から、
技術や経営技術による支配へと変遷しつつある
という状況において非常に重要な問題であるこ
とはいうまでもない。

　さて、ここで目をアンデス共同市場（ANCOM）
に転じて、直接投資へのＬＤＣ諸国の対応を概
観してみよう。
　1961 年に誕生したＬＡＦＴＡ（ラテンアメ
リカ自由貿易連合）の実質的機能低下を補うサ
ブ・リージョナルな組織として、ＡＮＣＯＭが
1969 年に設立された（当初の参加国はボリビ
ア、コロンビア、チリ、エクアドル、ペルー）。
その目的とするところは、域内諸国の経済的結
束を強め、調和の取れた経済政策により域内経
済力を高め、ＬＡＦＴＡへの参加基盤を強化す
ることにあった。
　このＡＮＣＯＭの基本姿勢は、域内貿易自由
化、域外共通関税政策のなかに一貫して流れて
いる。つまり両政策のもとで、域内での物資の

自由な流通を促進し、資源の適正配分を実現さ
せる。また域内後進２国（ボリビアとエクアド
ル）に適切な保護措置を講じながら、結局、グ
ループの対外ステータスを高めるよう努めるの
である。この方針は、さらに共通外資政策、工
業開発計画へと受け継がれてゆくのである。
　共通外資政策の下では、「外資はそれが定着
する国の資本形成を刺激し、その過程に民族資
本の広範な参加を促進し、地域統合の障害とな
らない限り、ラテンアメリカの経済開発に重要
な寄与をなしうる」というボゴタ宣言の趣旨に
則り、適切な外資の導入に努めるとともに、域
内多国籍企業については例外規定を設けその育
成に努めているのである。
　この地域において、直接投資や技術ライセン
スを規制している「外国資本ならびに商標・特
許・ライセンスおよびロイヤルティに関する共
通制度」（「決定 24 号」として知られる）の内
容を簡単にみてみよう。
○すべての新規投資は外資審査機関の認可を
　必要とし、同様に技術ライセンスにも認可
　が必要である。
○本論文において何度も繰り返したように、
　制限的契約条項は厳しく規制される。
○海外送金、国内での株式購入などに対して
　制限措置がとられる。
○金融、報道など一定の戦略的部門への新規
　投資は禁止される。
○外国資本が一定期間内にその所有権を現地
　側に委譲するフェイド・アウト方式が採用
　されている。
　この場合、外国資本が 0 ～ 19 ％の企業が内
国企業、20 ～ 49 ％のものが混合企業、50 ～
100 ％のものが外国企業と定義され、外国企業
は 15 年から 20 年のうちに混合企業に転換され
なければならない。実際には、既存企業、新規
企業を 1971 年 6 月 30 日を境に分類し、加えて
地域を先進、後進の２地域に分け、それぞれに
ついてフェード・アウトのスケジュールが提示
されているが、ここではその詳細には触れない
ことにする。
　直接投資および技術移転に対するラテンアメ

リカ諸国の対応を、メキシコ、ＡＮＣＯＭを例にあげながら概観してみた。

ここでどうしても見逃すことができないことは、メキシコ、ＡＮＣＯＭの双方の場合において、投資や技術ライセンスより生ずる紛争につき自国の裁判権の排除を禁止していることである。自国の裁判権の排除が実際には何を意味するのか、つまり契約の実体準拠法が外国法であってはならないのか、現地国の裁判所の管轄を強制的に合意しなければならないのか、また準拠法が現地国法であれば外国で仲裁を行うのは構わないのか、それとも現地国での仲裁のみが許されるのかなどといった問題は、いまのところ詳しいことは分からないようである。

いずれにしても、このような規制は、国民経済の根本に関わる投資とか技術ライセンスについては最終の決裁権を自国の国家機関に留保しておこうとするものである。

ＬＤＣ諸国の国際経済社会に対する要求が拡大していること、そして国際経済が完全な買手市場になっていることを考えあわせると、国際企業側がこのような規則に対して柔軟に対処してゆく必要がありそうである。

国際企業の新しい活動分野

いままで述べてきたように、ＬＤＣ諸国からの技術移転に対する要求は強まることこそあれ弱まることはない。他方で国際企業の投資や技術ライセンスに関しての規制も、非常に厳しいものがある。

国際企業は依然としてＬＤＣ諸国における企業活動を望むであろうが、しかし先進諸国間で行われたような全額出資の子会社設立による企業活動を展開することは、ＬＤＣ諸国においてはもはやできない。現地資本との合弁もひとつの手段ではあるが、ここではそれと同等かあるいはそれ以上に重要性を有する２つの企業活動形態、つまりプラント輸出と海外建設工事に焦点をあててみたい。

どちらの方法も形態はよく似ている。つまり発注者により示されたパイロットプランにより、コンサルティング企業あるいはエンジニアリング企業（契約上では、プラント輸出の場合エンジニア、海外建設工事の場合アーキテクトと呼ばれ、プロジェクトにおいては発注者に代わってほとんど全権を行使する）が設計をし、入札を行い、建設の監督を行うのである。入札に参加し、資材を調達して建設を担当するのが受注者の役目である。

プラント輸出と海外建設工事では性格の違う過程もあるが（例えば海外建設工事は完全に請負契約であるが、プラント輸出の場合には基本的には売買契約であり（ＦＯＢ型プラント輸出）、プラント工事、試運転、稼動などプラント完成まで責任を負う場合（フルターンキー型プラント輸出）にはその限りで請負の性格を有することになる）。ここではプラント輸出の方を念頭において述べることにする。

プラント輸出とは、ある製品製造のために必要なハードウェアと、その稼動のために必要なソフトウェアをパッケージにして輸出する形態のことである。投資受入国の外資規制が厳しくなったこと、産油国の如く豊富な資金をもちながら工業化を行うのに十分な技術、人的資源、インフラストラクチュアをもち合わせていない国があること、西側世界の不況により販売市場をＬＤＣ諸国に求めたことなどが、プラント輸出が選好され始めた要因と考えられる。

さらにもうひとつ重要な要因として、プラント輸出形態によれば海外資産に対して経営と所有を伴うことがなく、したがってＬＤＣ諸国側による諸規制、国有化などを受ける恐れもないということである。

最近の傾向としては、ソフトウェア領域が非常に包括的になり、フィージビリティ調査から始まり、据え付け工事はもとより、稼動のための技術的経営的指導、技術者のトレーニングまで含むものが現れており、フルターンキープラント輸出といわれている。まさに人的、技術的ギャップおよびインフラストラクチュアの欠如を埋めるために考案された輸出形態である。

海外建設工事も同様の経過をたどって発展し

てきたわけであるが、この場合はまさに欠如するインフラストラクチュアそのものを建設するわけである。

プラント輸出も海外建設工事も、ＬＤＣ諸国において長期間にわたる作業を必要とする。入札の際参考にした、発注者の提供した情報に誤りがあったり、エンジニアあるいはアーキテクトとの意見の相違が表面化することも日常茶飯事である。また資材の調達が遅れたり、不完全に履行されたことにより作業に遅延をきたすこともある。工事期間中に通貨価値が変動して見積もりと大幅に違ってくることも注意が必要である。さらには最近特に目立つようだが、政情不安、革命、内戦、戦争などによる不測の損害、作業の大幅な遅延をきたすこともしばしばある。つまりプラント輸出や海外建設工事は、当事者間の紛争や不測の事態発生の連続なのである。したがって、プラント輸出や海外建設工事のために作成された国際的な標準約款（例えばＩＣＥやＦＩＤＩＣ）では、上述の事態に対処する条項がもれなく含まれている。

プラント輸出や海外建設工事の分野の契約では、仲裁条項は不可欠である。ＦＩＤＩＣ約款が仲裁条項を含み、そのなかでＩＣＣ（国際商業会議所）による仲裁を規定しているからであるのはもちろんであるが、例えば世界銀行などから融資を受ける場合にも仲裁条項が要求される。

日本においても、通産省の管轄の輸出代金保険や海外投資保険、海外建設工事保険を付保する際にも、不可抗力条項とともに仲裁条項が必要である。

契約の履行をめぐって紛争が起こったとしよう。この場合、ＦＩＤＩＣ約款の仲裁条項によると、受注者はまずエンジニアに対して意見を求めなければならない。このように、エンジニアは発注者と同じ土俵の上にいるのであり、実に強大な権限をもっているのである。受注者が、エンジニアの意見に不服な場合はじめて仲裁を申し立てることができるのである（土木建設用の改正ＦＩＤＩＣ約款では、建設期間中でも仲裁を申し立てることができるが、仲裁判断が出るまではエンジニアの意見に拘束されることになっている）。

このようにプラント輸出や海外建設工事では、一風変わったプラクティスが行われているが、逆に、何故ＦＩＤＩＣ約款にてエンジニアがこれほど重大な役割をもたされているのかを考えてみる必要もあろう。

ＬＤＣ諸国におけるプロジェクトは、相手方が政府機関であることが多く、したがってプロジェクトの規模は大きい。しかもＬＤＣ諸国には、世界経済の動向、市場や原材料供給、経営上の諸問題などを十分に処理できる能力を持った企業者は絶対的に不足している。したがって、仮にＬＤＣ諸国が最新の技術を導入したとしても、その経営管理の失敗はその技術を無駄にしてしまうのである。それほどまでにプロジェクトの立案、実施、経営管理という問題は切実なのである。そしてそれらに対して十分に対応できるのが、高度な技術、経験、情報の独占体であるコンサルタント企業なのである。それだからこそ、十分な実績と優秀なスタッフを有する欧米、特に米国のコンサルタント企業が、それこそイラクやリビアなど社会主義の国においてさえも活躍の場を持つことができるのである。

世界各地で実績を積みつつある日本のプラント、エンジニアリング、建設業界にも、受注者としてだけでなく、世界でも一級のコンサルタント企業としての活躍が期待されている。

議論を復習してみましょう！

本論文では、経済協力ないし経済開発の問題を考えるにあたって、次のような問題意識から出発した。つまり、公的援助については、その性格上、高度の政治性が伴うことは避けられず、期待される効果を上げることが困難なことも少なくない。民間による直接投資についても、各投資主体にとっては有効な経営資源移転の方法ではあっても、そのことが受入国への技術移転、より厳密に言えば、技術普及をそのまま意味するかと言えば、必ずしもそうではないだろう。

したがって如何なる形で技術と資本の移転がなされるべきか、またそれらの移転が、受け入れ側と紛争を生じることなく行われることが、健全な経済開発に資するであろうから、本論文では、各投資主体の思考・戦略や、途上国の外資政策を眺め、また技術移転に関して、工業所有権や特許ライセンスなどの問題にも検討を加えたのである。

論文のなかで、もっとも重要な要素として国際的な企業活動を取り上げたのは、経済開発のために必要とされる資本、技術、経営技術、人材などを有する最重要かつほとんど唯一の主体が国際企業であるからに他ならない。途上国が直面する国際収支問題、経済開発問題、工業化問題、資源開発問題等々、どの問題をとっても、どこかで国際企業の存在が大きく関わっているのである。

技術独占という主たる誘因に動機付けられた国際企業は、技術を自社内で独占しながら他国のマーケットを開拓すべく、まず完全子会社の設立を選好する。この場合には、雇用には好影響はあるだろうが、受入国への技術移転（普及）を望むことはかなり無理がある。

現地国の法規制や企業の方針により、合弁企業方式を採用する場合でも、現地側パートナーを利用して市場へのアクセスを獲得し、現地ナショナリズムなどリスクを分散させつつ、合弁契約に抱き合わせて、技術ライセンスを供与することにより、経営にも完全子会社並みの影響力を及ぼすことも出来よう。

さらにそれはマイノリティの株式所有の合弁の場合でも、極論するなら資本関係のない非関連会社の場合でも当てはまることなのである。現地企業に特許、ノウハウ、商標を供与し、本国会社の品質基準を要求、それを達成するために原材料や半製品の購入先を制限し（つまり本国会社が自ら供給し）、さらには現地会社の販路をも制限する。そうなるとこの外資企業の製品輸出により外貨事情を好転させるという目標にとってでさえ、外資企業の存在がどれほどの効果があるか分らなくなってくる。

しかし他方で、こうした競争制限的な取引慣行や契約条項が、悪いものだと断罪されることにも問題がある。こうした制限的な慣行や条項の存在が、技術（ライセンス）移転の増加に大きく寄与しているという側面を見落とすべきではない。先進国企業のライセンス無しでは、途上国の企業によっては実施しえなかった技術が、種々の制限下とはいえ、途上国で実施されるからある。逆に言えば、多少の制限下で無い限り、先進国の企業としても安心して技術を供与することができないのである。いずれにしてもこの技術移転と競争制限を巡る問題は、国際企業の活動にとり、非常に大きな問題である。

要するに資本、技術、経営技術を併せ持つ国際企業が、輸出志向でいくのか、外国投資優先に転ずるのか、その際、現地にどれほどの技術移転を行うのかという問題は、双方の国の、外貨事情や雇用、さらには途上国側の技術力向上や開発に直接的に大きな影響を及ぼす問題であるということである。

日米構造協議と独占禁止法の強化

　先進国と途上国との間で、国際的な企業活動がどのように途上国経済に影響を及ぼし、それゆえ途上国政府はそれをどのように促進・規制しようとしているかが、前の論文で述べられていた。先進国側では、上記の問題は主として独禁法上の問題として立ち現れる。

　しかし同様の問題は先進国間でも当然に発生する。

　日本の輸出主導の経済構造を是正すべく外国為替を円高ドル安に誘導することをうたった1985年の「プラザ合意」を受けて、さらに貿易収支不均衡を解消すべく1989～90年に日米間で行われた構造協議がその典型である。日本に固有の非関税障壁（NTB）の撤廃を目指して二国間で社会経済構造にまで議論を及ぼすという世界に類を見ない協議であったが、上記観点から以下の小論を補足的に参考にされたい。

　日米構造協議で日本側が米国の求めに応じて最も思い切った対応を示したのが、独占禁止法の運用強化の分野であり、産業界としても慎重な対応が必要となる。

はじめに

　日米構造協議の枠組みの中で、独占禁止法（以下、独禁法）の強化がうたわれていることは周知の通りである。しかしながら構造協議の中で何故、独禁法問題がそれほど大きな地位を占めるのか、あるいはどのような脈絡で独禁法が問題となっているのかについては、案外分かりにくい。

　例えば、輸入総代理店の問題や流通業者へのマーケティング制限、さらに特許審査体制の充実、系列企業間取引の問題等が、どのように独禁法上の問題として位置づけられており、構造協議の中に取り込まれているのかを包括的に理解するのは容易なことではない。

　そこで本稿では、日米構造協議の中の独禁法に関わる問題のうち、特に企業経営に影響を与えると思われる事項に焦点を当て、米国の要求内容、日本側の対応策等について簡単にまとめてみる。

米国の対日要求

　構造協議は、そもそも日米間の貿易および国際収支の調整を行う上で障壁となっている構造上の問題を識別し、国際収支不均衡の削減に貢献するために開始された。したがって日米両国がそれぞれ相手方に対して問題提起を行っているが、ここでは米国側の対日要請のみを取り上げる。

　米国が日本に対して問題提起しているのは、6分野にわたる計200項目である。6分野とは、①貯蓄・投資、②土地利用、③流通、④排他的ビジネス慣行、⑤系列取引、⑥価格メカニズムの各分野である。このなかの③、④、⑤がそれぞれ独禁法と深く関わっており、それが問題を複雑にしている要因となっている。

　日本側は、まず「流通」の分野で「流通・取引慣行等と競争政策に関する検討委員会」を設け、報告書を提出させた後、それを基礎に流通・取引に対し独禁法を厳格適用するためのガイドラインを設けることを1990年6月末の最終報告の中で確約している。それを受けて9月には早速、「輸入総代理店契約等に関する独禁法運用基準」が公表され、対米公約したガイドラインの初の回答となった。

　「輸入総代理店契約等」とは言っても、実際には自己の勘定で輸入品を購入・再販する、いわゆる輸入販売店（ディストリビューター）が主たる対象であり、1972年の旧基準を大幅改訂した内容となっている。例えば、競争者間の

総代理店契約で、国内市場におけるシェアが25％以上または第一位である場合、再販売価格が制限される場合、さらには研究開発の制限、並行輸入の不当阻害行為の一部等が、不公正な取引方法にあたるおそれが強いものとされた。なお公正取引委員会（公取委）では、さらに「消費財の流通分野における取引」の分野のガイドラインが作成されている。

「系列取引」の分野でも、公取委は「事業者間の継続的取引」に関するガイドラインを策定し、株式の持ち合い関係がある場合も含め、系列関係にある事業者間取引を規制するとともに、系列関係にない事業者間取引についても規制することとなった。例えば、複数企業による取引先制限や市場分割カルテル、さらに共同取引ボイコットは原則違法とされる。

最後に「排他的取引慣行」に関しては、米国の意向を容れて、かなり大幅な改革が予定されている。まず独禁法運用強化のために公取委の機構が拡充され、特に外国事業者からの苦情窓口を設け、迅速な対応を行うこととなる。次に行政指導の透明性・公正性を確保するために、勧告や課徴金納付命令等の法的措置については、それを公表するとともに、警告についても原則的に公表することとされた。また社会的影響が大きい事件については、刑事告発をもって臨むこととされ、刑事告発についての公取委の内部基準が作成されるものとされた。さらに1991年までに独禁法を改正し、カルテルに関わる課徴金引き上げが約束された。共同取引ボイコットもカルテルとして規制されることとなり、したがって刑事告発の対象ともなりうる。

最重要な改革点として、損害賠償制度の有効活用がある。これは独禁法に基づいて損害賠償請求を行う場合、損害額の立証が困難で、事実上、訴訟の道が閉ざされていたものを、裁判所の求めに応じて、公取委が損害額の推定を行うという方法により、損害賠償請求を支援するというものである。

その他、独禁法適用除外制度の縮小、産業に関わる行政指導や審議会等の透明性・公正性の確保、特許審査体制の強化等が約束されており、独禁法をめぐる局面は大きく変わっていくことが予想され、日本企業に及ぼす影響も少なくないものと思われる。

2-4.貿易と開発と地域主義

EC市場統合とリージョナリズム

<要旨>

ECの対外通商政策を真に理解するためには、内と外を分ける尺度である保護主義に加えて、その外の部分を分ける差別主義という概念を重視する必要がある。（それぞれGATT規範でいうところの自由、無差別原則に対応）

ECの対外通商政策における差別主義は、リージョナリズムに深く根ざしている。

自由・無差別と言うGATTの二大原則に例外措置を持ち込み、形骸化したのは主としてヨーロッパ諸国である。

ECの結成自体が、例えば共通関税や共通農業政策などにより、GATT規範と抵触する部分が多い。

ECと旧植民地との間の連合関係はいまや一方的特恵供与という関係としてGATT上、合法化されているが、それでもシステム外の開発途上国に対しては著しい差別をもたらしている。

UNCTADにより案出された一般特恵（GSP）を、ECの連合関係諸国に対する特恵と比較してみると、連合関係諸国に対する特恵のほうがはるかにその便益が大きいことが分かる。

以上からわかることは、ECの成立はその根底にリージョナリズムに基づいた差別主義を色濃く有していたということであり、そうした理解なくして対EFTA、対日米、そして今後の対東欧等へのEC通商政策の本質を見抜くことは不可能であると思われる。

またこうしたECのGATT規範に対するアンチテーゼが実際にも、例えばリージョナリズムのように、時代の流れを正確に先取りしていた事実は注目に値すると思われる。

はじめに

近年におけるECの慢性的経済停滞、高失業率に対応して、日欧間の通商摩擦の問題が大きく取り上げられるようになってから既に久しい。また1992年のEC統合を機に、ECの対外通商政策が保護主義的に転ずるか否かの問題が議論の対象となることも多い。

しかしECの対外通商政策を考える際に大事なことは、ECが対外的にどれほど自由主義的または保護主義的かという尺度に加えて、対外的にどれほど差別的な政策をとっているかという局面を重要視することである。前者がGATTのいわゆる自由・無差別原則のなかの「自由」に関するものであるとすれば、後者は「無差別」に該当するものである。

ところで、対外通商の（無）差別主義とは地域主義（リージョナリズム）に密接に関係している。ここでリージョナリズムとは、一方において統合という方向性を有し、他方で排除・差別という方向性を有する。ECとの関係でいえば、ECの結成自体は統合という方向でのリージョナリズムの発現であり、またEC結成後の対外通商政策は多かれ少なかれ差別という方向でのリージョナリズムに基づくものが多い。本稿においてはEC結成時におけるリージョナリズムが、自由・無差別というGATTの規範とどのように調和されたかを歴史的に跡付けることにより、ECが本来的に有しているリージョナリズムへの志向性を明らかにし、現在のECの対外通商政策を考える上での参考に資することにする。

本稿はまずGATTの成立に際して、ECを後に構成することになるヨーロッパ諸国がどのようにリージョナリズムの概念を持ち込んだかを明らかにし、次にリージョナリズムの統合という方向での一発現形態である関税同盟とGATT規範との関係を考える。

- 70 -

以上の基礎知識をベースにして、ECの結成やアフリカ諸国との連合、ECの特恵制度がそれぞれどのようにリージョナリズムに裏付けられているかを明らかにしてゆきたい。

GATTの成立とヨーロッパ

　GATTの成立が、各国が競って為替切下げ・保護貿易主義に走った1930年代への反省に端を発していることは言うまでもない。特に連合国側は、大戦終了の前に来るべき国際経済秩序について思いを巡らせていたわけであり、それは1941年8月のルーズベルトとチャーチルによる大西洋憲章第4条、通商無差別主義に如実に表れている。

　終戦後、自由・無差別な通商という理念を現実化するイニシアティブをとったのは当然ながら米国であった。1946年2月、米国は国連経済社会理事会の会合において、「貿易と雇用に関する国連会議」を近い将来開催することを提案し、各国の賛同を得た。これがGATT誕生の第一歩である。この会議の準備委員会が設立され、その会議は1946年の10月から11月にかけてロンドンにおいて開催され、米国の提案になる「国際貿易機構のための憲章」について討議した。その結果、近い将来に多国間の関税引き下げ交渉を行うこと、その成果を国際的義務として遵守させるべく国家間の協定を作成し、それを「関税と貿易に関する一般協定」とすることが決定された。この協定の中に前記憲章の中のどの部分を盛り込むべきかを検討するために起草委員会が開かれ、その結果、各国の国内政策に大きく関わってくる部分、国際機関の設立に関する部分、各国政府による遵守が当面期待できない部分を除き、主として狭義での通商面に限って一般協定の中に盛り込むこととされた。

　1947年4月に前記準備委員会の会議がジュネーブにおいて開かれ、半年にも及ぶ審議の末「関税と貿易に関する一般協定」の内容が確定し、さらに平行して行われていた関税引き下げ交渉の成果を添付した形で一般協定に織り込み、ここに至って現行GATTの基礎が築かれたわけである。実際には、貿易主要国である米国、英国、フランス、オーストラリア、カナダ、ベルギー、オランダ、ルクセンブルグの8か国が、本一般協定を、国際貿易憲章が発効するまでの間、暫定的に適用することを合意することにより、つまり暫定適用議定書なるものを受託することにより、1948年1月1日に発効した。

　しかしながらGATTの性格を最も決定的に方向づけた出来事はその後に発生した。国際通商を全般的に規制し、併せて国際貿易機構を設立する「国際貿易憲章」を制定するための会議は、1947年から48年にかけてハバナにおいて開催され、その結果、いわゆるハバナ憲章が採択された。前にも述べたとおり、この国際貿易憲章は、狭義の通商分野のみに係わるものではなく、完全雇用の実施、国際通商規約の制定、制限的商慣行（トラストやカルテル）の禁止、国際商品協定の実現、そして国際貿易機構の設立等について合意をしたわけである。本来であるならば、管理機構さえ有するこの国際貿易憲章が、戦後国際通商を憲法的な立場から規制する筈であったのであるが、そのイニシアティブをとった当の米国において、議会が批准を拒否し、国際貿易憲章、通称ハバナ憲章の前途には多難が予想された。米国議会の批准拒否の理由は必ずしも明白ではないが、国際貿易憲章の広範な適用範囲を基礎に行政府が権限を行使することに対する議会の拒否反応がその根底にあったことは確かなようである。

　1950年12月のトルーマン大統領による、国際貿易憲章を再び議会に上程しない旨の宣言に引き続き、1951年に入ると、英国政府も憲章の成立を支援する戦線から脱落し、憲章の成立の可能性はついえたわけであるが、国際貿易憲章を流産に導いた根本原因は、戦後復興をまず第一に優先していた欧州大陸諸国と、国内産業保護を通じてしか経済開発の可能性のない開発途上国のなかに見い出せるであろう。

　米国流の理想主義的・一元的な自由・無差別貿易主義が、他国との間に微妙な認識のズレを

生じていたことは、次のような事実からも裏付けられる。

前にも述べたとおり、GATTを直接に成立させる推進者となった8か国のうち、米国、カナダ、オーストラリア以外はヨーロッパ諸国である。そしてベネルクス3国は伝統的に自由貿易・低関税国であるとしても、英国・フランスは巨大な植民地構造の上に乗っている国家であり、当然ながら対外通商差別主義のチャンピオンでもある。したがって米国の立場とは初めからギャップが生じている。両者の妥協がGATT第1条の付表に掲げられた既存特恵の承認であるが、これが後々になってGATTに対する挑戦となってくることは後に述べるとおりである。

さらに付け加えるならばGATT第35条の問題がある。第35条とは、新加盟国との間に、GATTの条約義務関係を発生させないでおくことのできる既加盟国の権利を定めた条項である。GATTへの加入手続き要件が、満場一致制から3分の2の多数決制に変わったことにより（1948年のハバナ会議において）、これに不満な既加盟国を救済する条項である。日本が1955年にGATTに加盟した時、ヨーロッパ諸国を中心に14か国がこの35条を援用して、条約義務関係に入ることを拒否した。結局、この対日差別に関する限り、GATTの自由・無差別の原則がいかに効力の弱いものであるかが露呈され、同時にヨーロッパ諸国のGATT規範に対する考え方も明白になったわけである。

以上、GATTの立ち上がりの時期においてヨーロッパ諸国の間に、米国流の理想主義的・一元的な自由・無差別主義とは異なるものがあったことがほぼ明らかになったことであろう。EECが成立し、その独自の道を歩むにつれてEC流の対外通商差別主義はより鮮明になってゆき、場合によっては、GATTの標榜する原則と真っ向から対立する状況すら招来せしめるに至るのである。以下順にみてゆこう。

関税同盟とGATT

GATT成立以前においても、関税同盟が最恵国待遇（MFN）の理念とどのように調和しうるのかは長い間論争となっていた。つまり関税同盟の関係に入ることはMFN原則の下での義務の自動的な免除が認められうるのか、それともその旨の条約上の留保が必要なのかという問題である。この問題は、MFN原則が国際法上、確立された慣習法となっているかどうかという問題にも絡んでくるが、ここでその問題に深入りすることは差し控える。ただ否定的な見解がとられていることを指摘しておくに留める。しかしこの論争も、MFN原則をバックボーンとするGATTの中で、関税同盟が認知されることにより、GATTに関しては解決された。

GATTは、その自由・無差別の基本的枠組みからの逸脱が許されるケースとして2種類の差別的取扱いを掲げている。

ひとつは国際通商の拡大に役立つものとして、基本的に承認された差別的取扱いであり、これには、関税同盟や自由貿易地域、さらには国境運送が含まれる。二つ目は、基本的には禁止された差別的取扱いであるが、例外的にそれが許される場合である。歴史的な関係に基づく特恵措置や、国際収支および経済開発の必要性に基づく差別的取扱い等がこれに該当する。「GATTには規定されていない例外的な状況」において加盟国の3分の2の賛成でGATT上の義務が免除されるウェイバーという手続き（第25条5項）もこれに含まれる。

さて関税同盟に話を戻すと、GATT第24条4項は次のように規定している。「……締約国はまた、関税同盟または自由貿易地域の目的がその構成領域間の貿易を容易にすることにあり、そのような領域と他の締約国との間に貿易に対する障害を引き上げることにはないことを認める。」

結局、関税同盟の形成自体は、理論的にはMFN原則と衝突する部分もあるが、域内の貿易が自由化され、対外的にもより高い障壁を築か

ないことを条件に、ＧＡＴＴの枠内で合法化されているということである。要するに、経済統合は域内貿易拡大を通じて国際通商の自由化に資するところがあり、したがってその広い目的のために一部の差別取扱いは容認されているということである。もっともここで注意すべきは、この条項の中で予見された関税同盟とはより小規模のものが想定されていたに過ぎないということであり、ＥＥＣの結成はＭＦＮの理念に真っ向から対立する、予想されざる規模の衝撃波であったということである。

ＥＥＣの結成とＧＡＴＴ

さてＥＣＳＣ（欧州石炭鉄鋼共同体）の順調な成果を基礎にして、ベネルクス、フランス、西独、イタリアの６か国が1957年３月にＥＥＣ結成したことは、ＧＡＴＴ上、関税同盟それ自体は認められる差別的取扱いとされていたにも拘わらずＧＡＴＴの枠内で大きな問題となった。

ＥＥＣの設立がＧＡＴＴのＭＦＮ原則とどのように調和し、また抵触するかは、ＧＡＴＴの第12会期において取り上げられた。問題としては、過渡期間、対外共通関税、数量制限、農産物貿易などがあるが、ここでは対外共通関税と農産物貿易に対象を絞って、ＧＡＴＴとの関係をみてゆこう。

ＧＡＴＴ第24条５項ａ号は関税同盟の関税率調整について次のように定めている。「……関税同盟の創設……の時にその同盟の構成国でない締約国との貿易に適用される関税……は、全体として（on the whole）、当該関税同盟の組織……の際にその構成地域において適用されていた関税の全般的な水準（The general incidence）より高度なもので……あってはならない。」

一見して本条項は簡単明瞭である。関税同盟が完成する過程において対外通商の障壁が高くなることを禁じているわけである。しかしながら細かく検討する段になると本条項は重大な問題を生じてくる。問題の理解のためにはＥＥＣの対外共通関税の設定の実際を想起してみる必要があろう。

ＥＥＣの対外共通関税は、原則として57年初めの加盟６か国の基準関税率を算術平均した水準に設定することとされ、三段階で徐々にその水準に近づける方法が取られた（実際には予定より早く、68年７月末に完成）。したがって例えば関税の比較的低かった西ドイツ、ベネルクスの場合には、対外共通関税への接近の過程でいくつかの品目につき関税の上昇傾向が見られることとなった。この関税の上昇は、さきに上げたＧＡＴＴ第24条５項ａ号の趣旨に合致するのか、あるいは違反するのか。つまり問題点は、条文中の on the whole と the genetal incidence が、物品の品目別という意味なのか、それとも対外共通関税全体を指すのかということである。もしそれが物品の品目別という意味であるなら、対外共通関税設定の過程で、一定の品目につき低関税であった国において関税上昇が見られるのは当然である。逆にそれが対外共通関税全体を指すとしても、どのような算定方法を用いて対外共通関税全体の平均値を求め、そして関税同盟結成時の関税レベルと比較するのかは明らかではない。実際にも以上の問題はＧＡＴＴの内部でも十分には解決されていないので、ここでもこれ以上考察することは差し控える。しかしそれにも拘わらず、関税同盟自体、域内の関税をゼロにし、域外からの輸入品に対し共通関税をかけるという点で差別的であり保護的である点は見逃されるべきではない。

次に共通農業政策（CAP）であるが、ローマ条約は関税の撤廃による共同市場の設立の範囲には農業も含まれると規定してある。かつＣＡＰの目標として、農業生産性の向上、農業従事者の適正生活水準の確保、市場の安定、供給の安定、消費者に対する適正価格の確保の５つが掲げられている。その結果としてＥＣ内における農産物、酪農品の自由な取り引きが確立されたものの、その制度は工業品と違い、きわめて特殊なスキームとして機能している。

よく知られているとおり、ＥＥＣ発足当時、

農業生産者の所得は一般的に低く、しかも生産コストが割高で国際競争力に乏しかったため、域内農業を保護育成することは基本的に重要な政策とされていた。この農業政策がフランスのそれを色濃く反映していたことはよく知られている。

　ＧＡＴＴにおいて最も問題とされたのはＣＡＰの中でその根幹をなす統一価格制度の運用であった。統一価格制度とは品目ごとに定められた統一価格を指定介入機関による買い入れや放出、および域外からの輸入品に対する課徴金や関税の賦課によって維持するというのがその骨子である。国際水準よりも割高な生産コストや農業生産者の所得に対応して統一価格は高めに設定されることになり、これがためにＥＣは余剰農産物のストックを慢性的に抱えるという事態に陥っている。このような状況下ではある産品に対する需要が増加したとしても域外からの輸入が増えるという保証に乏しく、需要が増加しない場合にはましてやその可能性はなくなる。さらに、ある産品がＣＡＰのもとで対外共通関税の対象になっていたとして、その上さらに統一価格との関係で輸入課徴金も課せられるとすれば（牛肉、子牛肉、野菜、果物、ワイン等）、域外産品に対する差別はことのほか大きくなる。以上のようにしてＧＡＴＴは、ＥＥＣのシステムを自由・無差別の原則に対する重大な違反の可能性ありとして受け止めたのである。

　このようにして、ＥＥＣの結成自体、ＧＡＴＴ規範との抵触が問題とされながら、それが関税同盟の体裁をとっているという事情によって、一応自動免除の取扱いとなっているのである。

連合とＧＡＴＴ

　有名なロメ協定の原型をなすＥＥＣとアフリカ・マラガシュ諸国との連合協定は、フランス（及びベルギー）の植民地をＥＥＣとの正式な関係に引き込み、相互に関税及び数量制限を撤廃しあい、ＥＥＣ援助や投資を呼び込むことにより、経済的絆を維持しようとするものであった。ＥＥＣ側はこれを自由貿易地域の形成と観念していた。ローマ条約によると連合関係に入る海外諸国（及び領土、以下連合諸国と呼び、ロメ協定のもとではＡＣＰ諸国（アフリカ・カリブ海・太平洋諸国）と呼ぶことにする）の物品はＥＥＣ域内において関税を免除され、他方、それらの連合諸国は、経済開発や工業化のために必要な場合、または財政的に必要な場合には、その限りでＥＥＣ産物品に対して関税を賦課することが認められていた。（第113条3項）

　ＧＡＴＴの目から見れば連合自体は、連合諸国とＥＥＣを糾合した対外共通関税を設定するものではないので関税同盟ではない（ＧＡＴＴ第24条8項a号）。他方、上述したように、連合諸国側に一方的に関税賦課権が認められているという点で（関税新設や輸出税さえも認められている）、自由貿易地域の形成でもない。そもそもＧＡＴＴにおいては、南北間にまたがるような自由貿易地域は想定されていなかったのである。連合関係とは、まさに植民地関係に基づいた特恵関係（ＧＡＴＴ第1条2項）の再構成ないし延長に過ぎない。しかもその特恵関係の延長は、ＧＡＴＴ第1条2項の下で制限列挙的に認められている特恵待遇を、無差別待遇を行う国際義務を負った国々（ブルンディ、ザイール、ルワンダ、ソマリア、トーゴ）にも適用を及ぼしているのである。

　経済的な観点からしても、連合諸国との連合は、双方に取り必要な産品を補完しあう関係となり、それは必然的に域内における自給自足の傾向を生み出すことになる。そのことは連合関係に含まれない他のＬＤＣの産品に対する需要を減殺することになり、広い意味での経済開発目的にも合致しない。

　このようにしてＥＥＣの企図した連合は、ＧＡＴＴによって、ＭＦＮ原則と相いれず、それは既存の特恵関係の拡大に他ならないと考えられたわけである。

　さて植民地の独立に伴い、ローマ条約第131条に基づいた連合は、新しい形の連合協定、つまりヤウンデ協定に切り替えられることとなっ

た。形態面での相違については、ローマ条約による連合は単一の自由貿易地域を構成するものと観念されたのに対し、ヤウンデ協定の方は、ＥＥＣと18のアフリカ・マラガシュ諸国のひとつひとつとの間に形成された計18個の自由貿易地域であると観念された。ローマ条約による連合と同様に、基本的には自由貿易地域のカテゴリーに入るスキームであるが、アフリカ・マラガシュ諸国側に、経済開発や工業化、または財政上の必要に応じて関税賦課権が付与されており、それがためにこれがＧＡＴＴにいう自由貿易地域に該当するかどうかが議論され、結論は出ていない。ただ第二次ヤウンデ協定の際には、第一次協定の期間中に自由化が進んだことが確認され、自由貿易地域として好意的に解釈されていた。注目すべきはＧＡＴＴ側から、第24条は南北間にまたがる自由貿易地域を想定しておらず、したがってそのような南北間にまたがるスキームにおいては先進国側は特恵の相互性（逆特恵）を求めるべきではないという意見が出され、南北問題の登場した60年代の時代風潮を反映するとともに、後継のロメ協定の内容を先取りする形となっていたことである。

　次にロメ協定であるが、ＧＡＴＴとＥＣの双方の姿勢に重要な変更がみられるので大変興味深い。まずＥＣ側であるが、これまでは協定を無理やり自由貿易地域のカテゴリーに含めて、ぎこちないリーガリズムでＧＡＴＴの原則と両立しうるように偽装に苦心していたのが、ロメ協定においては、ＡＣＰ諸国に逆特恵を求めない一方的特恵のシステムであることを前面に押し出し、細かいＧＡＴＴ条文との法的整合性には重点を置かず、経済開発というＧＡＴＴの基本原則の一つに訴える方法に出たのである。逆特恵を求めないのがロメ協定の革新的な部分であり、もはやどう小細工しても自由貿易地域に偽装させることができないので、ＥＣ側の姿勢変更には必然性がある。しかし見逃されるべきでないのは、1966年にＧＡＴＴに第四部「貿易と開発」が追加され、ＧＡＴＴが南北問題に正面から取り組むことが明確に示され、そうし

た流れの中でＵＮＣＴＡＤ（国連貿易開発会議）により案出された一般特恵（Generalized System of Preferences ＝ＧＳＰ）のシステムが国際的に受け入れられており、ＬＤＣに対する特恵はＧＡＴＴ上、もはや問題を生じる余地がなかったということである。

　ＧＡＴＴ側も、ロメ協定の非加盟ＬＤＣに対する反対効果を懸念する向きはあったが（例えばスタベックスに内在する非加盟ＬＤＣへの反対効果）、大方のところロメ協定の持つ開発促進的・新経済秩序創造的な性格は承認されたものと見ることができよう。議論がロメ協定の通商面に限定されず、むしろそれ以外の機能がＧＡＴＴ第四部との関係で引き合いに出されていることが、ロメ協定が積極的に評価されたことを裏付けている。

　以上でＥＣの連合システムが、自由貿易地域から、一方的特恵供与システムへと変化していった過程が明らかになり、同時にＧＡＴＴもそれを受け入れる方向をたどったことが分かったが、問題はそれで終わったわけではない。自由貿易地域の枠を超えて特恵というカテゴリーにロメ協定が分類されることにより（自由貿易地域であったなら対外的な差別は当然あり容認しうる）、その特恵にかかわる差別という問題が発生してきたのである。具体的には、ロメ協定の特恵とＥＣの一般特恵との間の差別である。これについては章を改めて考えることとし、ここでは特恵というシステムの意義について再度まとめておくことにしよう。

　そもそもＧＡＴＴにおいては、関税同盟や自由貿易地域は当初から基本的に承認された地位を与えられているが（第24条4、5項）、特恵については事情が異なる。1971年にウェイバーによってＧＳＰの導入が承認されるまでは、特恵は、制限列挙された規定（第1条2項）に該当しない限り、それは一切認められなかったものなのである。その例外的な事由のうち中心を成すのは英国及び英連邦諸国間における特恵であり、特恵の全廃をねらった米国と現存する特恵の維持を図った英国との妥協の産物である。

　ところで実際にはＧＡＴＴの枠内において関

- 75 -

税同盟ないし自由貿易地域の概念と、特恵の概念が意識的に混同されて用いられており、より具体的にいうと、特恵のスキームが関税同盟等の名を借りてＧＡＴＴの枠内で機能しているケースが多々見られる。近年になってやっと問い直されたのは、特恵という一見差別的なシステムではあっても、経済格差という脈絡の中で、それこそが経済開発の手段として有効に機能しうる余地はないのかということであった。

　経済的な観点から考えてみると、ＧＡＴＴが当初想定したベネルクス関税同盟のような規模であると狭い国内市場の壁を取り払い、企業者により広い市場を提供しうる点で、域外に対する差別を相殺するに足る域内経済の活性化は十分に考えられよう。しかしながら関税同盟が一定の規模以上に拡大すると、さまざまな分野における優れた産出（製造）能力ゆえに参加国の間に域内自給自足を目指す傾向が出てくることは否めない。そうなると対外共通関税は、必然的に域内産業保護の色彩を強めることになる。

　他方、特恵についてみると、同じレベルの国家の一方が他方に対して特恵を供与するのと、先進工業国が開発途上国に対して特恵を供与するのとでは自らその正当性は異なってこよう。前者は純粋に差別的であろうが、後者はより経済開発の目的に沿ったものといえよう。

　以上のいずれの場合においても、ＧＡＴＴの自由無差別の原則が1940年代に米国の起草者により練り上げられたものであるという事実は重要である。つまりその時代に予見することの簡単でなかった世界経済の地域主義と南北問題という二大潮流にＧＡＴＴそのものは十分には対応できていないのである。結局ＧＡＴＴが想定した関税同盟とはより初歩的な（より健全な？）意味での関税同盟であり、そしてＧＡＴＴが禁止した特恵とは同様に初歩的な（より差別的な？）特恵なのであった。しかし戦後世界経済の構造変化は、状況をＧＡＴＴが想定したものとは反対方向に引っ張っているのである。大規模な関税同盟が対外通商についていくらか差別的な取扱いを行い、二つの大陸の間で設けられた特恵システムは、予想されたほどには効果は上がっていないとはいえ、多数にとって不可欠な貿易システムを提供しているのである。さきに述べた、関税同盟の枠内での自給自足傾向の高まりは、ロメ協定のような地域限定的な特恵システムの場合にもあてはまるが、それでもそのシステムの有する第一義的に有用な効能が評価されるべきであろう。100％の特恵（つまり関税同盟）よりもより低いレベルの特恵（いわゆる特恵）の方が非差別的であるとする意見もこの観点から評価されるべきであろう。ローマ条約による連合からヤウンデ協定（第一次・二次）を経てロメ協定（1990年より第四次）に至る特恵の歴史は、ＵＮＣＴＡＤによるＧＳＰの案出とも相まって国際通商の分野における特恵の意義を大きく転換させてしまったようである。

　一般国際法において、国際通商の分野ほど各国政府の裁量による行為が広範囲に認められてきた例はないといわれる。ＧＡＴＴのバックボーンを構成するＭＦＮ原則も一般国際法にはなりえていないし、むしろ崩壊の危機にさらされているといった方がより適切である。すでに見てきたように、ＧＡＴＴは、関税同盟とか特恵とかいう個々の具体的事案については、自動的な承認（第24条）もしくはウェイバーによる非常措置（第25条5項）により現実の反対方向の動きをことごとく受け入れてきたわけである。ＧＡＴＴに対する最大の挑戦だったＥＥＣ結成については、ＧＡＴＴに定める要件に合致していないとの理由でＥＥＣ結成が阻止されようとでもしていたなら、逆にＧＡＴＴの方が崩壊していたであろうとみなされるのもけだし当然であろう。

　米国や日本流の一律的な自由・無差別原則の適用が、何ら間違っているというのではない。むしろこうした考え方は、放置しておけばはびこる傾向にある差別主義に対するチェック機能として極めて重要な意味を持っている。しかしながら、例えば英連邦特恵やフラン圏特恵はＧＡＴＴ以前に存在し、そしてＧＡＴＴによってもその存在を否定され得なかったという事実に象徴される差別主義の綿々たる流れは見逃され

るべきではないし、現在のECの対外通商をみる上でも大変重要である。

GSP（一般特恵）と対ACP特恵

さきにEECとアフリカ・マラガシュ諸国との連合について観察した際に、ローマ条約による連合からヤウンデ協定を経てロメ協定にいたる過程において、その性格付けも自由貿易地域から片務的特恵システムへの変容が認められることが明らかになった。片務的特恵システムは、南北間の経済格差という脈絡においてのみその妥当性・衡平性を認められるものであり、その場合でもそれが地域的システムであれば、そのシステムに属さない国家グループに対する差別が残るのは明らかである。片務的特恵システムといえば、UNCTADにより案出され、現在24の先進工業諸国によってLDCに対して供与されているGSPも特恵の片務性を基礎にしているが、これはその名の示すとおり、LDC一般に対して適用される。そもそも第一回UNCTAD（1964年）においてLDCの貿易条件改善を計るためには非相互(non-reciprocal)な特恵システムの必要性が認識されており、数年間にわたるUNCTADでの議論の末、1970年にGSPについて内容が確定したものである。もっとも先進工業諸国がLDCに対して包括的な特恵を与えるというのはGATTの標榜するMFN原則と真っ向から対立する。したがってGATT側では1971年に、さきに述べたウェイバーという手続により、10年間に限って、そのGSPによるMFN原則からの逸脱を認めることとなった。もっともその後の東京ラウンドでの成果（授権条項）により、この逸脱はGATT上、本来的に（つまりウェイバーという手続を不要ならしめる形で）認知されることとなる。

GSPは以上のように、先進国がLDCに対して一方的に特恵を供与するシステムであるため、供与側の運用姿勢は消極的・制限的になりがちであることは容易に想像できる。例えば米

国の例を取れば、米国のGSPの不十分な点、特にGSPがNIESによって大部分が利用されがちであること等、繰り返し指摘されている。ECのGSPも同様な問題を抱えており、かつその適用に種々の制限が課されているので、原則的に無関税・数量制限撤廃のベースで施行されているロメ協定のもとでの特恵との間に深刻な差別が発生する可能性がある。ECがロメ協定により特定のLDC、つまりACP諸国をいかに優遇しているかを知るためには、ECのGSPとの相違が問題にされなくてはならない。

ECのGSPは、1971年に実施された。オーストラリアによる先駆的実施を別とすれば（1968年）、北側工業諸国の中で最初にGSPを運用することとなったのである。ECのこの素早い対応の裏には、ヤウンデ、アリューシャ両協定による特恵システムに対する南北両陣営からの批判に対する回答という要因があったようである。もっともGSPそのものの成立の裏にも、拡大するECの特恵ネットワークに神経質になった米国が、それまで反対してきたUNCTADにおけるGSPの議論に対して、67年に前向きに転じたことによりその成立が促進されたという事情がある。

さて、ECが、GSPとの対比において、連合諸国ないしACP諸国をいかに優遇しているかをみてみよう。結論から先に言うと、ECはGSPを導入するに当たり、ヤウンデ協定等のもとでの連合諸国に対して、既存特恵のメリットの薄れる分を何らかの方法で補うことをしなかった。代わりにGSPの効果を制限する方法をとり既存特恵享受国の不満をかわしたのである。その結果、ヤウンデ協定のメンバー諸国からのEC向けの輸出のわずか5％がGSPにより影響を受けただけであり、アリューシャ協定の場合は6％、チュニジア・モロッコの場合は20％であったという。逆にEC以外のGSPにより、こうした諸国はEC以外のマーケットでも特恵を認められたことになる。

この出発点におけるEC側の姿勢はロメ協定に引き継がれても基本的には変わらない。ロメ協定における特恵とECのGSPとの相違の重

要な点を列挙してみよう。

ロメ協定のもとでは、若干の農産物を除いて（その場合でもＭＦＮ待遇よりも優遇される）ＡＣＰ産品は無関税・無課徴金で、しかも数量制限を受けずにＥＣに輸入される。他方、ＧＳＰのもとでは、特恵制度はＢＴＮ（Brussels Tariff Nomenclature）の25～99までの製造品及び半製造品が主な対象とされ、その他若干の農産物も含まれる。ＬＤＣ諸国にとって最も関心の高い品目であるインゴットの段階までの鉱産物は除外されている。したがってロメ協定のもとで特恵を享受しているＡＣＰ諸国の二大産品である農産物と鉱産物は、ＥＣのＧＳＰのもとでは殆どカバーされえない品目となっている。

ＧＳＰは製造品・半製造品については無税輸入を認めているが、次のような制限が課せられている。センシティブ品目については関税割り当てにより、セミ・センシティブ品目については特別監視制により、そしてノン・センシティブ品目であればいわゆるシーリングによりそれぞれ制限が行われる。さらにひとつの受益国により便益独占を排除するためのいわゆる"Buffers"が適用される。

ロメ協定の場合には、原産地規則についても、ＡＣＰ地域が原産地決定のために単一とみなされる"cumulative treatment"が与えられ、かつＥＣ内で生産されたものでも更なる加工のためにＡＣＰ地域に輸入されたものは、ＥＣに再輸入されるにあたってＡＣＰ産品と見なされる、いわゆる"community content"規則が適用される。他方、ＧＳＰにおいては"cumulative treatment"も限られた範囲でしか適用されず、かつ"community content"なるものも存在しない。

原産地規則の重要性はしばしば見過ごされがちであるが、特恵という枠組のなかでは決定的に重要な役割を果たしていることは、十分に認識されてしかるべきである。原産地規則は、基本的には、特恵対象国の産品が特恵の恩恵を享受するために必要な最低限の"local content"の基準を定めるものである。したがってその産品が完全にその国で、しかもその国の原材料を使って生産されていれば何らの問題も生じない。問題は、輸入原材料を加工したり、半製品を輸入して最終製品に仕上げたりする場合に生ずる。

ＥＣの原産地規則は、基本的にはロメ協定のものもＧＳＰのものも同様であり、"substantial transformation"が特恵対象国で行われていることを要求しており、具体的にはＢＴＮの関税番号の変更（tariff jump）が行われるに足る transformation を要求している。この原則には例外も多く、ここでそれらについて詳述している暇はないが、基本的には特恵対象国でのハイレベルな、そして実質的な transformation を要求しているということである。そのことはＥＣの原産地規則自体が、特恵対象国に対して、原材料輸出に特化するか、それとも実質的な製造能力を持つことを要求していることになり、大半のＬＤＣにとっては困難な要求である。そしてさらに厄介な問題は、このような要請が、いわゆる多国籍企業による一部製造工程のこうした国への移転を困難にしているということである。逆に言えば多国籍企業が特恵対象国を足場にして、ＥＣの特恵制度を利用してＥＣ市場に接近するのを拒むシステムとして機能しているのである。

しかしロメ協定のもとでは、ＥＣ諸国から半製品を輸入して完製品に仕上げるような場合は、上で述べた"community content"原則が適用されるので、ここに至ってロメ協定の原産地規則は、特恵対象国（ＡＣＰ諸国）におけるＥＣ以外の国の外国企業を著しく差別しているということになる。結局、ロメ協定の原産地規制は、ＡＣＰ諸国との対比において他のＬＤＣ諸国を差別するシステムであるとともに、ＡＣＰ諸国におけるＥＣ企業の活動を優遇するという、二重の差別を内包していることになる。

以上、ＥＣの特恵制度に内在する差別の実態を眺めてきた。ＡＣＰ諸国を優遇し、そこに努力を集中する現行アプローチを重視するフランス等（ユーラフリカの思想が根底にある）に対して、グローバルアプローチを重視する西独、

オランダのような国も存在し、こうしたグループはロメ協定のグローバル化を可能性として考えているようであるが、早急な実現は困難なようである。

　さてGATTといえば、米国・日本の主導による多角的貿易交渉ウルグアイラウンドの議事が話題に上っている。しかしながらECは全般的に慎重な態度をとっているといわれる。台頭する保護主義に加えて、本稿で検討したECの首尾一貫した非GATT的な傾向を考慮すれば、米国流の理想主義的なアプローチとは一線を画すECの立場はより理解しやすい。
　結局ECは、その存在そのものと行動様式が大体においてGATTに対する抵抗ないし挑戦だったのであり、しかもより重要なことは、こうしたECの動きが世界経済の方向をかなり正確に先取りしていたという事実である。

考えてみよう!!

○WTOがGATTに取って代わった経緯を調べて考えてみましょう。ITOの成立を不可能にした事情は、WTOによって克服されているでしょうか？

○ECはEUに移行していますが、「自由・無差別原則」に対して姿勢は変わったのでしょうか？

○農業貿易がかつてより問題だったわけですが、現在はどうなのでしょうか？　サービス貿易は？

○ロメ協定が現在はコトヌー協定に受け継がれていますが、基本的性格はどう変わっているのでしょうか？

2-5.日本のODAの過去・現在・未来

世界のODAの趨勢と日本

ODAの位置づけについて

　ODAとは政府開発援助のことであるが、私たち日本人が、「国際協力」、「経済協力」などを考える時、一番初めに頭に浮かぶのがODAであろう。しかし、世界では必ずしもそうではない。日本では1954年に技術協力が、そして1958年に円借款供与が開始されることによりODAが始まり[1]、その後、カンボジア難民救済を機に1970年代末から、国際NGO活動が始まったので[2]、初めにODAありきという印象を持ちやすい。しかし、欧米諸国では、そうではなく、例えば関東大震災の際の世界的な（とりわけ米国における）募金キャンペーンのように民間がイニシアティブをとり活動を行う素地があった。有名なNGOオックスファム（Oxfam）は、第二次世界大戦中の1942年、ドイツによる侵攻で困窮したギリシャの人々に食料支援などをするためにオックスフォードの市民5人が立ち上げたのを契機として生まれており、戦後の1949年、米国による対欧州支援たるマーシャルプランが始まっても、Oxfamだけはその活動を止めることなく存在し続け、植民地独立後のODAより長い歴史を有している。米国の場合も、第一次世界大戦後のベルギー支援でNGO活動の萌芽が生まれ、それが第二次世界大戦で疲弊したヨーロッパ諸国に対するCARE[3]を通じた本格的なNGOによる支援活動へとつながっており、その後の冷戦の進行に応じてソ連陣営に対抗するために用いられ始めた政府の経済協力に先行している。今でも米国から途上国に流れる援助資金の60％は民間部門からであり（移民の海外送金を含む）、ODAは18％に過ぎない（2000年度[4]）。

　今日的な意味での南北問題や開発援助問題が大きな問題となったのは、アフリカ諸国が大挙して独立を果たした1960年代以降の話であり[5]、それは日本がODAを本格化させる時期に符合しているが、欧米諸国からすれば、それ以前の植民地時代を通じて国際協力の、とりわけNGO活動の長い歴史を有していた。

　このように、国際協力という場合に、欧米諸国では、ODAだけでなく、NGO、民間投資、貿易、移民受入、軍事援助などをすべて包含するものとして考える傾向が強い。視点を変えれば、「日本と他の援助国の違いとしては、他の援助国では開発援助を外交政策手段の一部と位置づけて、援助に限られた役割を付していること」[6]と見ることもできる。

　民間企業による海外直接投資がどれほど途上国の経済を刺激するのか、先進国の市場を途上国の産品、とりわけ農産品に開放することがどれほど途上国のためになるのか[7]、先進国が受け入れた移民たちが本国送金する額がどれほど途上国にとって貴重な外貨となっているのか[8]といった視点である。日本ではそれらのことが国際協力としてほとんど認識されていないことが多い。とりわけ最近の研究では、移民労働者による本国送金の額や機能が注目されており[9]、実績的にもODAの額を凌駕し、海外投資の額に迫る勢いであり、かつ途上国にとり安定的な外貨獲得の手段となっているので、開発目的のために重要視されるようになっている[10]。さらに移民たちの本国送金は、もっともそれを必要とする貧困層に直接届くという意味で、その効用が昨今、注目されている。

　こうした国際協力に関する視点の違いは、米国のシンクタンク（世界開発センター：CGD）による毎年の開発コミットメント指数の発表に際して、しばしば問題とされる[11]。この指標は、援助、貿易、投資、移民、環境、安全保障、技術の7項目で先進諸国の開発への貢献度を数値化したものであり、日本は2003年度の初年度より最下位となっている。2006年度において1位はオランダで、北欧の国々が以下に続き、援助大国は概ね中位グループに名を連ねている[12]。外

務省は、根拠を挙げて、上記指標に反論を行っているが[13]、双方の視点・論点は噛み合っていないところがある。根本的には、冒頭で述べた視点の違いに端を発するもので、日本側は、日本の援助実績が公正に反映されていないとする一方[14]、ＣＧＤ側は、ＯＤＡという個別の問題でなく、国全体の広義での開発へのスタンス、とりわけその政策の一貫性を評価するという立場の違いといえよう。ただし、ＣＧＤの評価の中で、日本の援助はきわめて限定的な評価しか得られていないものの、投資や技術ではかなり高い評価が与えられていることは特筆すべき点であろう[15]。

円借款はどうすべきか

日本は 1991 年から 2000 年までの 10 年間、世界一のＯＤＡ供与国であった[16]。しかし、財政構造改革法が成立した 1997 年をピーク（1兆 1,687 億円（一般会計予算ベース））に減少に転じ、1998 年で終了した第 5 次中期目標を最後に、以降は量的拡大を目指す中期目標は策定されず、逆に 1999 年の「政府開発援助に関する中期政策」が、効率的・効果的なＯＤＡへ、つまり「量から質へ」と大きく舵を切った。2007 年度一般会計予算のＯＤＡ予算総額は 7,293 億円で、1997 年からは約 38％の減少となっている。

もっとも、単純にＯＤＡの額だけをもって国際社会への貢献が評価されるわけではないことは、すでに述べたとおりで、ＣＧＤのコミットメント指数では、ＯＤＡのボリュームより、その対ＧＮＩ比率の方に力点が置かれている。しかし現実には経済開発協力機構（OECD）の開発援助委員会（DAC）で決められたＯＤＡ目標額（GNI の 0.7％）を果たしている国は数か国しかなく（05 年の DAC 平均で 0.33％）、国連安保理の常任理事国も要件を満たしていない[17]。日本の場合は、その比率は 05 年度で 0.28％となっている。

日本のＯＤＡは戦後補償の一環として始ま

り、しかも日本の産業振興の位置付けを与えられたがゆえに、それは他国と比べてかなりユニークな個性を有することとなった。ＯＤＡの種別は、国際機関への拠出と二国間の援助に分かれ、後者の二国間の援助はさらに、有償資金協力（政府貸付、いわゆる円借款）、無償資金協力（贈与）に大きく二分され、さらに後者は無償資金協力、技術協力とに分かれる。ＯＤＡ全体の企画立案は外務省他 13 の府省庁が担当し、実施主体は、円借款は国際協力銀行（JBIC）、無償資金協力は外務省、技術協力は国際協力機構（JICA）が行ってきた。また、ＯＤＡの額に関しては、新規予算ベースでの額と、借款の返済金を上乗せして実行ベースで計上した額とでまったく違う数値になり、実態が把握しにくくなっている。

こうした日本のＯＤＡの一番の特徴は、論者によって評価されたり批判されたり論争の的になりやすい円借款という方式が重要な位置を占めていることだ。それによる公共工事が、場合によっては途上国の地域住民の一部に被害を与え、しかもその資金は結局は日本の業者に還元されるなどといった批判である[18]。他方、政府の見解では、借款は返済義務があるので、借り手の自立性や管理能力を担保するのに好都合で、しかも回収される性格のものであるがゆえに、貸し手にとっても低負担のＯＤＡであり、途上国のインフラ整備にとってだけでなく、財政的に厳しい状況下にある日本にとっても、打ってつけの手段だというものである[19]。

しかし、円借款に代表される有償資金協力は、世界においては、日本におけるほど重要視されているわけではない。現在、世界で主流の考え方は、国全体の経済発展を促進する中で貧困層の底上げ・解消を図ろうとするものではなく、直接に貧困層に働きかけ、人間の安全保障を確立しようとするものである。例えば、後述のとおり英国は、ＯＤＡを貧困削減目的にのみ限定している。また国際的には、1996 年のリヨン・サミット、1999 年のケルン・サミット以降、重債務の途上国には債務を免除する方向性が確立している[20]。加えて、米国、カナダ、豪州な

ど、現在借款という手段をまったく用いない先進国もいくつか存在する[21]。

日本としても、ひとたび債務免除がなされた重債務の途上国に対する円借款には、今後、十分な検討が必要とされるほか、最大の受取国である中国に対しては、日本国内においてODA不要論が主張されることがあったり[22]、インドネシアについては、累計では4兆円を超える最大の円借款受取国であるが、2000年には日本に債務免除を求めるなどの政治経済的不安定要素を多く抱えている（このときは日本側は繰り延べで対処した[23]）。こうしたことから、日本にとっては、事実上、優良供与先であるベトナムなど供与対象国が限定されがちであるというのがむしろ現状である。

現在、中国やインド、タイやベトナムなどで円借款を受けている規模の大きな案件を見ると、空港ターミナルや橋梁、地下鉄や渋滞緩和の高架道路などの建設案件が多いことがわかる。こうした援助案件が今後とも日本の円借款が担うべき役割なのかどうか、今後、十分な論議が求められるところである。

ただし、その場合に、安易な円借款不要論に陥らないことも肝要である。ODAに関してはオーナーシップ（主体的関与）という考え方が大切であり、円借款を受けてプロジェクトを行う責任は借款受け入れ国にあるからである。タイにおいて円借款が有効に用いられ、同国の経済発展に資した模範例からわかるように[24]、円借款は発展への呼び水であり、また触媒効果を果たすべきものとなる。また、上述のとおり円借款は、その返済を睨んでプロジェクトの管理運営に最大の注意が払われるというインセンティブを持たせることから、バラマキでなく効率の良いODAとして機能させることができるほか、ドナー側にとっても低負担の供与であるなど、メリットを無視することもできない。

円借款は2004年までに世界98か国に対して供与されており、1960年から2004年度までの累計承諾額23兆5,479億円の約8割がアジア向けとなっている[25]。円借款こそが新旧両ODA大綱に謳われたODAのアジア重視を自ら実践しているとも言えるのである。しかもODAのボリュームを拡大するには、それを円借款に頼るのが有利なことも事実だろう[26]。こうした多面的なODA理解を踏まえた上で、議論の発展を望みたい。

援助先進国の動向

今後の日本のODAをどのように構想してゆけばいいのであろうか。そのために国際協力の先進国の事例が参考になるだろう。日本にとって参考となる最近の傾向をみてみよう[27]。

（1）英国

援助の萌芽としては第一次世界大戦後にまで遡るが、現在のような援助の開始は第二次世界大戦後に植民地が独立を果たして以降である。英国は援助の他にも、貿易・投資、英連邦、軍事援助等の多様な外交政策手段を有しており、従来、開発援助はそのごく一部でしかなかった。開発援助体制は大きな変遷を遂げているが、1997年、労働党政権により援助政策が大きく転換され、援助の目的が貧困削減に絞られ、商業的観点からの援助は廃止された。また国際開発庁が単一の担当官庁として外務省から独立し（閣僚級大臣が統率）、援助政策は他の手段からは切り離された。以上の政策は、2000年の国際開発法によって裏打ちされた。

対象国は法律で限定されてはいないが、重点地域としてはアフリカ（16か国）、アジア（9か国）の25か国が挙げられ、実績としてはアジア援助のなかでインドの占める割合が突出している。また上位のうちで、イラク以外はほとんど英連邦の国であり、1980年代後半以降、英連邦諸国に対する援助は総額の5〜6割を占めている。

（2）オランダ

オランダは外交政策において国際開発を重視しており、外相と並んで開発協力相が置かれている。伝統的な国際主義の旗印のもと、とりわ

け人権促進を目的にして開発援助を促進してきたが、近年はその目的がMDGsの達成と貧困削減に設定され、人権促進もそのなかで扱われる。援助は貿易投資政策とは一線を画して行われており、個別のプロジェクトより、セクターに対する政策支援が優先される。また二国間の援助は大部分が現地のオランダ大使館を拠点に遂行されていることが特徴的である。少額グラントを中心とし、貧困削減を重視する援助理念を有している。

1998年以降、118か国あった援助対象国を22か国まで絞込み、「構造的開発パートナー」と名づけた。それに加えて、3分野（「人権・平和構築・グッドガバナンス」（計17か国）、「環境」（計13か国）、「民間セクター」（計12か国））についてテーマ別の協力国30か国が定められた。2003年には上記国名リストの見直し、一元化が図られ、36か国が重点対象となるパートナー国とされている。

以上の先進ドナー国の援助における最も際立った傾向を一言で表すならば、「セレクティビリティ」ということになろう。これは援助を供与する国、セクターを絞り込むことを意味している。セクターとしては、全般的に貧困対策を中心とする人間の安全保障が優先的な分野とされる。地域的には、英国やフランスは、旧植民地であるアフリカ諸国をさらにフォーカスすることとなる。オランダについては上述のとおりだが、ドイツもかつて118か国に支援していたものを、2000年には優先パートナー国37か国、パートナー国33か国の計70か国に絞り込んだ。デンマークなどは、開発の現状と人権を含めたグッドガバナンスの観点から、15か国をプログラム国として対象国を絞り込んでいる。カナダも従来は約100か国に対して幅広く支援してきたが、2005年からアフリカ14か国を含む25か国に重点援助対象国を絞り込んで、二国間援助の3分の2を振り向ける。ノルウェーにいたっては主要援助対象国を7か国に絞っている。もっとも「セレクティビリティ」の考え方は、絞込みに漏れた国を無視するということ

ではなく、むしろ、紛争があったりして援助の対象となりにくい国に対しては、平和構築支援や人道支援、さらにはガバナンス回復のための財政支援などを行うということである。

日本は現在でも約160か国を対象にODAを実施しており[28]、かつての他の供与国のようにODAをきわめて広範囲に供与している国である。「セレクティビリティ」という考えを導入して、選択と集中を進め、戦略的な観点から中東や南アジアも含め、広義でのアジア重視の姿勢を強化すべきだろう[29]。ODA大綱は新旧のどちらにおいてもアジア重視を掲げており、特に新大綱では、「日本の安全と繁栄に大きな影響を及ぼし得るアジアは重点地域である」（I．4．重点地域）と明快であるが、実際は、長期的にだけでなく、短期的にもテロ対策の煽りでアジア向けは減少している[30]。より歴史的経済的関係の深いアジア諸国に、支援の対象が少ないわけではない[31]。もちろん、緊急人道支援やNGOを通じる支援は別に考えなければならないし、例えばアフリカ支援はNGOに支援の多くの部分を委嘱するという大胆な考え方も可能だろう[32]。

世界と日本のODAの将来像

昨今、内外においてODAや開発を巡る議論は熱を帯びてきている。

現在、世界で取り組まれているのは、ミレニアム開発目標（MDGs）の達成である。これは2000年のミレニアム国連特別総会で採択された開発目標であり、2015年までに達成すべき項目を明記している[33]。最大の比重が置かれているのは貧困の削減と、保健衛生や教育の充実である。それを受けて先進諸国が最大のターゲット地域としているのがアフリカである。そのために世界の主要ドナーは、援助疲れの見えた90年代とは打って変わって、2000年以降、軒並みODA供与額を拡大する方向にある。

OECDは本年（07年）2月に発表した2005年度の世界のODAに関する報告のな

- 83 -

かで[34]、2005 年度のODA総額は、前年より 32%増加し、過去最高の 1,068 億ドルであったと報告したが、しかしその増加の大半は、3 倍強に達した債務救済（主として、イラクとナイジェリア向け）と人道援助の増加であり、したがって援助は 2006 年と 2007 年に一時的に縮小する可能性もあると指摘している。2010 年までにそれを 1,300 億ドルに増やし、アフリカへのODAを倍増させるという目標を達成するためには、2008 年から 2010 年にかけて年 11%の割合で増額させなければならない旨、注意を喚起した。

ミレニアム開発目標の実現を念頭に、2005 年 7 月のグレンイーグルズ・サミット等において、小泉首相は、5 年間でのODAの 100 億ドル積み増し、今後 3 年間でのアフリカ向けのODA倍増を表明した[35]。またODA改革の構想が、安倍官房長官（当時）の下の有識者検討会などで議論され、その結果、首相に直属の海外経済協力会議がODAを一元的に統括し、国際協力銀行は解体した上で、その借款業務をJICAに集約、国際金融業務は政府系金融機関に一元化を図る方向性が出された。新JICAは 2008 年より、借款、無償資金、技術協力の一元的に扱うこととなる。

日本の場合、ODA総額については、昨今の経済情勢や財政状況下ではGNI比 0.7%を達成するだけでなく、最盛期の約 1 兆 2 千億円弱（一般会計予算ベース）の水準まで戻すことも簡単なことではないだろう。このことからも、これまでのようなボリュームではなく、内容や援助効率で国際貢献する方向に路線を転換する必要が出てくる。2000 年にODA実績が天井を打って以降、「戦略化・重点化・効率化」ということが重要な政策課題として浮上、2002 年に設置されたODA総合戦略会議は、ODAは外交戦略の重要なツールであると定義し、国別援助計画を策定、重点援助分野に注力することを打ち出した。そしてそれを受けて、2003 年のODA大綱においては、ODAを一層戦略的に用いると宣言した上で（I.2. 基本方針）、「日本と緊密な関係を有し、日本の安全と繁栄に大きな影響を及ぼしうるアジア」と重点地域に指定し、また「アジア諸国の経済社会状況の多様性、援助需要の変化に十分留意しつつ、戦略的に分野や対象などの重点化を図る」こととした（I.4. 重点地域）。要するにアジア諸国との関係強化を謳いつつ、国別援助計画を重視するということで、2000 年以降、主要被援助国から順に国別援助計画は作成されており（2006 年 9 月現在で 23 カ国）、これは事実上の「セレクティビリティ」的な考え方の導入である。

援助実施の効率の観点からは、「コミュニティー開発支援無償」制度が導入され、設計や仕様を、日本仕様でなく現地仕様にし、あるいは入札の競争性を向上させることにより、コストを削減する方針が出されたり、技術協力においても、現地リソース活用や専門家やボランティアの手当て見直しが打ち出されたりしたことは、身近な第一歩といえよう[36]。

中期長期的には、日本におけるODAの趨勢は、有償資金協力の場合、日本がその実施に主導権を握れる、あるいは少なくとも発言権を維持できる方策を確保するという条件付きで、今後は円借款より国際機関を通じる供与に重点を移すべきではないか[37]。普段あまり論じられることもないが、国際援助コミュニティーに対して「顔が見える」ことも必要なことである。そして日本独自としてはむしろ評価の高い無償資金・技術協力に注力し、しかもそれをより効果が期待できる国・セクターに傾斜投入するならば、日本の特性が反映されるようになり、より途上国において日本の顔が見えるようになろう。

その際には、受入国との政策協議を深め、真に有効で必要な援助を見極める必要がある。2003 年の新ODA大綱では、現地機能の強化が打ち出され、「現地タスクフォース[38]」が設置され、現地の開発ニーズをより把握しやすくなったが、新大綱で厳格な要請主義が姿を消したことに加えて、予算と人材、そして権限も現地に与えられないと、本来の現地機能強化にはならない。2003 年の 8 月の新ODA大綱、同年 10 月の緒方新理事長就任というモーメンタムを受けて、JICAでは現地機能の強化が強

- 84 -

く打ち出されたが、真の改革のためにも、現在鋭意推進中とされる援助プロセスの現地化をスピード感をもって完結させる必要がある[39]。

一部の機能を東京に残しながらも、実際のODAの業務のより多くが現地で行われても何の問題もないであろう。例えば上述のとおり、日本のODAの成功例であるタイのように地域の核となる国においては、ASEAN向けの多国間協力のプロジェクトがいくつも行われる等、南南協力の拠点化がすでに行われている現実がある[40]。日本の援助実施体制の問題として、外国の拠点となる国を中心にして周辺諸国に対する日本のODAが計画・実施・監督されることを構想することは可能だ。

受入国との政策協議の深化は、必然的に協力の手法にも変化をもたらすだろう。援助は受入国が自立できるように行われるべきであるから、受入国の政策策定・実施能力強化、つまりガバナンス強化に向けられるべきであり、例えば証券取引所制度構築のような、法制度を含めた制度構築支援や人材育成などが重視されてしかるべきである[41]。そのためには個別プロジェクト向けだけでなく、ノン・プロジェクト支援、あるいは一般財政支援と言われるような援助形態もさらに多用されてもよいと考えられる[42]。もちろん昨今その分野の活動が話題となっているように、紛争後の平和構築や災害予防や災害後の復興などもODAが対象とする大きなテーマとなろう。またミレニアム開発目標を考えると、これまでは、言語や歴史認識など文化面での機微な問題を含むが故に後回しにされてきた観のある初等教育におけるソフト面でのこれまで以上の関与も必要とされるだろう[43]。

また、狭義でのODA以外の問題がODAの議論に大きな影響を及ぼすこともありうる。日本では自衛隊による国際協力は、かつては議論の俎上に挙げられることもなかったが、1992年のカンボジアPKOを契機に最近のイラクに至るまで実際に実施されている。国際貢献・協力のツールが増えたのだから、世界ではPKO等も国際協力に含まれて議論されているように[44]、それがODAを巡る論議に影響を与え

るようになるだろう。防衛庁の省への格上げが2007年1月に実施され、自衛隊によるイラクでの復興業務のように、本来業務化した平和協力が経済協力と部分的に重なり合う現象はすでに起きている。

同じことはNGOについても言えよう。ODAのいくらかの部分をNGOが行うことは、欧米諸国ではごく普通である。冒頭で述べたように、そもそもアメリカでは、ODAをはるかに凌駕する額の援助が民間セクター（民間投資を含まない）から流れているのであり、他方、スウェーデンではODAの約18％、デンマークやオランダでは約15％がNGOによって実施されている。日本はODAの2.8％程度がNGO関連の予算として計上されているに過ぎない（05年度）[45]。1999年のコソボ・東ティモールの両紛争を契機に、とりわけ人道支援や平和構築の分野で、政府がNGOの力を認め、連携を図る動きが急になっており、現に制度的にもここ数年で大きな進歩を見たが[46]、大学や地方自治体、企業を含めた広義でのNGOとの協働をさらに拡大し高める必要があろう。

こうした新しいODAの方向を考えた場合に、今後どのような分野の人々の参加が望まれるだろうか。ノウハウを持った地方自治体や大学を含めたNGO、さらには技術を有する企業などであろう。ODAは、土木建設系の開発コンサルタントが中心となって動く世界から、より幅広く市民の能力が登用される世界へと徐々に変えてゆく必要があろう。

今後は、伝統的な意味での「国益」を重視するだけでなく、「ヒト」に対して投資することも必要だろう。特殊な外国語に堪能な日系人を専門家派遣することなどを含め、海外の日系人社会を対象としてODAを供与することも一案である[47]。また新ODA大綱が「我が国の安全と繁栄の確保」、つまり「国益」を言うなら、日本人の人材活性化、例えばシニア人材の知見活用や、とりわけ健全な青年育成に「国益」を見出し、日本の青年たちの教育・研修の場をODAで設けるといった施策もある。もともと戦後の青年活動が青年海外協力隊の原点にあっ

たからである[48]。青年海外協力隊などのボランティアは人気を集めているが、現状では国からの支援が手厚すぎるし、選抜も厳しくなり過ぎている。人材の底辺を飛躍的に拡大すべく、地方自治体においても、多少の資金援助を伴いつつ、短期の海外ボランティア・ステイのようなものを実施するといった方策も検討に値する。

　青年海外協力隊に関して揺籃期の頃の思想を思い起こしてみることの重要性を説いたが、それはODA全体にもそのまま言えることである。80年代に拡大路線を取る前に立ち戻って初心を想起してみることも必要だろう。ちょうど日本がODA世界一になろうかとしている1980年代末、まさにタイムリーに日本経済新聞の経済教室で提唱されたことは、まったく機能していなかったフィリピン国鉄の輸送力強化プロジェクトなどを引き合いに出し、金額の大きさ、ハード優先の援助でなく、発展の段階に見合ったソフト型の基礎的生活援助に力点をおくべきとするものであり、また市場を開放し貿易を促進することなども謳われ、まさに慧眼であった[49]。

　過去に行ってきた援助実績を冷静に分析し、その間に蓄積した有形無形の財産を明らかにし、それを再評価し発展継承してゆくことを考えたい。それはつまり選択と集中を進めることであり、メリハリをつけることでもある。東アジア地域は、経済的相互依存関係が進展しており、ODAを用いて、この地域との経済連携の強化や格差是正に取り組むことが最優先である。安定し、まとまりのあるアジアにこそ、日本の国益があるのであり、ODAを運用する側でも、アジアの将来図を描くような大胆な発想が求められよう。とりわけODAの総合企画を担当する外務省、さらには海外経済協力会議の構想力と強力な指導力が求められる。

　初心に返るということでは、一世紀もまえのシャム（タイ）に、一人の日本人法学者が政府から派遣され、お雇い外国人法律家としてシャムの法制度近代化や司法制度の運用に大いに尽力し、シャムの近代国家への脱皮にあたり、まさに現在の国際協力専門家の先駆者として賞賛

に値する活躍をしたという歴史的事実を最後に記しておきたい[50]。今はあまり顧みられることもないが、政尾藤吉博士というこの人物は、シャムから帰国後は、1915年から5年間2期にわたり政友会所属の国会議員を務めたほか、その後さらに全権公使としてシャムに再び赴いており、彼の生涯と業績は、今なお日本の国際協力や途上国との関係を考える際、現代の私たちに重要な示唆を与えてくれているように思われる。

(Endnotes)

1　1954年のコロンボ・プランへの加盟を契機にビルマへの技術協力が開始され、1958年にはインドに対する円借款が製鉄所建設のために供与された。

2　カンボジアにおける民主カンボジア（クメール・ルージュ）政権崩壊の過程で（1978年末）、西部タイ国境に難民が流出し、国連機関、NGOが人道支援に駆けつけ、これを契機に、日本国際ボランティアセンター（JVC）、難民を助ける会（AAR）、曹洞宗国際ボランティア会（現シャンティ国際ボランティア会（SVA））、アジア医師連絡協議会（AMDA）など、現在の主だった国際NGOが結成された。JICAに属している日本政府の国際緊急援助隊も、この時に日本政府が医療チームを派遣したことに端を発し、その組織化の思いが後に実現したものである。もっとも1960年代にインドにて活動を開始したオイスカ、1970年代にバングラデッシュで活動を開始したシャプラニール＝市民による海外協力の会のような先行的な例もある。どちらも農業が活動分野であった。

3　アメリカの22の団体が協力して1945年に設立した対欧送金組合（The Cooperative for American Remittance to Europe）がその前身である（政府開発援助（ODA）白書2006年版、11頁）。

4　国際協力銀行開発金融研究所編『対外政策としての開発援助』（2004年7月）A1-10頁。

5　現にODAという概念・用語がDACで使用し始められたのも1969年の援助条件勧告からであり、その後のピアソン報告や第二次国連開発戦略でも使われ、今日に至っている（『国際協力用語集（第二版）』国際開発ジャーナル社、208頁）。

6　国際協力銀行開発金融研究所編『対外政策とし

ての開発援助』（2004年7月）39頁。本研究において
は、開発援助以外の対外政策手段を、「貿易投資関連
政策」、「軍事的介入・援助」、「同盟」、「ＰＫ
Ｏ・平和構築」、「グローバル・イッシューにおける
協力」、「人的交流政策」の6領域に分類して分析し
ている。

7　ＯＥＣＤは「開発途上国の貿易能力の強化を支援
しなければ、市場アクセスを改善しても貧困削減には
ほとんど効果はない」と述べて、貿易能力を重視して
いる（『開発協力報告書2006年版』（サマリー仮訳、
2007年2月、4頁）。

8　送金額は急増しており、世界的に見れば今やＯＤ
Ａを上回っているが、主に中東やＯＥＣＤ諸国で働く
労働者を大量に排出している比較的少数の国に集中し
ている（『開発協力報告書2006年版』（サマリー仮
訳、2007年2月、5頁）。

9　ＤＡＣ諸国及び国際機関から途上国への資金の流
れは、2004年度において、ＯＤＡを含むＯＤＦ（公
的開発資金）は763億ドルなのに対し、ＰＦ（民間資
金）は2,234億ドルとなっている（ＯＤＡ白書2006年
版、427頁）。他方、世銀は2004年における移民労働
者の海外送金額を、公式なものだけで、1,270億ドル
としている。（Joint Conference on Remittances,
ADB, Manila, 2005 (http://adb.org/Documents/
Events/2005/ADB-IADB-MIF-UNDP/program.asp)）

10　上記のアジア開発銀行主催の会合（2005年）に
おいては、世界において海外送金額は、非公式なもの
も含めれば2000億ドルに達すると報告されている。な
お2001年における海外送金の送金国と受領国の上位5
か国は以下の通りである。
送金国：米国、サウディアラビア、ドイツ、ベル
ギー、スイス
受領国：インド、メキシコ、フィリピン、モロッコ、
エジプト
(Dilip Ratha, Workers' Remittances: An
Important and Stable Source of External
Development Finance, Global Development Finance
2003, The World Bank)

11　米国の国際開発センター（ＣＧＤ：Center for
Global Development）による格付けである（www.
cgdev.org）。外務省ＨＰ「米国のシンクタンクによ
る開発コミットメント指標について」（平成18年9月8

日付け）参照（http://www.mofa.go.jp/mofaj/gaiko/
ODA/index.html）。

12　1位オランダ、2位デンマーク、3位スウェーデ
ン、4位ノルウェー、5位ニュージーランドと続き、9
位ドイツ、10位英国、13位米国、18位フランス、21位
日本となっている。各方面に衝撃を与えた2003年度の
格付け以降、オランダ・デンマークは常にトップク
ラスに位置している。なおオランダ・デンマークや英
国など、小額グラントを中心として、貧困削減を重
視する援助理念を共有する欧州ドナー諸国は、Like
minded group（LMG）と呼ばれており、本ＣＤＧ格付
けにおいても大体において高く評価されている傾向が
ある。

13　例えば古田外務省経済局長による"The Rich
Respond", Foreign Policy, Sep/Oct. 2003などがあ
る。

14　外務省は、例えば「移民」と「援助」が同等に
国際協力の指標とされている例を挙げ、7つの指標の
選択基準が不明確であることをまず指摘、そのうえ
で、この指標が、日本の途上国の農産品への輸入障
壁、ＯＤＡの対ＧＮＩ比の低さ、移民をほとんど受け
入れていないこと等、貢献の低さを理由として低い評
価につながっているとしている。具体的には、例え
ば借款に関る利子の返済をＯＤＡ実績から控除してお
り、日本のＯＤＡ実績（2004年度実績131億ドル、世
界第2位）は、借款をほとんど供与していないオラン
ダ以下（約32億ドル、同6位）、カナダ並み（約20億
ドル、同8位）となっており、またきめの細かい技術
協力などが、途上国政府の行政負担を過重にしている
との理由で、大規模な援助に比べて質の低い援助とさ
れている点などを批判的に指摘している（外務省ＨＰ
「米国のシンクタンクによる開発コミットメント指標
について」平成18年9月8日。http://www.mofa.go.jp/
mofaj/gaiko/ODA/index.html）。

15　内容は援助1.1、貿易0.4、投資5.6、移民1.7、
環境4.3、安全保障2.8、技術6.3、以上平均が3.1で
あった（外務省ＨＰ「米国のシンクタンクによる開発
コミットメント指標について」平成18年9月8日）。

16　日本のＯＤＡが急拡大していった過程について
は、「第1回参議院政府開発援助（ODA）調査ー派遣報
告書ー」（平成16年11月、6頁）参照。

17　2005年度においてＧＮＩ比0.7％を達成している

- 87 -

のは、ノルウェー、スウェーデン、ルクセンブルク、オランダ、デンマークのみである（2006年度版ＯＤＡ白書、386頁）。

18　例えば以下のような見方。「日本政府の最大の関心は、1992年までに500億ドルを開発途上国に還流するという国際公約をいかに達成するかという点にある。これを達成するもっとも手っ取り早い方法は、ダム、ハイウェイ、空港、港湾などのビッグ・プロジェクトに援助資金をつけることである」（鷲見一夫『ＯＤＡ援助の現実』岩波新書、1989年、12頁）より具体的には、例えば参議院のＯＤＡ調査で、東京地裁での訴訟事件にまで発展しているインドネシア・スマトラ島のコタパンジャン水力発電所建設を巡る問題の現地調査が行われ、報告されている（第3回参議院政府開発援助（ＯＤＡ）調査－派遣報告書－、平成18年10月、97頁以下）。同じインドネシアでは、さらにスラウェシ島南西部のビリビリダムも完成から5年で土砂流入が発生し、追加融資が行われたと報じられた（「公費の行方　ＯＤＡの現場：泥ダム251億円」（読売新聞、2006年10月6日））

19　国際協力銀行（JBIC）は次のように円借款のメリットをまとめている。

「円借款について

自助努力を支援：開発途上国の経済的自立を手助けするという目的のためには、無駄遣いは決してしないという気持ちを開発途上国側に持ってもらうことが大切です。開発援助における円借款の重要性はまさにこの点にあるといえるでしょう。

大きな事業にも対応可能：円借款は開発途上国から事業資金が返済されることから、大型事業に対する支援を少ない国民負担で行うことができます。」

（http://www.jbic.go.jp/japanese/oec/yenloan/loan/index.php）

20　日本は従来、重債務貧困国（HIPC）の債務救済のためには、そのための無償資金を供与することにより円借款債務の救済を行ってきたが、1996年リヨン・サミットでHIPCイニシアティブが合意され、さらに1999年ケルン・サミットで拡大HIPCイニシアティブとなった動向を踏まえ、2003年度より円借款債務免除という形で債務救済を実施している。2003年度から開始した債務免除額は2004年までに5,235億円に上っている。

21　国際協力銀行開発金融研究所編『対外政策としての開発援助』（2004年7月、A1－12、A1－94、A1－116）。ＯＥＣＤは以下のように述べている。「現在、大半の援助国がグラント（贈与）のみのプログラムを有しているが、一部の援助大国は引き続きインフラプロジェクトについてはローンの供与を行っている」（『開発協力報告書2006年版』（サマリー仮訳、2007年2月））

22　中国の経済力・軍事力強化を背景に、対中ＯＤＡに対する批判が絶えることが無く、それに対応すべく、2001年に策定された「対中国経済協力計画」は、環境問題・開放改革支援等、6項目からなる重点分野を定め、国益の観点から個々の案件を精査することとした（第3回参議院政府開発援助（ＯＤＡ）調査－派遣報告書－、平成18年10月、43頁）。参議院のＯＤＡ調査においても、「第1回調査で示された『対中国ＯＤＡを引き続き推進することの必要性は見当たらなかった』との所見を維持するものである」と第3回調査でも結論されている（同上書、58頁以下参照）。なお日中両国の間ですでに、2008年北京オリンピックまでに借款の新規供与を終了することで共通認識に達している。

23　この間の経緯は、例えば読売新聞「ＯＤＡはどこへ①：不良債権化　破綻銀行と同じツケ回る」（2003年6月23日）として報道もされている。

24　タイの大工業地帯となり同国の経済躍進の原動力となっている東部臨海地域の開発に、日本は全16件のインフラプロジェクトに対し、計1,800億円に上る円借款を集中的に供与し、プロジェクトを成功に導き、日本の港湾・臨海開発技術がタイで花開いたと言われた（ＯＤＡ白書2005年版、22頁以下参照）。

25　外務省『ＯＤＡ白書2005年版』121頁。アジアが80.9％と圧倒的で、中東が8.3％、中南米が6.5％と続く。

26　この立場からの代表的な主張が、例えば以下のものである。草野厚「経済教室：円借款の拡大目指せ」（日本経済新聞、2005年6月14日）

27　外務省『ＯＤＡ白書2005年版』405頁以下参照。

28　外務省『ＯＤＡ白書2005年版』74頁

29　アジアに対するＯＤＡの配分については、識者の間にも相反する見方が存在する。日本のＯＤＡがアジア偏重であることを課題とする見方と、逆にアジア

を重要戦略地点にすべしという見方である（松井一彦「我が国のODAの在り方～ODA改革を中心に～」『立法と調査』平成18年6月、256号、44、46頁）参照。しかし日本の財政事情、効率良く、効果が目に見えるODAの必要性、さらには国際経済面でのアジアとの相互依存や他のドナー国のセレクティビティなどを総合的に考慮すると、日本のアジア重視が何らの問題を生じるものではなく、ましてや新旧両ODA大綱が謳うアジア重視に対して有効な反証が可能とも思えない。

30　長期的には以下のとおり。98.2％（1970年）、70.5％（1980年）、59.3％（1990年）、54.8％（2000年）。短期的にも、2003年が53.6％、2004年が42.7％、2005年が36.6％と減少を続けている（『ODA白書2006年版』67頁）。

31　開発途上国において、1日1ドル未満の貧しい生活を余儀なくされている人々の3分の2をアジア地域が抱えている（『ODA白書2005年版』、51頁）。

32　もともとカンボジア難民救済活動で国際NGOが誕生したあと、80年代以降は、むしろ難民の救済活動が多く行われていたアフリカが日本のNGOの主たる活動の場であった。当時、日本でトップレベルの活動予算規模を誇ったNGOもアフリカ教育基金の会（北九州）というアフリカを支援対象とする団体であった（残念ながらこの団体はその後消滅）。アフリカこそ官製の大規模な支援より、草の根的な支援の方がより適していることは言うまでもない。

33　MDGs: Millennium Development Goals. 2000年秋の国連ミレニアムサミットで、「ミレニアム宣言」とそれを実現するロードマップとしての「ミレニアム開発目標」が採択された。貧困削減、基礎教育、ジェンダー、保健医療、環境などの8つの目標からなり、それぞれの目標について量的な達成基準と期限を設けている（『ODA白書2005年版』3頁以下参照）。

34　OECD's Development Co-operation Report 2006, 22/2/2007

35　ODA白書2005年版2頁。厳しい財政状況を背景に、円借款の活用と債務削減策の活用で、ODA額増額に対応している状況である。これらの実施状況については、矢嶋定則「東アジア情勢と「世界とアジアのための日米同盟」～当面する主要外交防衛問題～」

（『立法と調査』2007年1月、No.263、38頁）、中内康夫「外交実施体制の強化とODA事業量確保への配慮～平成19年度外務省予算の注目点～」（『立法と調査』2007年2月、No.264、44頁）参照。

36　「ODA点検と改善2006」平成19年2月、外務省国際協力局

37　もっとも実際には、援助が特定の目的やプログラムのための多国間機関への出資や拠出の場合は、DAC統計上は、多国間援助ではなく、二国間援助として表示されることとなる（『開発協力報告書2006年版』（サマリー仮訳、2007年2月、9頁）。

38　在外公館及びJICA、JBIC等の実施機関現地事務所等で構成される。現在までに72か国でタスクフォースが活動を行っている。

39　従来の「在外事務所で実施できるものは在外事務所に委譲」という考えから、「在外事務所でできないことを本部が支援する」と大転換した。56の在外事務所のうちまず30事務所を重点推進事務所に指定し、権限の委譲を促進し、ケニア、セネガル、メキシコ、タイ、南ア、フィジー事務所は地域支援事務所に指定、地域協力の拠点機能を持たせた（「JICA改革の実践：1. 現場主義をさらに推進」『JICA年報2004年』参照。http://www.jica.go.jp/about/ann2004/spe01_01.html）。

40　タイでは、1990年から周辺インドシナ諸国を対象にいわゆる南南協力が始まっており、現在の協力規模は1億バーツ強のレベルで推移している（国際協力銀行開発金融研究所編『対外政策としての開発援助』（2004年7月、68頁）。日本も、タイの南南協力への支援には熱心であり、例えば高等教育の分野では、長期間にわたるプロジェクトとしてモンクット王工科大学への技術協力の例がある。1960年にプロジェクト方式技術協力によりノンタブリ電気通信訓練センターを設置、支援を開始し、その後、数次にわたり個別専門家派遣、無償資金協力、プロジェクト方式技術協力を繰り返し、その間に、センターを母体にラカバン新校舎が設立され、それが発展しモンクット王工科大学ラカバン校（KMITL）となり、今では6学部に大学院を備え、学生数1万5千人、教員数約800名を誇る、タイを代表する工学系総合大学に発展し、電子・通信の分野で、他国の専門家の第三国研修の拠点となっている。日本のODA、とりわけ技術協力のシンボル的な存在

で、しかも南南協力の嚆矢ともいえる存在であり、かつてより注目されていた（例えば松浦晃一郎『援助外交の最前線で考えたこと』（APIC、1990年、148頁）。なおその発展の過程で、日本の大学や研究所との研究協力にまで踏み込んでおり、さらに現在では、ラオス国立大学への協力の拠点となっていたり、次に述べるASEAN工学系高等教育ネットワークの構成メンバーともなっている。

プロジェクトの枠組みが多国間という意味では、より新しく進化したものとして、高等教育の分野でASEAN工学系高等教育ネットワーク（AUN/SEED-NET）、福祉の分野では、アジア太平洋障害者センター（APCD）、医療保健系ではマヒドン大学アセアン保健研修所（当初ATC/PHC、後にAIHDに改称。公衆衛生国際修士コースを含む）のような、協力主要三分野におけるマルチの経済協力がすでに進展している。マヒドン大学のプロジェクトについては、「第1回参議院政府開発援助（ODA）調査ー派遣報告書ー」（平成16年11月、104頁以下）参照。

なおJICAはタイにおいては1994年より、パートナーシップ方式に基づき、三国研修を含む南南協力を積極的に推し進める姿勢を取っている（タイを含め12カ国と締結されているが、その内容は千差万別である）。また新ODA大綱や独立行政法人化以降の現地機能強化の動きのなかで、JICAタイ事務所は地域支援事務所の指定を受けている。ODAの優等生タイは、すでに一方的に援助を受ける立場を脱却し、日本とも新たな経済関係が模索される段階にきている。この点については、『タイ国別援助研究会報告書ー「援助」から「新しい協力関係へー」（JICA、2003年12月、第1章）を参照。

さらに付言するなら、タイにおける多国間援助プロジェクトにはさらに古い歴史があり、1955年に結成された東南アジア条約機構（SEATO）により1959年に設置されたSEATO Graduate School of Engineeringに起源を持ち、1967年にSEATOから独立したアジア工科大（AIT：Asian Institute of Technology）の例もある（http://www.ait.ac.th/interimpage/ait_visitor/about-ait/milestones.asp）。

41　これらの問題については以下の拙稿も参照。「平和構築と制度構築ー主に法制度構築の観点からー」（山田満・小川秀樹他編著『新しい平和構築論』

明石書店、2005年所収）、『民族紛争と平和構築ー政治制度構築の観点を中心にー』（JICA国際総合研修所、2002年）

42　一般財政支援とは、プログラム援助の一つで、国家レベルでの開発目標を目指して、被援助国の一般会計に直接、資金を拠出する手段を言う。当然、セクター財政支援もそのなかに含むこととなる。1990年代初頭よりアフリカ諸国に対して用いられ始めた新たな援助手法だが、未だ世界全体のODAの5％程度を占めるに過ぎない。日本も2001年からタンザニアに対して実施している（『ODA白書2005年版』143頁参照）。

個別プロジェクトでなくプログラム支援を行うとは、その国の開発に援助国もより本格的に関ることの証左となる。もっとも、プログラム支援には、受ける側で、支援を当てにして、本来準備すべき財源を他にまわすファンジビリティ（fungibility）という問題が発生しやすいことに留意しておく必要はある。ファンジビリティが存在すると、受入れ側で財源の追加投入が回避され、援助国側では支援の政策意図が見えにくくなり、かつてはこの問題を否定的に捉えるむきが多かったが、最近は、受入れ側の財政管理が健全である限り、オーナーシップの発現としてのファンジビリティを認めようとする傾向にある。この問題については、国際協力銀行開発金融研究所編『対外政策としての開発援助』（2004年7月）55頁以下を参照。

43　日本の教育支援は、1960年代中盤から中等教育の理科教育分野での専門家派遣から始まった経緯がある。70年代、80年代も技術教育や職業教育など中等・高等教育への協力が中心で、初等教育は、戦前の日本語・日本文化強要への反省もあり、取り上げられることはなかった。縦割り行政の影響もあり、国費留学生の予算を有していた文部省（当時）に対し、外務省とJICAだけでは教育協力は行い得なかったという事情もあった。

しかし1990年にタイのジョムティエンで「万人のための教育世界会議」が開催され、事情が一変した。JICAは基礎教育においても前向きに取り組む方針に転換、1992年に教育援助研究会が設置され、94年にはその報告書が出され、教育援助の量的拡大と基礎教育重視が打ち出された。さらに2000年のダカールでの「国際教育フォーラム」を受けて、文部科学省も「国際教

育協力懇談会」を設置し、従来の国費留学生受入れ中心から脱反する姿勢をとった。2002年のカナナスキスでのG8サミットにて、小泉首相が「成長のための基礎教育イニシアティブ（BEGIN）」を提唱、基礎教育重視の流れが確固たるものとなった。日本の教育協力の全体像については、以下を参照。『日本による教育分野の支援　私たち学びたい』（外務省・文部科学省、2005年）。詳細は以下を参照。澤村信英「国際教育協力の日本的特質－その複雑性と優位性－」（『国際教育協力論集』第6巻第1号、2003、83頁以下）

44　例えば米国の2005年のODA総額は、276億ドルであり、その3分の1以上がイラクの復興と債務救済に用いられ、その結果、21.7％が国防総省関係となっている。こうした米国の特殊性は、2001年の同時多発テロ以降に、開発が国家安全戦略のなかに位置づけられたことに起因するが、それに対してOECDからは、米国の複数の援助アクターおよびプログラムとの間のより良い調和、また他のドナーと被援助国のパートナーとのさらなる協働、さらには国家安全戦略のなかでより明確に貧困削減にフォーカスが向けられるべきことを求められている（OECD Review of the United States Development Assistance Programmes, 15/12/2006）。

付言するに、PKOに熱心なカナダ、スウェーデンなどという国家が平和志向の国で、開発の面でも優等生であることも忘れてはいけないだろう。

45　2006年の外務省民間支援室（当時）へのヒアリングより。具体的に日本のNGOに対する支援予算額としては03年度で70.1億円とされている（経済協力Q&A．ODAにおけるNGOとの連携の促進。http://www.mofa.go.jp/mofaj/gaiko/oda/index/shiryo/hakusho.html）

46　この間の事情については、拙著『あなたも国際貢献の主役になれる』（日本経済新聞社、2001年）に詳しい。なお官民財の三者が合同したジャパンプラットフォームの構想は、もともと1999年のコソボ・東ティモール紛争における日本のNGOの現場での経験、より具体的には、アルバニアにおけるコソボ難民救済活動の過程で、ピースウィンズ・ジャパン（PWJ）等のいくつかの日本のNGOがオールジャパンの難民村を設置しようと構想したことに端を発したものである。この経緯については、原田勝広『「ここ

ろざし」は国境を超える　NGOが日本を変える』（日本経済新聞社、2001年）も参照。

47　例えば独立後の東ティモールにおいて、公用語がポルトガル語（と現地のテトゥン語）とされ、外国人の派遣専門家にもポルトガル語能力が必要とされるようになった。そのような場合に、日本のODAで日系ブラジル人の専門家や教員を派遣する可能性は出てくるだろう。拙稿「独立紛争から平和構築へ」（山田満編『東ティモールを知るための50章』（明石書店、2006年所収））を参照。

48　青年海外協力隊は、しばしばケネディ大統領によって創設された米国の平和部隊（peace corps）の追随と言われるが、むしろ戦後の末次一郎氏らによる青年運動と当時の海外ブームが重なり合い、日本青年海外奉仕隊構想となり、それに自民党の若手政治家が賛同、1965年に政府の事業たる青年海外協力隊として海外技術協力事業団によって開始されたものである（http://www.jica.go.jp/activities/jocv/about/circumstances.html）。したがって米国の平和部隊はソ連陣営に対抗し、米国の価値観を広めるという政治的使命があったが、日本の協力隊は、むしろ青年の修練・研鑽の場という色合いが強いという違いがある。

49　「経済教室：日本のODA　基礎的生活援助に力点を」（日本経済新聞、1989年8月17日）

50　この点については、拙稿「平和構築と法制度構築支援－政尾藤吉のエピソードを交えて－」（『平和構築』早稲田大学平山郁夫記念ボランティアセンター・ブックレット、2005年）の26頁以降を参照。政尾は愛媛県大洲の出身で、米国に留学、エール大学で法学博士号を取得している。お雇い外国人として、植民地化の圧力を受けながら、国の近代化に邁進していたシャムに16年間滞在、その間、刑法典を起草したほか、後年は大審院などの裁判官も務めた。なお詳細は以下を参照。香川孝三『政尾藤吉伝－法整備支援国際協力の先駆者』（信山社出版、2002年）

ASEAN工学系大学ネットワーク・プロジェクト（AUN/SEED-Net）
―JICAが取り組む新機軸の援助プロジェクトについて―

　このプロジェクトはJICAが新時代の新しいプロジェクトと位置づけているもので、私自身が2000年に、企画調査員としてタイに10ヶ月間、赴任し、その立上げを自ら手がけたものです。

　日本の経済協力はこれまで途上国のインフラ整備、いわゆる「ハコモノ」に向けられるイメージがつきまとっていました。たとえば工学系の分野を例にとれば、タイではモンクット王工科大ラカバン校、インドネシアではバンドン工科大などに対して多大なる技術支援を継続して行ってきました。しかしそうした個別の投入では、いつまでも自立できず援助への依存体質を植えつける結果になりがちですし、また支援を希望する大学はその他にも無数にあるはずです。要するにこの財政危機のご時勢、いくら財源があっても足りないという状況が現れてきます。

　そこで考えられたのが、日本からの投入を効率化する方法です。JICAの支援は原則としては「バイ」（Bilateral）、つまり二国間の支援です。それを今回、ASEAN全体に対する、いわゆるマルチ（Multilateral）の支援に踏み切ったわけです。しかも単独の大学に対する支援でなく、各国の参加大学が構成したネットワーク（大学連合組織）に対する支援としたわけです。

　具体的にはネットワーク参加大学の工学部が、大学相互で共同研究を提案したり、教員を交換派遣したり、さらには教員がさらに上位の学位を他国で目指す場合の支援を行おうとするものです。そしてそうしたプログラムの実施を、チュラロンコン大学

工学部内に設けたプロジェクト事務局が行おうとするものです。若手教員の留学奨学金は、日本に来る人にも向けられますが、その主体は、例えばラオスからタイへ、あるいはインドネシアからシンガポールへといったASEAN域内での留学であり、いわゆる南南協力という新しい要素を含んだ取組みでもあります。

　実際、私がタイで担当したことといえば、日本側とASEAN側との間に立ち、プロジェクトの基本コンセプトの最終化を行い、ネットワーク参加大学を決め、さらに設立準備会合を開催するなど、実際にプロジェクトが正式発足し、動き出すまでの準備をすべて行ったわけです。

　そうした過程でもっとも苦労した局面をひとつ紹介しましょう。冗談かと思われるかも知れませんが、ネットワークの命名に関してです。日本側は、日本のイニシアティブ、資金負担でネットワークを設立するわけだから、日本が独自で命名できることを主張、ＳＥＥＤ－Ｎｅｔという名を提案し、他方ASEAN側は、ASEANの組織であるASEAN大学連合（AUN）の下部組織としてサブネットワークを設立するのであるから、AUNという名を必ず用いることを主張しました。結局、ASEAN側の主張が通り、正式名称はAUN／SEED－Netとすることとなったのです。いずれにしても本プロジェクトは、その第一フェーズの期間中、JICA最大規模の案件であり続け、その重要性ゆえ、2008年からは第二フェーズにと支援が継続されています。

第 3 章

紛争と和平

3-1.冷戦後の紛争と和平

民族紛争と平和構築

民族紛争解決の概要

1 原因究明から平和構築まで

20世紀末の冷戦終結後、世界規模で民族紛争や地域紛争が多発している。民族紛争を扱うためには、地域研究的なアプローチが必要だが、当然のことながら、一人で複数の紛争の現場を調査し、体系的に考察することは実際上、きわめて困難なものであり、こうした研究は、わが国ではこれまで十分には行われてこなかった。こうした物理的な困難さとは別に、紛争研究にはそもそも本質的な困難もつきまとう。

民族紛争とその解決を考えるためには、まず紛争の原因が理解されなければならない。しかも紛争にもつれ込んだ遠因としての根源的な民族問題の理解を基礎に、直接に紛争を引き起こした事由が探求されなければならない。これは二重の意味でかなり困難な作業だ。

まず民族の問題を理解するのがそもそも容易ではない。そのためには冷徹な歴史理解をもとに、文化人類学、社会学的な見方を含めた民族理解が必要で、さらに民族感情といったものまでを考慮する必要がある。しかも複数の地域を対象とする場合、そのさらなる困難性は容易に想像できよう。

仮に民族の問題がかなり正確に把握できたとしても、直接の紛争に至った事由の分析がこれまた容易ではない。政治的要因だけでなく、経済的要因やその他の要因も絡んでいるからである。さらには市民レベルで民族間に本質的な問題があったのではなく、政治が紛争をもたらすというケースもありえる。政治が「煽った」紛争という要素がどの紛争でも見られ、むしろ大半の紛争で最大要因がそれであると思われることは重要な視点である。

また紛争が燃え盛り、憎悪が幅を利かせているからこの地域には和平への希望や兆しがないと安易に思いがちな際にも、しばし距離をおいて一考が必要だ。例えば悪化の一途を辿るイスラエル・パレスチナ紛争であっても、その双方で過半数の人が和平を待ち望む平和主義の人々であることは事実で、むしろ好戦的なのは、ほんの一握りのグループだけである。実地ではイスラエルとパレスチナは、形式の問題は別としても、すでにながらく共存しているわけだし、両「国家」の共存に向けた準備をすでに始めているのである。

こうして民族の問題と紛争の発生した理由を理解し、紛争解決（和平合意）の過程を研究者の目で冷徹に見つめることができたなら、今度はいよいよ平和構築の問題に立ち向かう番である。

本論文では平和構築に関しては、制度構築、とりわけ政治制度構築としての議会選挙に重きを置いて分析した。何故なら紛争社会の住民といえども、和平へのモチベーションを多かれ少なかれ有しており、そのモチベーションが高く、しかもそれが自由に政治意思を表明し政治機構に反映される制度を伴なっているなら、和平への可能性が高まると推論されるからである。

議会選挙を通じて住民の和平へのモチベーションが政治制度化されたなら、紛争が停止したなら、あとはその他の平和構築の方策が模索、研究されるべきである。軍隊・警察等の治安関係組織の取り扱いなどがまずは緊急の課題となろう。法制度・司法制度の改革も必要となろう。争った民族間の信頼醸成の試みも必要であろう。平和構築が開始されたなら、その際、経済協力はまさに平和構築の目的に資する方向で実施されるべきだし、かつその国の将来のグランドデザインを考慮しつつ実施されるべきだろう。

本論文においては、幸運にも数々の紛争の現場で調査したり活動したりする機会に恵まれた筆者の立場を活かし、従来の外交主体である政

府レベルでみた紛争の実態でなく、フィールドから見た紛争の実態をベースに、紛争の発生とその解決のメカニズムについて以下、考察を加えていきたい。

2　平和構築と制度構築としての和平選挙

1990年以降の世界においては、それまでの国家間の戦争に代わって、民族紛争に端を発し、内戦という形を取る地域紛争が多く発生するようになった。それまでの国家対国家、つまり正規軍による戦闘から、国家と一部の組織（例えばエスニック集団）の間の戦い、または有効な政府機能が不在のなかでの住民組織間の戦いなどが主流となった。その原因としては、冷戦終結後の強権的国家体制の崩壊によりそれまで抑えつけられてきた民族主義が噴出したこと、経済や情報のグローバリズムにより、その恩恵に浴することのできない途上国の国家権力やその統治能力が揺らいできたこと等が一般には挙げられる。

こうした状況を背景に1992年には時のブトロス・ガリ国連事務総長により「平和への課題[1]」と題された報告書が出され、紛争前の予防外交、紛争発生時の平和創造活動、紛争停止時の平和維持活動、紛争後の平和構築という概念が提案された。もっともこれに付随して提案された平和強制活動がソマリアで実施されたものの頓挫し、さらにボスニア、ルワンダでも平和維持活動が大きな困難に直面した。ソマリア、ルワンダでは、紛争になる前から開発のために支援がされていたなら、遥かに少ない経費負担で紛争を回避できた可能性があるという議論も盛んに行われた。こうした反省を踏まえ、1995年にはガリ事務総長は「開発なしに平和の持続がありえないように、開発努力は安定した平和な環境がなければ成功しない」と「平和への課題（続編）[2]」のなかで述べた。これによって平和と開発がリンクされた。

さらに1997年、経済協力開発機構（OECD）の開発協力委員会（DAC）が「紛争、平和と開発協力DACガイドライン[3]」という報告書を公表した。その骨子は、開発協力は平和協力をその目標に含めるべきで、開発は社会的統合を進め、政治社会的緊張を暴力にまで高めない制度作りに裏打ちされるべきとされる[4]。

こうして昨今では、平和と開発をリンクして議論することが普通になった。もちろんこれは必要な視点ではあるが、その場合ドナー側、先進諸国からの外部の視点に立たざるをえなくなることが多いという恨みがある。やはり依然として紛争と平和の問題プロパーを扱うアプローチ、あるいは地域研究の一環のようなアプローチも捨て去ることはできないだろう。

こうしたなか、平和を考える場合に、かつてのように国家の安全保障ではなく、人間の安全保障という観点も重要視されるようになった[5]。「戦争」から「内戦」への移行に応じて、戦闘行為による犠牲者は、軍人ではなく、一般人に多く発生するようになるという事情もある。人間の安全保障と言う場合は、紛争を防止するということ以外に、当然ながら個人や集団の生命、自由、人権を守る制度作りが焦点となってくる。

以上のような考え方の流れのなかで、本研究の目的は、開発との連関を探るというより、紛争それ自体に注目したい。そして現実の紛争の原因を探り、さらに、地域住民のなかにどれほど和平を求める強い意思（内発的和平モチベーション）があり、それがどのような制度に裏打ちされていれば（とりわけどのように議会構成に反映される選挙制度を有するとき）、紛争が回避され、あるいは和平プロセスが進展するのかをいくつかの事例研究から明らかにすることである。筆者自身が自ら現地で調査研究を行った事例を中心に、理論的というよりむしろ実証的な事例研究の報告としたい。

より具体的には、紛争発生前、紛争中、紛争後の各段階において妥当し、しかも手段面でも軍事的・政治的・経済的手段のすべてを網羅する横断的な適用性がある制度構築という問題を、主として和平選挙という政治制度構築の手段に注目して考察してゆきたい。当然ながら議会は政治意思をもって行政制度を主導する役割

を担うものであり、制度構築の命運を左右するものであることは言うまでもない。

なお事例としては、ここ数年間、和平のために選挙が繰り返され、自らも紛争または和平選挙の現場に立ち、調査を行った紛争事例を中心として検証してゆく。なかでも冷戦期の構造のなかで紛争が発生したカンボジア、そして冷戦終焉後の比較的最近の事例としてコソボ（旧ユーゴ）と東ティモールの三つの事例を取り上げたい。

3　平和構築と予防外交、グッドガバナンス

本研究で平和構築と言う場合には、上記ブトロス・ガリ氏の定義とは違い、広義に解釈されるものとし、紛争発生前の予防段階から、紛争中、さらには紛争後の再発防止、復興開発の段階をすべて含むものとされ、しかも軍事的・政治的・経済的手段をすべて網羅するものとする[6]。

平和構築と類似した用語に予防外交、グッドガバナンスという用語がある。

予防外交とは当然ながら紛争発生前に関係国による事態打開のための外交努力という形を取る。この概念も論者により使用方法がまちまちで、行動主体、時期、手段に関して拡大解釈されてきたが、現在では、上記のような狭義の解釈が与えられ、より広義には予防行動という用語が国連では用いられている[7]。

経験的には、例えば最近の例で言うと、2001年のインド国会襲撃事件に端を発するインド・パキスタン間の緊張に際して英米諸国などが仲介、説得を行ったように、伝統的な外交関係の中でより機能するものであり、昨今の民族紛争における一国内の内戦等の場合には、ルワンダ、コソボ、東ティモールなどの例からも明らかな通り、外国の仲介は奏効しないことが多い。むしろ冷戦後の民族紛争に予防外交が機能しない状況で、なおかつ多発する地域紛争に対応すべく、平和構築というより包括的な概念が登場してきたという側面がある。

予防外交が民族紛争等にあまり有効でない最

大の理由は、例えば一国内の少数派（民族）の扱い等は、条約等による制約を受ける他国への武力攻撃や兵器開発等とは違い、政府の専権事項であり、しかも内政事項であると考えられがちだからである。もっとも次に述べるように、そうした人権や男女平等、健康や教育の権利の問題がグローバルな標準ないし国際的ガバナンスの問題と捉えられ始めると、それらへの対処が必ずしも国家の内政事項として片付けられなくなる可能性はある。ただしその場合でも、例えば国際標準による人権保障の促進にとって有効なのが予防外交なのかどうかは、また別問題であろう。

他方、グッドガバナンスは、1960年代以降の近代化論に基づいた国家主導の開発の時代を経て、1980年代の新自由主義に基づく市場経済・民営化による開発の時代を基礎にして、1990年代以降は、冷戦終結後のグローバリズムのなか、人間中心型の開発、文化的要因を考慮した内発的・地域主義的発展論のなかで登場してきた背景がある。具体的には、世銀等、国際金融機関が開発途上国に対して融資を行う条件として構造調整を求めてきており、そうしたなかから制度改革に自ら取り組める能力を持った「良い政府」「良い統治」論が盛んになってきた経緯がある[8]。したがって経済活動に対する国家の統制、規制はいかにあるべきかという切り口が常に議論の出発点であり、和平のためのグッドガバナンスという論点はこれまであまり論じられてこなかった恨みがある。

しかし経済援助を受けている途上国の大半が内戦等の紛争を経験し、援助の効果が無に帰するケースが頻発するようになると[9]、援助供与に際しても政治的安定を考慮せざるをえなくなる。しかも本研究のなかで後に指摘するように、例えば南アフリカ（1994年の黒人政権誕生の例）、イスラエル（和平を促進する労働党政権の例）、さらには最近のスリランカ（2001年に和平を謳い政権を奪還したUNPの例）の事例に見る通り、経済運営に意を用いる陣営の方が和平に積極的に取り組む傾向は明らかである。ガバナンスの概念はこうして結局は経済と政治

とをリンクさせる。

　例えば世界の国々はどこも、時期は違えどいずれ同じく工業化の道を辿るべきという思想はすでに過去のものとなった。「経済開発しない自由」さえ本格的に論議されなければならない。例えば南海の孤島にとって、経済開発はさほどの重要性を持たない可能性が高く、自然環境保護の方が理に適っているだろうし、しかも世界が地球温暖化に注意を払わないと、国の存亡の危機にかかわってくる。その孤島の政府がそうした政策を遂行できるかどうかは、その政府のいわゆるガバナンスの問題に還元されようし、さらに世界が地球温暖化にどれだけ有効に取り組めるかは、まさに世界の国々全体のガバナンス、つまりグローバル・ガバナンスの問題に他ならない。

　ここに至って、ガバナンスの議論は制度構築、経済運営の分野を超え、政治的な部分にまで拡張される必要が生じ、しかも一国のガバナンスを問題にするだけでは不十分で国境を越えるガバナンスを論じる必要が生じた[10]。こうして地域紛争とグッドガバナンスという局面は、今後議論が深められるべき分野ではあるが、しかしそれは紙幅の関係もあり残念ながら本研究の目的を超える。

　以上のような事情により、上記二つの概念、予防外交、グッドガバナンスは、和平と政治・議会制度（選挙）との関係を主として考える本論文では、直接の対象とはしない。

カンボジア紛争の事例研究

1　ＵＮＴＡＣに至るカンボジア紛争の経緯

　1953年のフランスからの独立後、シハヌークの懸命のカジ取りがなんとか奏功し、1960年代のベトナム戦争たけなわの頃でも、カンボジアはインドシナのオアシスと言われるほどの平和を享受していた。米国の支援を受けたロン・ノルが、1970年にシハヌークを追放したときからカンボジアの運命は暗転する。放逐されたシハ

ヌークは、ポル・ポト派と組み、反ロン・ノル闘争を開始し、1975年4月、プノンペンが「解放」され内戦が終ったと皆が思った瞬間から、カンボジアの本当の悪夢が始まる。プノンペンの解放は実質的に中国に支援されたポル・ポト軍によるプノンペンの制圧であり、都市住民の強制退去に始まる暗黒の4年間に少なく見積もっても100万人以上の人命が失われた。

　カンボジアの紛争が初めて日本の多くの人の注目するところとなったのは、1979年から突如、西部タイ国境に多くの難民が溢れかえった時である。少なからぬ日本人が難民支援に駆けつけ、国際的な人道支援が組織化され始めた。実際、日本の大手ＮＧＯの大半はこの時期のタイ国境での活動に端を発すると言っても過言ではない。

　さて一体その時期、多くの日本人が難民救援活動に駆けつけたタイ・カンボジア国境で何があったのか。カンボジアでは、1975年4月17日のプノンペン陥落により親米ロン・ノル政権が崩壊、ポル・ポト派などがプノンペンに入城した。中国の文化大革命の影響を受けた狂信的なポル・ポト政権のもと、以降カンボジアでは都市や学校、あるいは通貨、宗教、学校、伝統芸能といったもの、さらには親子関係さえも否定され、国全体が巨大な強制収容所と化した。しかし当時、ポル・ポト政権下のカンボジアで何が起こっているかは外部からはほとんど分からなかった。

　国境紛争をたびたび引き起こす新政権の反越的態度に業を煮やした隣国ベトナムが、ポル・ポト派の離反分子（ヘン・サムリン、フン・センら）を盛り立てて、カンボジアに雪崩れ込んだのが、1978年末のことである。翌年1月には首都プノンペンを制圧、一挙にタイ国境に向かって大進攻した。そしてその大攻勢から難を逃れるために、反越三派系（シハヌーク派、ソン・サン派、ポル・ポト派）の兵士やその支配地域下の住民が難民としてタイ国境に流出したというのが、難民発生の経緯であった。

　難民が国境に流出したという状況からもわかる通り、戦況は圧倒的にベトナム側、つまりい

- 97 -

わゆるプノンペン政権（現在の人民党）に有利で、三派側は、国境沿いの山中にエンクラーヴ（飛び地）のように支配地域を設け、そこからプノンペン政権支配地域に散発的にゲリラ攻撃を仕掛けるというのがやっとであった。1980年代はこうしてベトナム主導で、カンボジアの大半の地域に平和と安定がもたらされた。もっとも、1982年に、ＡＳＥＡＮの圧力で反越三派といわれたシハヌーク派、ソン・サン派、ポル・ポト派が「民主カンプチア連合」政府を樹立し、タイ国境付近に支配地域を築いて抵抗運動を開始し、実体のないこの政権が国連に議席を占め続け、また主要国の承認を受け続けることとなった。1987年12月にシハヌークとフン・センの会談が初めてフランスで行なわれた裏には、このままプノンペン政権の統治が永続化すれば、自分は永遠にゲリラ・グループのリーダーにしか過ぎなくなるというシハヌーク側の危機意識があった。

この構造が実質的に1991年のパリ和平協定[11]まで温存されたことは、カンボジア和平の最大の汚点と言える。これは、米国が、戦争に敗北させられたベトナムが支援するプノンペン政府を承認するのを潔しとせず、承認問題を棚上げし、国連暫定統治、選挙を経て新生カンボジアを承認すべしと主張したからに他ならない[12]。こうしたなか日本政府の外交努力もあり、カンボジア和平の暫定統治の間、プノンペン政府、反越三派連合が平等に50対50で責任と権限を持つという流れが醸成された。

パリで和平合意がなされ、国連ＰＫＯであるＵＮＴＡＣが活動したのは、上記のような時期だったことは銘記されてしかるべきだろう。つまり、それ以前もプノンペン政府によりほぼ全土で平和は保たれていたにも関わらず、国際社会が承認していた三派連合が国境付近でゲリラ活動を展開していたが故に、対立構造が残り内戦が続いているとの虚構に近い見方が取られた。そしてＵＮＴＡＣは、そのプノンペン政府の既存の行政機構をそのまま利用しながら、暫定統治を行った。ポル・ポト派の武装解除、選挙参加は実現できなかったが、本来それこそが

カンボジア和平ではなかったか。ＵＮＴＡＣは決して成功とは言えず、カンボジア和平で所定の仕事をやり遂げたのは、タイ・カンボジア国境から36万人に及ぶ難民帰還を果たしたＵＮＨＣＲだけというのが、関係者の間の常識である。

ＵＮＴＡＣが入った時の状況、そしてＵＮＴＡＣが終わった時の状況をしっかり理解しておかないと、1997年にプノンペン政府とフンシンペック党との間で武力闘争が発生すると、すわ内戦再開かと大騒ぎすることになる。あるいは2000年以降、クメールルージュ裁判問題において、何故カンボジア政府が国連に対して不信感丸出しの高圧的な態度を取るのかも分からないであろう。ＵＮＴＡＣ以前も、そして以降も、カンボジアを有効に治めているのは、その功罪、光と影はあれど、プノンペン人民党政府なのだという単純な事実を押さえればカンボジア問題はずっと分かりやすい。

２　国連ＰＫＯの功罪

カンボジアでの国連ＰＫＯの基本構想を提示したのはオーストラリアである。それを国連安保理が承認してＵＮＴＡＣという国連史上最大の活動が開始された。

しかしＵＮＴＡＣの基本構想については、素朴な疑問がいくつか残る。東西冷戦が終った段階での国連活動で、停戦合意が成立し、局地的なゲリラ活動があるのみのカンボジアという小国での活動なのに、史上最大の2万人を越える要員を投入する必要があったのであろうか。プノンペンに政府・行政組織が存在しているのに、行政をも国連が管理するというのはどういうことだろうか。要するに、一つの国が厳然として、そして基本的には平和裡に存在してきたのに何故、国連ＰＫＯが必要とされたのだろうかという根源的な疑問である。そしてその解答は、国連がその議席を認めてきた反越三派がプノンペンへの帰還を果たすために、これだけの舞台設定が必要だったということではないか。

このような視点からＵＮＴＡＣを見ると、Ｕ
ＮＴＡＣの存在によって何がどう変わったのか
ということが最も注目される。難民の帰還につ
いては予定していた活動が完全に終了した。選
挙教育も国連ボランティアによりかなりの程
度、達成された。道路等インフラも確かに一部
整備された。しかしこれらは和平の達成、つま
りポル・ポト派対策にとっては付随的なもので
ある。

反対に行政管理の方は、国連がカンボジアを
暫定的に統治するとはいっても、実質はプノン
ペン政権の統治を主要五分野で監視するだけ
で、これが三派側の絶え間ない批判の対象と
なった。ここに国が十分機能しているのに、国
連ＰＫＯを派遣しないと和平が達成されないと
いう論理に頼った国連の自己矛盾が見て取れ
る。国連が自ら主張するように、国連の存在に
よりカンボジアの長年の国際的孤立に終止符を
打った意義を否定はしないが、そのためにあれ
だけの規模のＰＫＯを本当に必要としたのかに
ついては疑問なしとはしない。現にシハヌーク
自身がカンボジアの官製新聞ＳＰＫで、「ユー
ゴスラビア等、世界に紛争は多く、カンボジア
には和平への脅威はないので、国連に潤沢な予
算がないなら、ＵＮＴＡＣの予算を大幅に縮小
すればよく、人員規模も21,000人も必要なく、
5,000人～10,000人程度で十分である[13]」と述
べていた。

3　国際社会とカンボジア

以上で明らかな通り、1980年代、カンボジ
アはベトナムの支援によるものではあっても、
むしろ平和だったのである。新聞等で、「13年
間に及ぶ内戦に明け暮れたカンボジア・・・」
などという表現を見ることがある。外務省のＨ
Ｐでは、今でも、ポル・ポト政権が崩壊し、ベ
トナムに後押しされた「プノンペン政府と民主
カンボジア三派連合の内戦」が1979年に始まっ
たと書かれてある。しかしカンボジアに混乱を
持ち込んだのは、ロン・ノルのクーデタであり

（もちろん外務省ＨＰはこれも内戦と規定して
いる）、ポル・ポト派による圧政だったのである。
むしろその後の13年間は、国民生活の復旧に
懸命に打ち込んだ時代だったのである。

カンボジア和平における国連の一連の意思決
定のなかで、最も問われるのは、ポル・ポト派
の武装解除の抵抗にあって、あくまで武装解除
にこだわるロリドン副司令官（フランス）を更
迭することにより、武装解除を中止したことで
ある。しかし他のスケジュールはそのままにし
て、それにより、以降の情勢悪化と少なくない
犠牲者を出すに至ったことは周知のとおりであ
ろう。本来、武装解除が全ての前提であり、そ
れができないことは、その活動を中止するとい
うことではないのだろうか。

武装解除に失敗し、ポル・ポト派の選挙ボイ
コットに直面し、1993年に入り急速に治安が
悪化していったなかで、あくまで選挙強行にこ
だわった国際社会の意思も検証される必要があ
ろう。米国の軍事的圧力を含めた、ポル・ポト
派に対する国際社会の懸命の説得工作があった
とはいえ、選挙戦におけるフンシンペックの予
想外の健闘がなければ、選挙は流血の惨事をも
たらした公算が高い。紛争国に入っていって平
和を構築するためには、そのための意思、つま
り和平モチベーションを紛争当事者が武装解除
によって明確に示すことが必要である。

さて選挙後二か月ほどの間は、惨敗した人民
党の自治区設置の動き等、予想だにしなかった
人民党の迷走ぶりばかりが目立ち、フンシン
ペックの寛容さ、ポル・ポト派の不気味な沈黙
も別な意味で目立った。しかしフンシンペック
は常に人民党とポル・ポト派との間で、危険な
バランスを取り続けなければならない。大切な
ことは、人民党とフンシンペックが組んで、シ
ハヌークを中心に政局を運営するなどというこ
とは、ＵＮＴＡＣというセレモニーを経なくて
も、その数年前でも、プノンペン政権を新たに
承認するだけで実行可能なプランだったという
ことである。その意味で、仮にこのまま政局が
落ち着いたとしても、ＵＮＴＡＣとは一体何だっ
たのかということが厳しく問われるべきだろう。

4 カンボジアの1993年と
1998年の選挙の事例

i カンボジアにおける和平選挙の経緯

　カンボジアにおいては1993年に世界の注目を集めるなか国連平和維持活動（PKO）の一環として国連UNTACの下で総選挙が行われた[14]。この総選挙は、ポル・ポト派が不参加を表明するなか、90％を超える投票率を記録し、UNTAC自身が大成功であったと認めるところとなった。最終的な党派別の獲得議席は、フンシンペック党　58議席、人民党51議席、ソン・サン派10議席、モリナカ党1議席であった。

　人民党圧勝という事前の大方の予想からすると、結果はむしろ、フンシンペック党の圧勝と言える。人民党の強圧的で汚職にまみれた政治に決別し、またポル・ポト派との対立に終止符を打つためには、シハヌーク殿下の権威をもってくるしか方法がないと多くが考えたとも見られる。実際、治安の良好な地域において、人民党の治世に飽きた人々が、旧き良き時代を思い出させる王党派を支持し、ブームを巻き起したのである。その証拠に、ポル・ポト派による脅威に晒されていた西部の一部地域では、やはり人民党は強かったのである。

　選挙後から早速、選挙結果を無視したような政争が展開されており、各派はいずれもカンボジア人自身による問題解決を主張し、UNTAC後の政局をすでに睨んでてぐすねひいて待っていたのである。結局、混迷を回避するためのシハヌークの英断により、フンシンペックと人民党の大連立が図られ、二人の首相による共同首相制が採用されることとなり、ひとまず新生カンボジアは無事船出することとなった。

ii 1998年カンボジア総選挙は何を問うたのか？

　1993年のUNTAC和平選挙から丸5年、1998年7月に再びカンボジアで総選挙が行われた。1998年総選挙は本来、さほど注目を集める選挙ではなく、5年ぶりに政権の枠組みを見直すためのむしろ地味な性格のものだった。

　ところが1997年に入り連立を組む人民党とフンシンペック党、いやむしろフン・センとラナリット両共同首相間の亀裂が深まり、それは7月5，6日の武装衝突、ラナリット追放にまで進んだ。これをフン・セン側による一種のクーデタと見た米国を中心とした国際社会の反応は迅速で、カンボジアの国連代表権の決定が留保され、ベトナム等とのASEAN同時加盟は見送られた。その武力衝突、政変劇ゆえに1998年総選挙は再び俄然世界から注目された。

　それでは1997年7月の武力衝突とは一体何だったのか。当然、真相は闇の中だが、当時の状況、現地での解釈をもとにおおよその事態の流れは推察できる。1994年のサム・ランシー蔵相（当時）の更迭（同氏はさらに翌1995年、フンシンペック党および国会からも追放される）に端を発するフンシンペック党の引き続く内紛でラナリット党首の指導力は地に落ちつつあった。一方でさらに強固な基盤を築きつつあったフン・セン第二首相との抗争は激しさを増し、対抗上、ラナリットは禁じ手であったポル・ポト派投降兵の自派兵力への編入、武器の輸入に手を染め、それが発覚し両者間の対立は一触即発のレベルにまで高じた。先に動いたのは追いつめられていたラナリットの方だったとの見方が有力だ。自身が国外に出た後、そしてベトナムを訪問していたフン・センが帰国した直後というタイミングでフン・センの私邸近くにラナリット派部隊の戦車が姿を現した。しかしフン・セン側の反撃にあい、結局は国軍内のラナリット派の部隊はずたずたに引き裂かれ、1998年春先に至ってのポル・ポト派の壊滅（4月16日のポル・ポト本人の死去を含む）とも相俟って、幸運にもカンボジアにおける悪しき軍事的群雄割拠の状態に終止符が打たれた。

iii 1998年総選挙にいたる外交努力

　ラナリットの一発逆転の博打はひとまず成功したようだ。政変前の内紛に加え、政変後もウン・フォット一派が人民党に擦り寄ってさらにフンシンペック党の解体が進展しており、国内

的には政治的影響力が地に落ちようとしていたが、国際社会はまだ彼を見放さなかった。米国を先頭に、ラナリット抜きの総選挙、そして新政権を承認するのを拒んだからである。死に体だったラナリットとフンシンペック党は国際社会の圧力を背景に息を吹き返した。フン・センはラナリットという窮鼠に食いつかれた格好になった。

こうした状況を受けて俄然1998年総選挙が重要性を増してきた。決着はラナリットが参加する1998年総選挙でつけようという合意が急速に醸成された。選挙法の草案が内外で検討され、国外脱出のフンシンペック党員の安全な帰国を保証するための国連のモニターグループ制度が作られるなか、ようやくラナリットの恩赦、帰国（3月末）が実現し、いよいよ7月の選挙に向け、各陣営が本格的な準備に入っていったのである。

iv　カンボジア人によるカンボジア人のための選挙

1993年の総選挙の焦点は、ポル・ポト派の参加問題と、プノンペン復帰を果たす王党派フンシンペック党の議席であった。国連が自ら行った選挙なので公正性などは初めから議論の対象にすらならなかった。結果は、過半数に及ばずながら御祝儀でフンシンペック党が第一党となり、人民党と連立の上、特別に共同首相制が敷かれた。1998年の選挙の焦点はポル・ポト派の事実上の消滅という事態を受け、基本的には5年間政権を担当した連立両党に審判を下し、今後の政権政党を決するということだった。そして国際社会がカンボジア人自身が行う選挙の公正性をどう評価するかも今回の選挙の最重要な側面であった。

結果は、人民党が約半数の64議席を確保して第一党の座を奪い返し、フンシンペック党は43議席に留まり、元々同根のサム・ランシー党を含め辛うじて半数近くの議席を有することとなった。

現地で選挙キャンペーンの段階から観察を行った筆者自身の印象を述べておこう。キャンペーンにおける支持者の数、熱気、事務所や看板の多さ等からサム・ランシー党に風が吹いているという印象は強かった。人民党は慌て騒がず、どっしりと構えている雰囲気があった。他方で、人民党、フンシンペック党、サム・ランシー党の対決構造のなかにあって、ウン・フォットやソン・サン系を含めたその他の政党の存在が埋没してしまい、影が薄くなっていることも感じた。したがって選挙結果自体はある程度予測していた方向性に沿ったものではあった。ただしサム・ランシー党が意外に伸び悩んだという印象と、これほど極端な形で弱小政党が総退場になったことに多少の驚きは禁じ得なかった。

しかし結論的に言うと、選挙結果には選挙民の英知が反映されているように思える。清廉潔白とはいえ、新参のワンマン政党であるサム・ランシー党が既成の二大政党を食うほどに議席を伸ばすとするならば、それはむしろ不健全な現象であり、しかも選挙後の混乱の可能性が高まる。かつてのポル・ポト派との連携を含めて、カンボジアの混乱の原因を提供しつづけているフンシンペック党が第一党に留まるなら、それも理不尽であろう。ポル・ポト派の脅威がやっと消えたことは祝福すべきことであり、人民党の一番の実績に他ならない。こうした選挙民の評価が上記選挙結果に如実に表されている。

以上のカンボジア国民の高い政治意識は、絶妙の選挙結果や高い投票率に示されているだけでなく、選挙の実施に関しても随所に見られた。例えば秘密投票に関しては、スヴァイリエンのようにベトナムの影響力が強く、人民党の牙城であっても、フンシンペック党が5議席中2議席を占めるほどに自由に政治意思が表明されている。大選挙区におけるフンシンペック、サム・ランシー両党の大健闘は指摘するまでもなかろう。

v　国際社会の対応と総選挙後の政局の見通し

繰り返すがラナリットの大博打は大成功したようだ。第一党の座は人民党に明け渡したとは

いえ、解体寸前のフンシンペック党、息も絶え絶えだったほどに苦しかった自身の窮状を、一挙に立て直すことに成功した。フンシンペックから分党した弱小政党は、サム・ランシー党を除きまったく議席を獲得することができず、なかでも人民党に擦り寄ったウン・フォット第一首相（当時）の大衆党の惨敗にラナリット本人やフンシンペック本体は溜飲を下げる思いがしたに違いない。ソン・サン系の政党なども歴史的使命を終えた。

さて開票結果が次第に明らかになっていった28日の火曜日、ラナリットとサム・ランシーが共同で選挙プロセスに不正があることを理由に選挙結果を認めない旨声明を出した。それに対してフン・センはフンシンペック党が選挙結果を認めないならば憲法を改正して単独政権を作ると応じた後、30日の木曜日、シアムレアップにシハヌーク国王を訪ねると、一転、三党大連立を示唆し、国王もこれに好意的に応じたと伝えられた。これらの動きはしかし選挙後の政局を睨んだ舌戦の一部に過ぎない。何故なら開票日である27日月曜夜に、選挙手続きは自由・公正であった旨の国際合同監視団（JIOG）の声明がすでに出されていたからである。

実はこのJIOGの声明発出は98年のカンボジア選挙における最大のハイライトだった。極論するなら選挙手続きの内容や選挙結果がいかなるものであろうと、国際社会がそれを自由・公正なものと認めれば、今回の選挙の目的は達せられる。何故なら今回は国際社会から承認を得ることが最大の焦点だった選挙だったからである。開票日の夕方から行われたJIOGの会議は、500人からなる国際監視団から寄せられてくる連絡によって投票・開票が自由・公正に行われたことについてはすでに確信を得ていた。問題は開票が概ね終了し、選挙結果が集計されつつある段階で、それを公にするかどうかの政治判断だった。

一方で投票・開票が自由・公正であったことは事実であり、選挙結果とは関わりなく、その確信が出来次第、発表することが、選挙結果でなく選挙手続きの公正性を検証しに来た国際監視団の責務であり、そのことが当事者の爾後の行動に自制を求めることにつながるとする意見があった。他方で開票の集計中にこの種の中間声明を発表するのは時期尚早であり、最後に最終声明を出す際、自らのフリーハンドを縛ることになるとする声も当然あった。前者の立場を日本、ＡＳＥＡＮ、フランスが取った。後者の意見はＥＵ、オランダ、英国、北欧諸国らが取った。米国はこの会議に代表を派遣してはいたが、声明の起草に参加することはおろか会議で発言することすら避けた。最後はベルギー人のＪＩＯＧ代表が、前者の立場を取ることを決断して決着した。代表の心中は察するしかないが、カンボジア和平を二人三脚で支えてきたフランスと日本が推していること、カンボジアの問題は第一義的にＡＳＥＡＮの問題であるとの考慮が最後には働いたものと思われる。

ＪＩＯＧの声明を待っていたかのように、各監視団の声明が続いた。翌28日午前には米国の政党系ＮＧＯやカンボジアのローカルＮＧＯが選挙手続きを自由・公正であると承認、29日水曜日にはＥＵ、カナダ、ベトナムもそれに続いた。その後中国、日本もそれに追随したが、付け加えるなら、ＪＩＯＧの声明の前にフランスとタイは投票が成功裏に終了し、当事者はその審判を受け入れるようにとの事実上の承認をすでに与えてもいた。

こうして国際社会はほぼ一致して今回の総選挙を承認した。不正が申し立てられた部分に関しては、調査が行われる。しかしそれによって選挙結果の大勢が覆ることはない。現に8月31日、憲法評議会は選挙結果に対する不正申立てを却下、それを受けて9月1日に中央選管は上記結果を公式に確定した。

vi　1998年総選挙とは何だったのか

カンボジア和平とはポル・ポト政権の愚行を繰り返さないことに尽きると言える。ベトナムの支援があったとは言え、人民党政権がその役割を十分に果たしてきたのは事実であり、国際社会の大部分が、1979年以降もカンボジアで内戦が続いているかのような見方に立ち、実体の

- 102 -

ない対抗勢力を支援し続けたというのは、現実から目を反らした政策に他ならない。国連UNTACも人民党が指導するカンボジアを国際社会が面子を失わずに承認するための壮大なる舞台設定である。その考え方は今回の選挙にも当てはまる。暗黒のポル・ポト政権以降、一貫してカンボジアを治めているのは人民党だという明白な事実を認めるためだけに、かつては国連UNTACを、そして1998年に総選挙というイベントを、カンボジア人自身というよりむしろ国際社会が必要としたということだ。人民党が治めるカンボジアという基本構図は1979年以降、少しも変わっていないし、いよいよ遅ればせながら今回の総選挙をもって国際社会が初めて一丸となって人民党主導政権を支援することになろう[15]。

　以上述べてきた見方は世紀が変わってさらに衝撃的な形で証明された。2002年2月に行われた地方評議会選挙において、人民党は約61%の票を集め、フンシンペック党の約22%、サム・ランシー党の約17%を大きく引き離した。獲得した議席は得票率をさらに上回る約82%の議席占有率に達している[16]（もちろんその選挙システム自体、問題無しとはしないが）。各コミューンでのトップ当選の候補者がそのコミューンの首長になるので、いくつのコミューンでトップ議席を獲得したかでみると、計1621の選挙区のうち、なんと1597選挙区を人民党が押さえ、フンシンペック党はサム・ランシー党の13選挙区にも及ばない10選挙区で勝利したに過ぎなかった。まさに人民党圧勝で、これまで幾度か国際社会のてこ入れで生き長らえてきたフンシンペック党の歴史的惨敗である。

　銘記すべきは、人民党主導政権がやっと晴れて承認されたというそのことは、ちょうど10年前に国連UNTACが果たした役割を肯定的に評価するのに資するというより、むしろ逆に、UNTACの役割に改めて疑問符がついたということなのである。

5　人民党独裁化が進むカンボジア

　1998年の選挙後、反対党（サム・ランシー党及びフンシンペック党）の抗議行動により新政権樹立は大幅に遅延したが、人民党とフンシンペック党は第二次連立政権の樹立、上院設置等についても合意し、11月末にフン・セン人民党副党首を単独首相とする新政権が成立した。

　人民党主導というカンボジア政治の傾向は2003年にさらに明白な形をとった。7月に行われた総選挙において、人民党は73議席までさらに議席数を伸ばした（対するフンシンペックは26議席、サムランシー党は24議席）。もっとも憲法上、内閣信任に必要な下院の三分の二には届かず、それゆえ政党間の連立の駆け引きが長期化、2004年7月にやっと、フンシンペックとのフンセン首班連立政権が発足した。

　もっとも人民党主導政権の磐石化は、政治の安定化の反面、その影の部分をもともなっていることも忘れてはなるまい。最近のカンボジアでは政治的権利と市民的自由の後退が随所にみられる。例えば国民議会における野党の影響力を排除しようとする動きが本格化した。それは2003年国民議会議員選挙で野党サム・ランシー党が首都プノンペンで第1党となり、全国で24議席（前回より9議席増）を獲得する躍進をみせたことを契機としている。選挙後、上述の通り約1年におよぶ新政府の不在が続いたが、2004年7月にフン・セン人民党副党首を首班とする人民党とフンシンペック党の連立内閣が発足した。翌8月、両与党は、国民議会内に設置されている9つの委員会の委員長ポストのみならず、委員ポストまでもすべて2党で独占し、議会運営からのサム・ランシー党の締め出しを図った。

　さらに、与党が全議席の8割を占める国民議会は2005年2月初旬、フン・セン首相などに対する名誉毀損などを理由に、サム・ランシー党首をふくむ野党の3議員の不逮捕特権の剥奪を決定。この決定に抗議したサム・ランシー党は、7月下旬までの約半年間、上院および国民議会におけるすべての審議をボイコットした。

サム・ランシー党による審議のボイコットの影響もあり、国民議会は2月以降、定足数（議員総数の10分の7＝87人）に達せずに本会議を開催できない日が続いた。そこで人民党とフンシンペック党は憲法を改正し、定足数を5分の3（＝74人。人民党の議席数が73であることに注目）に削減したのである。選挙権を一般国民には与えず、下院議員と地方議員のみに絞る上院議員選挙法は、定足数の削減によって国民議会本会議が再開された直後に、人民党とフンシンペック党の全会一致で可決されたものである。

　以上のように、最近のカンボジアでは国民議会における野党の影響力が著しく低下している。なお現在の上院の構成は61人中、国王が任命した議員が2人、人民党所属議員が31人、フンシンペック党所属議員が21人、サム・ランシー党所属議員が7人となっている。しかし、先述のような選挙法のもとで上院議員選挙が実施されれば、立法府における野党の影響力はさらに低下することになろう。

　1991年のパリ和平協定締結によってカンボジアに複数政党制が導入されてから15年、翌93年の国連ＵＮＴＡＣによる制憲議会選挙から13年が経つ。その和平選挙を経て1993年に現体制が成立したとき、国際社会の多くはカンボジアに民主化が定着するであろうと楽観視していた。しかし、1997年の人民党とフンシンペック党の武力衝突における人民党の勝利、および1998年国民議会議員選挙での人民党の勝利を経て体制は政治的安定を獲得したものの、民主化は少なくとも停滞しているといわざるをえない。

　第二次フン・セン政権は、国内の健全な発展のためには効率的な行財政制度の確立が不可欠との認識の下、7つの改革（財政改革、行政改革、兵員削減、森林資源管理、社会セクター改革、グッド・ガヴァナンス改革、土地管理）を推進している。しかし2002年6月の第六回カンボジア支援国会合（於プノンペン）では、各ドナー国・機関は、特に法制度・司法改革及び汚職対策等、一部の分野において依然改革の遅れが見られると指摘、更なる努力を促しているのである。

　カンボジアでは今後、人民党主導の権威主義体制（統治権力が単一政党に集中するシンガポールのような体制）が確立する方向に向かっているように見える。2006年1月の上院議員選挙に続き、2007年には地方評議会選挙、そして2008年には和平選挙以来4度目の国民議会議員選挙と、連続して選挙が続く予定だ。政治の安定と民主主義という二律背反的な価値観を睨みながら、今後も、カンボジアの選挙の動向は注目する必要があろう。

コソボ紛争の事例研究

1　1999年に起こった二つの民族紛争

　冷戦の終了を受けて国際紛争がその様相を一変させたことは広く知られている。紛争の大半が主義、体制の違いに基づく対立から民族の違いに基づく紛争に変じたため、国際社会の関与の仕方についても未だに試行錯誤が続いているという段階である。

　ミレニアムを控えた1999年に目立った民族紛争としてコソボ危機と東ティモール独立紛争が発生した。どちらも宗教の違いに端を発する民族紛争の体裁をとっているが、内実はさほど単純ではない。コソボでは確かに争った二民族は宗教、言語を異にしているが、紛争の発端、経緯は旧ユーゴ国内政治の延長線上のものである。東ティモールではエスニシティが紛争の理由であるように思われがちだが、選挙後の混乱についていえば、これもインドネシア政治の延長線上の問題、とりわけスハルト政権崩壊後の民主化移行に際しての産みの苦しみの一部である。概して民族紛争と言われるもののなかでも、政治の歪みが民族紛争に転嫁されているケースが多々あることは注意されるべきである。

　民族紛争への国際社会の関与については、ソマリア、ルワンダでの失敗以来、国連の動きが鈍化している隙を縫うように、ＥＵやＯＳＣＥなど欧州の機関を中心に国際和平への働きかけ

を強めてきた。コソボでは国連は欧州勢が練り上げた和平案に安保理の承認を与えたに留まったし、東ティモールでも国連の関与は選挙実施と多国籍軍の承認、暫定統治の実施に限定され、選挙後の治安回復自体には関与できなかった。

しかしこうした現象は必ずしも国連の意義や権威を蔑ろにするものではなく、むしろ補完するものととらえるべきだ。国連の本来の機能は、一部の国々や分野の利害を超えて国際社会全体の利害を最も反映すべく役割を持つことであって、それが仮に多国籍軍に「錦の御旗」を与えることだけであっても、それはそれで十分に価値がある。それに国連は専門機関を通じ社会開発や人間開発についてＮＧＯと広く連携している。国際機関がすべてを自分で行うべしとする理由はどこにもない。国連にはそうした地域的、専門的な国際機関と連携しつつ、他方でそれらの機関にはない国際社会の総意を一番強く反映するという重要な役割があるからだ。

2　コソボ危機の発生と終了

1999年3月24日に開始されたＮＡＴＯ軍による空爆が続く中、6月3日、ついにセルビア共和国議会が欧露特使による和平案を受け入れることを決定した。引き続きマケドニアで行われたＮＡＴＯ・新ユーゴ両軍間のセルビア兵撤退を含む和平案実施協議も10日に妥結し、また同日、国連安保理がコソボ和平決議案を採択、それを受けて二ヶ月半に及んだＮＡＴＯの空爆も6月11日に停止されるに至った。セルビア兵の撤退は淡々と期限通りに完了し、他方、ＮＡＴＯを中心とする多国籍平和維持軍のコソボ配置が進むにつれ、難民の帰還熱は急速に高まり、ＵＮＨＣＲも経験したことがないくらいに自発的な難民帰還が進行し、7月下旬までには大半の難民の帰還が完了した。こうした事態の推移だけをざっと見るなら、まさにすべてＮＡＴＯの筋書き通りに事が運んだように見えるので、一般にはＮＡＴＯの行動が盲目的に正当化され、セルビア側にすべての非が科せられがちで

ある。しかし真相はそれほど単純ではない。

私は、対ユーゴ空爆が続く4、5月には計6週間アルバニアへ、そして空爆が終了した後の7月には3週間にわたりコソボに滞在してきた。ＮＡＴＯ空爆中にコソボで起こったことがすでに具体的に明らかになっているのだから、今回のコソボ危機の真実を理解しやすいようにまずそのコソボの惨禍の様子から述べていこう。

コソボの面積は1万平方キロメートル強で、岐阜県と同じくらいの広さである。人口は約190万人。それを構成する民族は、アルバニア系が88％、セルビア系6％、スラブ系ムスリム3％、ロマ系2％、トルコ系が1％となっている。主要な言語は、アルバニア語とセルビア語であり、ほぼそれが、宗教的にはイスラム教とセルビア正教に対応している。

コソボにはマケドニアの首都スコピエから陸路入国し、アルバニア国境に近いコソボ第二の都市プリズレンに向かった。3時間ほどの行程で、途中にはなるほど焼け落とされた家なども散見されたが、予想したほどの惨禍であるわけではなく、その印象はプリズレンに到着するとさらに強まる。美しい古都の佇まいはそのまま残り、夜にはコソボ帰還を祝う人々が通りへ繰り出し、商店も明かりを灯し、まるで夏祭が行われているかのような平和で楽しそうな光景が繰り広げられていた。聞くところによると空爆中もプリズレンには多くの住民が残っており、セルビア兵の脅迫から逃れるため、夜など屋根裏に潜んで、まるでアンネ・フランクの世界のようだったという。もう少し空爆が長引いていれば、コソボ最西端、アルバニア系にしてみれば心の故郷とも言うべきプリズレンの町もかなり被害にあった可能性があると地元の人は異口同音に言っていた。

プリズレンから北の地域に視察に出ると、今度はかなり被害が目に付く村々が続く。戦争犯罪の調査が行われたクルーシャという村だけで、200人近くの犠牲者が確認され、町なかの診療所でも近所の犠牲者10名の葬式が営まれていた。さらにその北のジャコバという町に行くと、旧市街が壊滅的な被害を受けていた。し

- 105 -

かし一方ですぐそばのモダンなホテルや高層アパートなどはまったくの無傷だ。破壊されたモスクとも相俟って、アルバニア系住民の生活・文化体系に対する意図的な破壊であることは一目瞭然だ。

北東部に位置する州都プリシュチナはというと、郊外は別として町なかの主だった建物に対する被害はなく、町並みはそのままだ。紛争の早い時期に大半のアルバニア系住民が逃げ出していたし、州都に掃討すべきコソボ解放軍（KLA）のゲリラはいないので、モダンな州都を破壊する理由はどこにもなかったのだ。コソボが解放された直後はいざ知らず、その後は町なかに緊張感はあまり感じられない。

コソボ解放後、最も緊張感があったのは北部の要衝ミトロビッツァであろう、もともと人口の80％はアルバニア系だが、残りのセルビア系が町を横断する川の北側に住んでいた。そして今や、アルバニア系の帰還と入れ替わるように各地域から逃げ出したセルビア系が、続々とこの町の北側に参集し、セルビア系のゲットーの観を呈している。駐留するフランス軍が南北を結ぶ橋の通行を厳重に管理し、まるで町が二分割されたような印象だ。北側に家があるアルバニア系住民が橋を渡るのを拒否される等、混乱が続いていたが、両民族の間で平和裏に共存する合意が7月末には交わされ、問題は沈静化に向かっている。

このようにコソボの惨禍を実地で見てきて初めて、ＮＡＴＯ空爆の際にコソボで行われたことも凡そ見当がつく。空爆で大破したビル等も散見されるが、聞いてみると空爆中はセルビア兵が基地にしていた場所だった所が多い。ＮＡＴＯの言うハイテク兵器によるピンポイント攻撃というのは、少なくともコソボに関してはまんざら誇張でもないようだ。他方、セルビア側の行動だが、アルバニア系の犠牲者数の累計は一万人を突破したが、しかし94年のルワンダのように「虐殺の嵐」が吹き荒れたという状況でもない。180万人口のうち100万人以上が（避）難民として居所を逃げ出していることからも、少なくとも、アルバニア系をコソボから組織的

に追い出す作戦が取られたということは言える。

空爆終了後のコソボでは、帰還民の表情は意外と明るく、本来働き者のコソボの人が皆、賢明に復興に打ち込んでいるという状況だ。今や郷土に帰還したわけで、不幸にして家が破壊されていた人も、親戚の家にしばらくお世話になったり、自宅の庭にテントを建て、あるいは利用可能な一室に当座住み、屋根や他の部屋を修理するという作業に打ち込んでいる。幸い初夏に難民帰還が終了し、復興には好都合である。住む家のない難民然とした人は探さないと見つからない。何よりもコソボの人たちを鼓舞しているのは、90年以降、コソボのセルビア化が強行され、自治権が剥奪され、多くの人が職を追われてきたが、ＮＡＴＯの庇護のもと、久々にアルバニア系が主人公に返り咲いたという事実である。

ＮＡＴＯの行動にはいろいろ批判もあるが、コソボでは、今回の住民追い出しに終止符を打ったということだけに留まらず、ここ10年に及ぶセルビア側による圧政、人権蹂躙からコソボを救ったのであるから、ＮＡＴＯの人気は本物で、子供たちは戦車のＮＡＴＯ兵士に向かって歓声を上げ、手を振るのが日常茶飯事である。

3　バルカン紛争の背景

ｉ　東欧大変革の発端は旧ユーゴ、そして旧ユーゴ分裂の発端はコソボ

先に述べたようにコソボでの合戦でオスマン・トルコに破れたセルビア以南がオスマン・トルコ帝国に組み込まれていた一方で、クロアチア以北はハプスブルク帝国の支配下に入った。クロアチア人、スロベニア人はカトリックで、オーストリアに親近感を抱きつつ長らく中欧文化圏のなかに暮らし、経済的にも恵まれていた。内戦前の1988年の統計によれば、一人当りのＧＮＰも、最高のスロベニアと最低のコソボでは実に8倍の格差があり、連邦平均を上

- 106 -

回っているのはスロベニア、クロアチア、そしてセルビア北部のボイボディナ自治州のみで、いずれも元ハプスブルク帝国領に相当する地域である[17]。

セルビアとクロアチアの接点であるボスニアはまさに東西の十字路であり、二つの文化圏にまたがって存在していた。ここではかつて東西どちらのローマ帝国からも異端視されていたボスニア教会が勢力を得て、その信者がのちにオスマン・トルコ支配下でイスラムに改宗し、今のモスレム人、またはボスニア人となった[18]。

第一次大戦前夜は、要衝ボスニアでの覇権を巡って汎ゲルマン主義と汎スラブ主義が激しくぶつかり合った。大戦後、「南スラブ人の国」を意味する「ユーゴスラビア王国」が成立。セルビア主導の中央集権的な体制のなかでセルビア人とクロアチア人との間の対立が深まる。第二次大戦時においても、両民族の溝は先鋭化するばかりで、ナチス・ドイツに抵抗する救国的なパルチザン活動もセルビア人主導で行われ、両民族の溝は埋まらなかった。戦後、クロアチア人であるレジスタンスの英雄チトーが、セルビアの強大化を避けるため、国家連合に近い連邦制を導入、その恩恵を受けセルビア共和国に属するコソボ、ボイボディナ両自治州も高度の自治権限を与えられていた。

1956年「ハンガリー動乱」、1968年「プラハの春」を東欧大変革の先駆けとすると、その萌芽は1948年の旧ユーゴのコミンフォルム脱退だろう。これはチトーがスターリンの政策を拒否したものである。自力で故国をナチス・ドイツから解放したパルチザンゆえに、ユーゴはソ連に対しても「No」が言えた。時代は移り、1987年、ゴルバチョフによる「新ベオグラード宣言」が、遂にそれまでのユーゴの独自・非スターリン路線を追認した。これは自由化容認を迫る東欧諸国に対するソ連の回答だが、それが直接に1989年東欧大変革につながる。

さてコソボは12世紀末には中世セルビア王国・セルビア正教会の中心であったが、14世紀末にオスマン・トルコに占領されて以来、多くのセルビア人が北方に移住し、一方、イスラム教に改宗したアルバニア系が大量に流入し、人口比は次第に逆転していった。20世紀初めにセルビアがトルコからコソボを奪回し、第二次世界大戦後のユーゴ社会主義連邦共和国（旧ユーゴ）では、セルビア共和国の自治州となったが、大幅な人口増を背景として1980年代、コソボに共和国の地位を求めるアルバニア系住民の暴動が繰り返され、少数派のセルビア系住民が抑圧を受けるようになったこともあり、1989年ユーゴ・セルビア当局（ミロシェビッチ政権）がコソボの自治権の縮小を開始し、1990年にアルバニア系住民が住民投票を経て「コソボ共和国」として独立を宣言した直後にコソボ州議会を解散するとともに、自治権を剥奪する等弾圧を強めていた。

旧ユーゴ時代、1974年連邦憲法によりコソボは自前の警察権、裁判権などを持ち自治州として高度の権限を享受していた。チトー時代は、民族問題がユーゴのアキレス腱であると分かっており、それを革新的な憲法で封印していたのである。そのパンドラの箱の封印をこじ開けたのがミロシェビッチである。

党のなかで経済官僚として登りつめたミロシェビッチは、次に政治の分野に打って出た。ベオグラード大学法学部の同窓生イワン・スタンボリッチが彼を引き立ててくれ、ミロシェビッチは政治畑における初仕事として暗雲が垂れ込めていたコソボ問題の解決を委ねられた。民族自決というチトーが作り上げたユーゴの伝統のなかで、ミロシェビッチがコソボで如何に采配を揮うかを人々は注目したのだが、彼が取った行動は誰もが予想しえないものだった。彼は、多数派アルバニア系にセルビア系が暴力を振るわれている現場に遭遇し、あろうことか大セルビア主義こそがコソボ問題の解決につながると確信したのである。コソボでのセルビア系の復権を声高に叫ぶミロシェビッチは瞬く間にコソボでカリスマになった。党のなかで勢力拡大に成功したミロシェビッチはやがて共和国幹部会議長（セルビア国家元首）にまで登りつめていた恩人であるスタンボリッチその人を遂に追い落とすに至る。1986年にセルビア共産

主義者同盟議長に就任したのを皮切りに、1990年には、集団指導制の幹部会を廃止し、大統領職を新設、その年末には自ら初代セルビア共和国大統領に就任した。時を同じくしてミロシェビッチの過激な大セルビア主義が実地で政策に移されてゆく。1989年にコソボ自治州としての権限が剥奪される共和国憲法修正が強行され、さらに自治州政府・議会が解散され、コソボ自治州は実質的にセルビアに一体化された。同様にボイボディナ自治州からも権限が剥奪された。コソボの抵抗組織による抵抗運動が始まった。

　セルビア民族主義を梃子にコソボを取り返そうとする試みは重大な副産物を生むことになる。時代はすでに東欧大変革に突入していた。旧ユーゴにおいても「1990年ユーゴ政変」が幕を開け、ユーゴ共産主義者同盟が分裂に向かい、各共和国では同年中に順次、自由選挙が行われた。そうしたなか、経済主権に拘る一番豊かなスロベニアが、コソボに連帯を表明し、旧ユーゴを、連邦制から各独立共和国によるゆるやかな国家連合に改組することを求め、セルビアに反旗を翻した。1991年6月末から十日間、セルビア系主導の連邦軍と戦火を交えただけで、スロベニアは独立を達成した。このときの連邦軍の稚拙な対応が、ユーゴが統一国家として存続する可能性を失わせたと言われる[19]。それに続きクロアチアでは、連邦軍との間に激しい内戦が勃発した。さらにマケドニア、ボスニアも独立を求めた。こうして雪崩をうって1992年の連邦解体へとつながっていく。旧ユーゴ解体の直接の引き金となったのは他でもなくミロシェビッチの対コソボ政策だった。

ii　コソボ紛争の経緯⊠
　旧ユーゴ時代、1974年連邦憲法によりコソボは自前の警察権、裁判権などを持ち自治州として高度の権限を享受していた。チトー時代は、民族問題がユーゴのアキレス腱であると分かっており、それを革新的な憲法で封印していた。
　1989年にコソボ自治州としての権限を剥奪する共和国憲法修正が強行され、コソボ自治州

は実質的にセルビアに一体化された。ボイボディナ自治州も同様であった。1990年にはコソボ全土で非合法の選挙が行われ、コソボ共和国樹立と憲法制定が宣言されると、その直後、自治州政府・議会が解散された。警察権や裁判権さえ有する自治を認められていた間なら顕在化しなかった独立への欲求も、自治を剥奪され、人権が蹂躙されるに至ると、アルバニア系の選択は独立しかなくなる。

　こうしてコソボ問題が過熱するなか、隣国アルバニア議会は1990年10月、コソボを外交的に独立主権国家として承認した。1992年、旧ユーゴの崩壊が確定した直後には、非合法の投票によりルゴバ氏がコソボ共和国大統領に選任されている。同年にはアルバニアのベリシャ大統領がコソボに国連軍を派遣するよう要請、他方、セルビアのミロシェビッチ大統領はコソボ和平会議開催を拒否し、両国は全面的な対決姿勢を取った。こうして今回のコソボ危機にいたる1998年までに、コソボの抵抗組織は5万人もの部隊に成長し、今や公然とコソボ解放軍（KLA）を名乗り、自治州の約四割の地域を支配していた。武器もアルバニアなどを経由して調達された。1998年2月にアルバニア系のコソボ解放軍（KLA）とセルビア治安部隊との間に武力衝突が発生して以来紛争が激化し、ユーゴ連邦軍も介入、10月には事態を懸念した欧米諸国の仲介により弾圧停止が合意され、その間隙をぬってコソボ解放軍が再度攻勢を強めたので、1999年に入り、セルビア側が弾圧を再開していたという経緯があった。そして国際社会の和平案をユーゴ政府が受け入れず、コソボにおける人道的惨事が発生する可能性が高まったとして、1999年3月、ＮＡＴＯがユーゴ空爆を開始した。

iii　1999年のコソボ紛争
　　－空爆から和平案受諾へ
　1999年3月24日に開始されたＮＡＴＯ軍空爆が続く6月3日、それまでも重ねて和平の意思表示を示してきたセルビア側は、議会が欧露による和平案を受諾する旨議決した。10日に

- 108 -

は、国連安保理がコソボ和平決議を採択、二ヶ月半に及んだNATOの空爆も11日に停止された。

国連コソボ和平決議の内容は大雑把に言えば前のランブイエ合意案[21]と類似しており、大きく変わったのは駐留する軍隊について、国連にまったく言及しなかったランブイエ案に対して[22]、国連安保理決議[23]では国連平和維持軍として、NATOとロシアが実際の部隊を構成するとされ、国連色が出てきている。
もっともそれ以外にもランブイエ合意と欧露和平案を基礎にした国連安保理決議の内容に差異はある。ユーゴ側が得点を稼いだのは、まずコソボ自治問題で、前者が自治州議会設置、自治州大統領選出等、高度の暫定自治を謳い、コソボの将来的地位を決めるための3年後の住民投票さえ匂わせていたのに対し[24]、後者では付属文書で辛うじて「ランブイエ合意に配慮し、実質的な自治政府を樹立するための政治的枠組みを構築する[25]」と曖昧に表現するに留まった。他方NATO側が押し返した部分としては、コソボ再配置のユーゴ軍が、地雷除去など特定目的のためだけの数百人規模に抑えられたこと等が挙げられる。

セルビア側からすれば、当然ながらその前のランブイエ和平案の段階で、平和維持軍として国民に対して説明可能な国際的な軍隊構成が提案されれば、それで和平案全体に同意できたものだ。国土を敢えて空爆の被害に晒す必要は毛頭ない。しかし現実にはNATO側からはそうした提案はなく、NATO側は最後の一点では強硬だった。冷戦下での役割を終えたNATOは新しい存在意義を模索中であり、ヨーロッパの地域紛争に有効に対処できることを示すことは組織存続にとっても重要であった。とりわけポーランド、チェコ、ハンガリーという、かつてはワルシャワ条約機構の陣営だった新加盟国を迎えたばかりで、おまけにセルビアの友好国ロシアは、ルーブルの価値が下がり、ぐらつく国内経済を維持するのに懸命という苦境であり、セルビアに手を貸している暇はなく、NATOが、旧ユーゴでは無能を曝け出している

国連を圧倒する政治的存在感を示すには絶好のチャンスであった。ここに政権の面子、組織の倫理が優先し、結果、空爆を避けることができなかったという側面が見て取れる。「不必要だった空爆、紛争」という評価は明らかに一面の真理を示している。

ミロシェビッチにしてみれば、欧米諸国がコソボ独立を擁護しないことはお見通しだったろう。それを言い出せば、カタロニアやバスク、ケベックなど、欧米諸国自らに跳ね返ってくる問題になるからだ。つまり欧米諸国と戦火を交えることにより、それが負け戦であっても政権基盤を強化できると同時に、コソボを国際的な承認のもと自国内に押し留めておくことができると考えた。しかも大量移民の伝統を持つアルバニア系住民のことだから、追放した難民が全員帰還するとは考えられず、こうした戦略によって、オスマントルコの時代に移住したコソボのアルバニア系住民の割合を減らすことができ、将来的によりセルビア色の強いコソボへの含みを残しておくという高等戦術だろう。

他方NATOの側としては、NATOにとって負けることはない戦争だし、双方とも未来永劫戦う積もりもなく、どこかのタイミングで手打ちができる戦争であることも分かっていたろう。NATOとは別に、EUの軍事部門としての期待が持たれている西欧同盟（WEU）との関係もある。EUがNATOをないがしろにしないよう牽制すべく、米国を核としたNATOの実力を誇示しておく必要もあった。自身東欧のユダヤ系出身で、民族抑圧に対して過敏に反応し、反セルビアの個人的感情を有していたオルブライト米国務長官の存在もあった。域内の紛争でなくても、NATO加盟国が潜在的に脅威に晒される紛争に対して予防的に介入するモデルケースとして、そして人道的な理由から軍事介入する場合、必ずしも国連安保理の承認を要しないことの先例としてコソボ紛争は好都合だったのではないか。結局、空爆開始直後は半分に満たなかった参加NATO軍のなかの米国の空軍力は、次第に増強され、最後には大半を占めるまでになった。もっとも機密性の高いス

テルスＢ２爆撃機さえ、コソボで実戦に初投入したほどである。

他方のＷＥＵだが、コソボ危機を追い風として、６月４日にケルンで閉幕したＥＵ首脳会議で、2000年末までにＥＵ独自の軍事力を持つことが謳われた。21世紀早々にはＷＥＵが衣更えされ、ＥＵの旗を掲げた多国籍の軍隊が誕生することが確定したのである。ＷＥＵ推進派だったフランス、ドイツ、イタリア等もヨーロッパでの紛争に有効に対処できるようになるためには、コソボという格好の舞台でひとまずＮＡＴＯの御旗のもとででも実戦経験を積んでおく必要がある。

さらに言うなら戦後復興への協力を通じて、今も昔もドイツが断然強いバルカン（旧ユーゴ諸国の基軸外貨はドイツマルクである）へのＥＵの経済的な影響力を一段と拡大したいという思惑もある。現に早速ＥＵは、和平案受諾を受けたケルン首脳会議において、コソボ再建のために240億円程度の支援を行うことを決定している。以上の理由から今回のコソボ危機で、欧米が軍事的に弱腰な姿勢を取る理由はどこにも無かった。

極論するなら、コソボを堅持したいミロシェビッチの延命のための博打的な賭けと、軍事組織の論理に基づいたＮＡＴＯとＥＵの思惑が、強硬路線を取らせ、戦火を敢えて避けなかった。

iv　コソボにおける平和構築・民主化
　1999年５月にＧ８外相間で合意された和平案を基に和平交渉が行われた結果、同年６月、国連安保理決議1244が採択され、武力紛争は終結した。現在、コソボにおいては、安保理決議1244に基づき、民主的な多民族社会に基づく実質的自治を構築するために、民政部門を担当する国連コソボ暫定行政ミッション（UNMIK）と、軍事部門を担当する国際安全保障部隊（KFOR）の下で和平履行が進められている。また、2005年10月、国連安保理においてコソボの将来の地位を確定する政治プロセスの開始が決定され、翌月より国連特使による仲介活動が開始された。

さてＮＡＴＯの空爆が終了し、国連ＰＫＯにより開始された平和構築活動の一端を見ておこう[26]。コソボを統治する国連コソボ暫定行政ミッション（UNMIK）は、最高責任者たる国連事務総長特別代表（SRSG）の下、４つのピラー（警察・司法、行政、制度構築、経済開発）が設けられ、各分野でコソボの統治を行ってきている。まずその四本の柱のうち、第一が人道支援を担当するＵＮＨＣＲ、第二に行政を担当する国連、第三に民主化と制度構築を担当するＯＳＣＥ、第四に復興・経済開発を担当するＥＵである。ただし緊急段階を脱した2000年６月にはＵＮＨＣＲは活動を終了し撤収、2001年５月からそれは国連が担当する警察と司法に取って代わっている[27]。

文民警察（2,200名）を含む全職員数は約5,800名（そのうち国際職員は594名）。現在の特別代表は、2004年８月に就任したイェッセン・ペーターセン（デンマーク人）である。ＵＮＭＩＫは施政権の一部をアルバニア系が主導する暫定自治政府に徐々に移譲しており、これまですでに貿易、教育、警察等が移譲され、2005年12月には、司法と警察の権限移譲のためにＰＩＳＧに法務省、内務省の設置を決定した。

紛争後の市民社会の秩序を守るために司法制度をどう運用するかは重要な問題である。司法制度はＵＮＭＩＫとＯＳＣＥによって共同して運用されているが、大きな問題となったのは以下のような点である。ＵＮＭＩＫは、1999年の規則第一号（７月25日）により、紛争後のコソボの司法制度のなかで適用される法律は、国際的に承認された人権の標準、そして安保理決議1244号などに抵触しない限り、1999年３月24日（空爆開始の日）以前にコソボで適用されていた法律が継続して適用されると定めた。つまり具体的にはセルビア共和国の法律が適用されるということである。しかしそれにも拘らず、実際にはコソボのアルバニア系の法曹たちは、1989年から1990年にかけて廃止されたコソボの刑訴法を適用しつづけ、司法の現場

- 110 -

は大いに混乱することとなった。そこでUNM
IKは1999年12月12日に採択した規則24号、
25号によって規則1号3条の規定を廃止し、
刑事訴訟手続きにおいては、被告は1989年3
月22日以降現在までの間に効力をもった刑訴
法のなかでもっとも有利な条項の適用を受ける
ことができる旨定めたのである。このように紛
争後の市民社会でどの法律を適用するかは高度
に機微で重要な問題となる。

　OSCEはまた制度構築の役割も担う。
1999年8月から法曹訓練を開始したが、それ
が2000年2月にはコソボ法律研究所（Kosovo
Judicial Institute, KJI）に生まれ変わり、
裁判官、検察官の育成に当たっている。法律分
野のシンクタンクの役割を担ってコソボ法律セ
ンター（Kosovo Law Centre）も設立されている。
OSCEはまた、行政官育成のため民政研究所
（Institute of Civil Administration）を通じ
て訓練を施し、またNGO・市民社会の強化、
政党の能力強化などのプログラムも行っている。

　さて平和維持軍が展開してからは、セルビア
系住民のコソボ脱出が続き、難民化の逆転現象
が起こった。国際統治下で、住民のアルバニア
化が進展するなら、それは否応なくコソボ独立
へ勢いがつこう。コソボ危機は、今やセルビア
離れが急な盟友モンテネグロにも火種を残し
た。そしてその後、セルビアでは全国的な反ミ
ロシェビッチの気運が高まり、バラバラだった
野党勢力も一つに糾合された。果たして2000
年9月末に前倒しされた連邦大統領選挙におい
てミロシェビッチは民主野党連合統一候補のコ
シュトゥニツァに敗れ、翌10月上旬には大統
領を辞任、大方の予想に反して、結局無血であっ
けなく大統領交替が実現した。新生ユーゴ連邦
は急速に西側との関係改善を進めている。

　ユーゴの民主化という予想せぬ事態を受け
て、2000年10月末に国連統治下で行われたコ
ソボの自治選挙においては、39もの政党（お
よび無所属の個人）が乱立したなか、独立を標
榜しながらも穏健派で、「コソボのガンジー」
と言われるイブラヒム・ルゴバ氏の陣営コソボ
民主同盟（LDK）が過半数の58.0%の得票率で

圧勝し、かつて武闘組織KLAを率いたタチ党
首のコソボ民主党（PDK）は27.3%を得票し、
この両党だけで計869議席のうち771議席を占
めた。この自治選挙における投票率は79.0%
であった[28]。

　こうして旧ユーゴ紛争、とりわけコソボ紛争
はまったく新たな局面に達した。EUは早速
11月にザグレブでバルカン・サミットを開催
し、以後の六年間に4300億円以上を資金援助
することを決定した。

　さらに翌12月のセルビアとモンテネグロに
おける共和国議会選挙においても民主野党連合
側が圧勝、新ユーゴの民主化が意外にもあっけ
なく完結した。

　もっともセルビアの新政権がコソボ独立に寛
容なわけでも、コソボが独立への志向を弱める
わけでもないので、コソボの将来は一段と見通
しが不透明になったと言える。果たしてその後、
アルバニア系の独立急進派は焦りを強め、国境
を越えてセルビア側のプレシェボ付近やマケド
ニアのテトボなどで策動を活発化させているの
が現状で、むしろ国際世論は大アルバニア主義
に警戒感を強め、今度は急速に親セルビアに展
開しているのが現実だ。

v　2001年の総選挙の持つ意味

　アルバニア系独立急進派がマケドニアなどで
策動を活発化させ、世界は「コソボの次はマケ
ドニアか」と危惧を抱いていた時、一方でUN
MIKはコソボの多民族共生に基づく恒久的和
平のために大きなステップを踏んだ。2000年5
月の「暫定自治の憲法的フレームワーク[29]」の
採択である。これはUNMIK統治下における
コソボ暫定自治憲法に当たり、ランブイエ合意
案を下敷きにしたものだ。このなかで重要とな
る議会選挙についても概略以下の通り定めてい
る。

　「議会はコソボ自治政府の最高位の立法機関
であり、住民の秘密投票により選ばれた120名
の議員より構成される（9.1.1，9.1.2）。選挙
に関してはコソボは単独の選挙区として扱われ
る（9.1.3）。議会の120の議席のうち100議席

- 111 -

はすべての政党等に対して比例代表制で配分され、残りの20議席は非アルバニア系の少数派に対して配分される。20の議席のうち10議席は、セルビア系の政党等に振り分けられ、他の10議席は、4議席がロマ、アシュカリ、エジプト系コミュニティに、3議席がボスニア系コミュニティに、2議席がトルコ系コミュニティに、そして1議席がゴラニ系コミュニティに配分される（9.1.3）。」

加えて、ＵＮＭＩＫ特別代表が別途定めた規則により、候補者リストの上位三分の二のうちの三人ごとに最低一人は女性候補でなければならないとされた。要するに少数民族とジェンダーに十二分に配慮した選挙制度であると言える。

2001年11月17日に行われた議会選挙では、約125万人の有権者のうち80万人強が投票し、投票率は64.3％であった。危惧されたセルビア系など少数派民族の棄権は概ね回避され、前回の地方選よりも低い投票率はむしろアルバニア系住民の投票率の低さが原因とされた[30]。なお26の政党が選挙戦に参加したが、議席を得た政党は14政党であった。

選挙結果は120議席中、ルゴバ党首が率いるＬＤＫが47議席を獲得し、第一党となり、ＰＤＫは26議席を占め、アルバニア系主要政党が順当に議席を獲得したが、他方、セルビア系の政党ＫΠも割り振られた10議席にさらに12議席を上乗せし、計22議席を確保、また120名中34名が女性当選者であった[31]。

まさに選挙制度が多民族共生への可能性を開いたと言え、こうしてコソボ紛争はまさに、選挙によって選ばれた統治機構の如何が紛争の発生、終息に大きなインパクトを与えることをまざまざと見せつけることとなった。

もっとも議会は成立したが、政党間で意見の不一致が表面化し、2002年に入っても、しばらく議会が選任することとなっている大統領が選ばれなかった。当然その間、その大統領が任命する首相も決まっておらず、暫定自治政府が未発足という事態が続いた。こうした事態に業を煮やした国連安保理は2月中旬、コソボ議会

が大統領選任に関する行き詰まりを早期に解消するよう声明を出し、その後やっとアルバニア系主要3政党間で連立合意が成立。同年3月上旬の議会でルゴバ大統領（コソボ民主同盟（LDK）、2005年1月病死）が選出され、レジェピ首相（コソボ民主党：PDK）を首班とする暫定自治政府が承認された。

さらに2004年10月に第2回議会選挙が実施され、その結果に基づいて12月、ＬＤＫ及び「コソボ未来のための同盟」（AAK）からなる新暫定自治政府が成立した。しかし首相に就任したハラディナイＡＡＫ党首は、セルビア系住民への暴行の嫌疑で旧ユーゴ刑事裁判所（ICTY）から訴追されて辞任し、2005年3月、新首相にコスミＡＡＫ副党首が就任した。なお、同選挙では、セルビア系住民の大多数が投票に参加しなかった。2006年3月、コスミ首相の辞任後、後任に軍人で元ゲリラ組織「コソボ解放軍」司令官のチェク・コソボ防護隊司令官が就任した。

現在、大統領はファトミール・セイディユであり、故ルゴバ大統領（LDK党首）の病死後、2006年2月10日選出された。内閣はＬＤＫとＡＡＫによるアルバニア系連立政権で、首相はアギム・チェク（2006年3月10日就任）、そして現在の議会（任期3年）は以下のような構成となっている。

全120議席（100議席は比例代表により選出、20議席は少数民族割当）
・コソボ民主同盟（LDK）（アルバニア系穏健派、与党）47
・コソボ民主党（PDK）（アルバニア系急進派、野党）30
・コソボ未来のための同盟（AAK）（アルバニア系急進派、与党）11
・セルビア人リスト（セルビア系）8
・その他、諸派22

4　コソボの将来的地位問題

筋書き通りのセルビア側の和平案受諾によって、コソボ和平の道筋はおぼろげながら見えて

きた。セルビア軍の撤退を受けて、ＮＡＴＯ、ロシアによる平和維持軍が駐留し、国連による暫定自治が行われる。コソボ再建にはＥＵを中心に外国からの支援も殺到するだろう。しかしコソボの問題の根本が解決すると言えるだろうか。

　セルビア側の和平合意受諾の後、合意実施協議が妥結した際、あるテレビ・インタビューでセルビア人が「和平を歓迎する。これでコソボを手放さなくてすんだ」という趣旨のコメントを述べていたし、ミロシェビッチ大統領に至っては、ＮＡＴＯに屈せず立ち向かい、和平を勝ち取ったと、むしろ勝利かのようなアピールを行っていた。

　これは先に述べたように、和平合意という一つの事実に両サイドがまったく違った解釈を与えているということである。そしてそれはコソボでの主権に関わる見方なのであり、和平を受諾すればコソボでの権限を温存できると踏んでいるセルビア側に対し、和平受諾はセルビアの降伏の婉曲な表現に他ならず、暫定自治の間、コソボの主権を行使する積もりのＮＡＴＯ側の立場との違いが早速噴き出したものだ。

　ロシア軍の存在にも関わらず、平和維持軍の展開が開始されてからは、セルビア人のコソボ脱出が続き、難民流出の逆転現象が起こっている。国際暫定統治下で、住民のアルバニア化が実質的に完成するならば、それは否応なくコソボ独立へのモーメンタムを生み、ミロシェビッチの取った賭けは、国土を戦火に晒した上、コソボも失うという全くの愚策だったことになる。過去の経緯を見ても、ミロシェビッチは民族主義的な政策により国民の支持を喚起し、綱渡り的な政局運営を行ってきた政治家であり、今回のコソボ危機も政局運営の一環としての局面が濃厚である。

　安保理決議1244は、ユーゴの主権及び領土的一体性並びにユーゴの枠内におけるコソボの実質的自治の確立に言及しているが、コソボの将来的地位については、ＵＮＭＩＫがランブイエ合意（ユーゴの領土的一体性の維持及びコソボへの高度の自治の付与）を考慮しつつコソボの将来的地位の決定のための政治プロセスを促進するとの言及にとどめている。2001年11月にＵＮＭＩＫとユーゴ政府が調印した共同文書においては、ＰＩＳＧがコソボの将来的地位に関する安保理決議1244の立場を変更する決定を行えないことが確認された。

　2002年4月、ＵＮＭＩＫ特別代表は、国連安保理において、1）効率的に機能する諸機構の存在、2）法の支配、3）移動の自由、4）全コソボ市民の残留・帰還の権利の尊重、5）市場経済のための健全な基礎、6）財産権の明確化、7）ベオグラードとの対話の正常化、8）コソボ防護隊（ＫＰＣ）のリストラの8つのベンチマークを提示し、コソボの将来的地位に関する議論開始の前提として、右基準が満たされるべきとする「地位の前に水準（Standards before Status）」アプローチを打ち出した。

　2005年10月、国連事務総長宛の報告書は、水準の履行状況は不揃いとしつつも、地位交渉の開始を勧告した。同勧告を受け、同月、安保理はコソボの将来的地位に関する政治プロセスの開始を宣言する議長声明を採択し、翌11月、国連事務総長は右交渉のための特使としてアハティサーリ前フィンランド大統領を任命し、現在、同特使による仲介活動が始められている。ただし将来的地位については、アルバニア側はコソボの完全な独立を求めており、一方、セルビア側はセルビア内で高度の自治権を与えるとする「自治以上、独立未満」との立場であり、双方の立場には大きな隔たりがある。

　また現在の治安状況については、1999年6月のユーゴ軍・治安部隊の撤退及びＫＦＯＲの展開、その後のＫＬＡの武装解除・解散により、全般的な治安状況の改善が見られた。コソボ独自の軍は存在せず、安保理決議1244により、ＮＡＴＯ指揮下の国際安全保障部隊（ＫＦＯＲ）が治安維持に当たっている。総兵力は当初4万人いたが、徐々に削減され、現在、1万7千人（35カ国より構成）の規模となっている。なお、警察組織は、ＵＮＭＩＫ警察（3,300人）と地元警官から成るコソボ警察（ＫＰＳ、7000人）がある。ただし約25万人と言われる非アルバニア

系避難民（主にセルビア系）の帰還は進んでおらず、また、セルビア系等少数派に対する暴力事件も頻発しており問題は多い。

また他民族共生社会に戻すための一助とすべく地方分権化も行われている。　コソボの地方行政はアルバニア系とセルビア系それぞれの組織の併存という二重構造の状態となっている。セルビア系が参加を拒否したまま、2004年7月の枠組文書に基づく地方分権化に関する協議が進められ、2005年7月、ＵＮＭＩＫは、既存自治体内の少数民族居住区をその自治体から分離して多民族から成る新自治体を設ける地方分権化に関する行政令を施行した。まず、5カ所への新自治体の設置が構想されているが、セルビア系住民は、アルバニア系が多数派となる状態での新自治体への参加を拒んでいる。現在、セルビア側は、コソボ内に4つのセルビア系自治体の形成と、それら自治体のセルビア本国との結びつきを求めている。

コソボと同じく現在も国際社会が関与した形で和平への努力が行われている場所に、同じ旧ユーゴのボスニアがある。ボスニアにおいては、デイトン和平合意の段階で、国土を51:49に分割し、ボスニア連邦（モスレム人・クロアチア系）とスルプスカ共和国（セルビア系）という二つのエンティティに分割した。和平のために暫定的に分割したのであり、理想としては、もとの多民族共生社会に戻すことが、国際社会の目標となっている。選挙においても、内戦の過程で避難した現住所でなく、元の住所での投票を推奨するような制度となってはいる。問題は、ボスニア連邦側、特にモスレム人は、それでも統一ボスニアの維持に熱心だが、セルビア系の住民が、統一ボスニアの維持に冷淡で、むしろ本国セルビア共和国との同一化を望む機運すらある[32]。

ボスニアにおいては、前回の2002年の選挙において、民族主義的な政党が勢力を伸ばし、2000年選挙で芽生えたばかりの非民族主義政権の流れが止まり、和平の将来に暗雲を投げかけたが、2006年10月に行われた直近の選挙においても、民族主義的な傾向は食い止められて

はいない。

コソボにおいても同様の問題を孕んでいて、元の住所を離れ、コソボ北部に避難したセルビア系は、本来の多民族共生社会に戻るより、住み分けをした上で本国との何らかの合同を望んでいる。セルビア系のそうした意向が、独立機運の高いアルバニア系の将来的地位に関する主張や動向にも大いに影響を与えることはありえよう。

Ⅳ　東ティモール独立紛争の裏側

1　いびつな東ティモールの特殊性

1999年、コソボで難民の帰還が概ね終了したと思ったら、今度は東ティモールが世界の衆目を集め始めた。私は8月末から9月上旬にかけて、東西のティモールを視察した。それぞれの地域社会を比較しながら東ティモール独立騒動の実相を明らかにしてみたい。

初めに訪問したのは西ティモールである。島の最西端に位置する町クパンは、西ティモールやその北のフローレス島を含め、東ヌサ・トゥンガラ州の州都となっていて、バリ島デンパサールからジェット機の直行便が就航している、ちょっとした都会だ。8月30日、東側では独立の是非を問う住民投票が行われている日の西ティモールを注意深く観察してみた。同じ島なのだから、東ティモールの動向は西側でも大いに気になるのだろうと思ったが、実際には西の大半の住民は東での住民投票などあまり気にしておらず、まさに対岸の火事という風情だ。ポルトガルの植民地だった東とは、歴史的に共通点はなく、まったく別の存在なのだという強い意識があるようだ。西ティモールは言語でいうと、ダワン語という単一の言葉が使われる地域であり、それは西ティモール北岸にある東ティモールの飛び地であるオエクシでも同様である。山奥の村に至るまで教会が建てられていたが、それらはオランダ支配を反映して、プロテスタント教会である。

ティモール島の西半分がインドネシア領の西ティモールで、東半分が問題の東ティモールだが、西ティモールの北部沿岸部にはオエクシという東ティモールの飛び地がある。飛び地の存在も不思議だが、そもそもこの小さい島が東西で綺麗に二分されているのも、不思議といえば不思議だ。

現在の東ティモールの国境を決めたのは、かつてティモール島を植民地にしていたポルトガルとオランダだ。ポルトガルはティモール島の特産品だった白檀の貿易を独占するために、16世紀からティモール島のあちこちに砦を築いていたが、間もなくやって来たオランダも砦を築き、陣取り合戦が繰り返された。その結果、18世紀までにはポルトガルは島のほぼ東側、オランダはほぼ西側を勢力圏とすることになった。とはいっても、当時は島に明確な国境線があったわけではない。島民たちを支配していたのは、リウライと呼ばれる現地人の支配者で、西洋人が来る前から何十人ものリウライが群雄割拠している状態だった。

しかし19世紀に入ると植民地の役割は変わる。世界規模での産業の発展に伴って、植民地は貿易の拠点から、天然資源や商品作物の生産拠点となり、そのためには領土を明確に規定する必要が出てきた。そこでポルトガルとオランダはティモール島に明確な国境線を引くための交渉を始め、とりあえず1858年に条約を結んだが、この時はそれぞれが味方につけていたリウライの領地を両国の領土としたため、島の上は飛び地だらけとなった。

領土が確定した後、両国はそれまでリウライ任せだった住民を直接管理しようとしたが、飛び地が入り組んでいたことで障害となったため、20世紀に入って飛び地の交換を話し合い、ティモール島を東と西ではっきり二分するような国境線に引き直されて、現在のようになったものである。オエクシはポルトガルのティモール統治の中心地だったこともあるので、ポルトガル側に残されたのである。

さて、西ティモールがダワン語の単一の使用地域であるのに対して、東ティモールには、いくつもの言語があり、共通語としてはテトゥン語が使われている。かつての公用語ポルトガル語はいまやごく少数の年配のエリートにしか理解されないし、むしろ併合時代に支配する側の言葉だったインドネシア語の方が、住民に広く理解されている現状だ。住民の90%以上がカトリックで、出生して教育から教育、さらには結婚、医療までカトリック抜きの生活はここでは考えられない。4世紀の間、宗主国の地位にあったポルトガル文化への親近感は根強い。もっとも4世紀にわたってポルトガルが支配したからこれほどカトリック文化が濃厚に残ったというのではなく、実際にはポルトガル支配時代はカトリック人口は2割ほどに過ぎず、住民の多くは依然としてアニミズムを信奉していた。インドネシアが併合し、道路等インフラ整備が進み移動が容易になったことに加え、他方で住民の弾圧が行われ、住民が頼るべきところは教会だけになってしまい、急速にカトリック化が進展したという皮肉で意外な経緯がある。

西ティモールのように周辺の一見似たような地域を回って初めて、東ティモール問題の特殊性が見えてくる。東ティモール人とは固有の意識を持った存在であり、経緯からして国を造る権利を十分に持っている。しかし他方で、東ティモールと他との違いを作るのは、4世紀にわたるポルトガル支配という外来の要素しかないという事実も重要だ。

投票翌日、飛行機で東ティモールの首都たるディリに入った。空港から町の中心部にかけて沿道に赤と白のインドネシア国旗が多数はためいている。中心部の政府庁舎にも赤白の旗が目立つ。とてもインドネシアからの独立を問う選挙を行った地域とは思えない。

選挙自体はきわめて高い投票率で、しかも大きなトラブルも無く終了した。投票翌日も、国連関係者が独立反対派の民兵から嫌がらせを受けたり、銃や刀を持った民兵が町なかを徘徊していたり、散発的に小競り合いが起こったりしていたが、大きな混乱にはなっておらず、選挙戦の時期と比べても比較的平穏を保っている様子だ。ただし、選挙結果が発表されると、敗北

が決定的な独立反対派が不満を爆発させることは目に見えており、情勢の混乱が予想されていた。

市内を視察して一番驚いたのは、中心部にある政府関係の建物に駐留インドネシア国軍が本部を構えていて、その建物から東へ続く通りはバリケードが築かれ、併合派民兵が占拠していたことである。国軍と併合派民兵組織の関係が如実に表されている。

2　東ティモール紛争の経緯

戦後、オランダとの独立戦争を経てインドネシアが成立するまでは、この地域にはオランダ領東インドとポルトガル領東ティモールが併存していた。ティモール島については、初め先発のポルトガルが全島を領有していたものが、東インド諸島で覇権を確立した後発のオランダに次第に侵食され、領土を確定する交渉の末、現在に至る構図が出来上がった。

オランダ領東インドの時代は、インドネシアという国家の概念はなく、ジャワ人、スンダ人、バリ人などといった民族集団ごとのアイデンティティが並列していた。1945年のインドネシア独立に際し、オランダ領東インドの多くの民族が団結して立上がりインドネシアを作り上げたのであり、当然、東ティモールはその動きとはまったく無関係であった。

東ティモールが国際政治の荒波に翻弄され始めたのは、74年4月、本国ポルトガルで「花の革命」と言われるクーデタが発生、新政権が植民地放棄を宣言してからである。アフリカではモザンビーク、アンゴラという国が独立後に混乱に陥っていった。ポルトガルは、東ティモールに三つの選択肢を与えた。ポルトガル領に留まり自治を得る、独立する、あるいはインドネシアへ併合するの三つである。東ティモールで初めて五つの政党が結成された。左派で独立を標榜するフレティリン（東ティモール独立革命戦線）、自治を標榜するティモール民主連合（UDT）、そして併合を主張する他の三つの政党である。短い間の内戦を制したのは左派政党フレティリンで、75年11月28日、独立を宣言したが、敗れた4派もそれに対抗して翌11月29日、東ティモールのインドネシアへの併合を宣言し、情勢は混迷を深めた。これより先の9月にオーストラリアはスハルト大統領にインドネシアへの併合を支持する旨確約しており、米国もそれに続いていたので、独立宣言直後の12月7日、事態の推移を懸念したインドネシアが軍事介入したのである。翌76年7月17日にはインドネシア国民協議会が東ティモール併合を宣言、インドネシア第27番目の州としたが、当然、国連はこれを承認しなかった。その後、75年12月22日の384号国連総会決議を初めとして、繰り返し併合を批判する決議が採択されたが、80年代に入ると人権侵害の事案が減ったこともあり、決議の議題から漏れることもあり、例えば82年の総会決議において併合を批判する国の数は、75年の75ヶ国から50ヶ国に減少している。その間、インドネシア政府により国軍が動員され、他島の住民が移住させられ、資本も重点的に投下された。

90年代後半に入ると東ティモールを巡る情勢に動きが出てきた。96年にはベロ司教、ホルタ氏がノーベル平和賞を受賞、インドネシア政府にとっては大きな打撃となった。そして98年5月、スハルト政権が崩壊し、後をハビビ政権が引き継いだ。スハルト政権下では大統領の娘婿のプラボウォ司令官が東ティモールに大きな影響力を行使していたが、大統領の退陣に続き、同司令官も更迭され、東ティモールに関する強硬派が姿を消した。インドネシア側はポルトガルとの外相会談で、東ティモールに防衛、外交、通貨・関税を除く大幅な自治権を付与する「特別州」化を提案したが、東ティモールの指導者は多くがこれを拒否した。これが99年1月に入り、ハビビ大統領が、特別州化が拒否されるなら独立を容認する旨の新提案を打ち出す呼び水となったのである。その背景には、インドネシアの東ティモール併合を唯一承認してきたオーストラリアが99年に入って東ティモール独立支持に転換する重要な動きがあった。

- 116 -

3　住民投票とその後

　今回の住民投票は99年5月5日、国連における
ポルトガル・インドネシア両外相が独立を問う
投票手続きに関して合意することにより、実現
した。投票の有権者は、17歳以上で、東ティ
モール生まれか、両親のいずれかが東ティモー
ル生まれの人とされた。これによって例えば在
住ポルトガル人やインドネシアからの入植者本
人たちは投票から除外されることになる。有権
者数は45万人強、当初8月8日に予定された投
票は2回延期された後、8月30日に、国内200ヶ
所、海外6ヶ所に設けられた投票所で投票は行
われた。

　有権者の99％に達した投票の結果を検討する
前に、独立反対派などから有権者登録や投票そ
のものに対して妨害工作が広く行われたもの
の、これほど多くの人が登録を行い、かつ投票
に参加したという事実は、今回の選挙でもっと
も重要な要素であり、東ティモール和平がいか
なる経緯を辿ろうとも、消えることのない事実
であることを指摘しておこう。

　住民投票での78.5％（344,580人）の独立賛
成、21.5％（94,388人）の独立反対というの
は、一般には当初予想されたものより独立賛成
投票が少ないと見られる。その理由としては、
5万人もの移住者、1万8千人の公務員の関係者
など、現体制下での直接的な利得を優先して独
立に反対する方向を選んだものと考えられる。
一般住民のなかでも、心情的には独立賛成だ
が、現実的な考慮から独立反対に投票した人は
いたはずだ。現実問題として、独立派でも、イ
ンドネシアとの経済関係維持、特にルピア通貨
を継続使用するなど現実路線を受け入れつつあ
るし、他方、独立反対陣営も大半は、独立派が
勝利した際には、その現実を潔く受け入れる準
備ができている。要するに投票結果発表後に起
こっている騒乱は、選挙を競った独立派と独立
反対陣営との間の抗争なのではないということ
だ。

　それでは結果発表後、何故、これほどの抵抗
が続いているのか。そこには広く報道されてい

るように独立反対、つまり残留（自治）よりさ
らに強硬な立場を取る民兵の存在がある。独立
反対派として一括して扱われているが、本来こ
の陣営は、一般の自治派と強硬な併合派に分け
て扱われるべきだ。併合派の民兵はインドネシ
ア国軍とこれまで密接な関係にあった。つま
り、現在の騒乱は、東ティモールに根づいたイン
ドネシア国軍の権益、言葉を替えればスハル
ト体制下の支配構造を守るための抵抗、いやむ
しろ攻撃なのだ。だからこそ、民兵の振る舞い
を国軍が完全に取り締まることは到底期待でき
ない。

　国軍と裏で繋がった民兵たちの反乱は、東
ティモール人たちの国外脱出を促進し、コソボ
問題で聞きなれたエスニック・クレンジング（民
族浄化）という現象が起こった。結局、オース
トラリアを中心とする十五カ国からなる多国籍
軍が派遣されたが、インドネシアへの配慮から
それは形式的には「国際軍（INTERFET）」と呼
ばれた。

　この点は何と言っても、UNAMETに軍隊
を装備することなく、治安維持をインドネシア
警察の手に委ねたインドネシア・ポルトガル・
国連間の合意[33]に起因する問題であり、とり
わけ住民投票を実施する国連の判断の是非が問
われるべきだろう。投票に際しても国連PKO
部隊派遣を求める声は、国連内部にもあったが、
それが出来なかったのは、インドネシア政府が
反発して住民投票自体が流れることを危惧する
意見が大勢を占めたからに他ならない。その不
作為も国連の失策だが、他方、多国籍軍により
秩序が回復した後になって何故次に述べるよう
な大仰なPKO体制が必要なのかという新たな
疑問もある。

　多国籍軍により混乱が収束した後、10月25
日には国連安保理が東ティモールPKOを満場
一致で可決した。英国が起草し、7カ国が共同
提案した東ティモール暫定統治機構UNTAE
Tに関する決議[34]によると、新機構には8950
人の軍人、200人の軍事オブザーバー、1640人
の警察官、その他特定されない数の民生要員を
動員することとされた。特別代表としてブラジ

ル人国連事務次長のデメロ氏が任命されたが、デメロ氏は、長らくUNHCRで難民問題を担当しアジアにも馴染みが深いし、なにしろポルトガル語が母国語である（なお、デメロ氏はその後の2003年8月、イラクにおける国連事務所爆破事件で殉職した）。2000年2月からは多国籍軍から国連PKOに任務が順次引き継がれ、UNTAETに統合された。

4 新しいフェーズに入る日本の国際貢献
　東ティモールで日本はどう活動したか

　さて多国籍軍の活動によりティモール情勢が一段落すると、東ティモールで本格的に支援が始まった。いち早く東ティモール支援に乗り出したのは、長らく東ティモール支援のアドボカシー活動をしていたアジア太平洋資料センター（PARC）の音頭取りの下に結集した組織・個人からなる東ティモール市民平和救援プロジェクト（PPRP）である。手始めに9月14日、各国のNGOが共同してダーウィンから仕立てた救援船マーシーシップに、冷蔵庫、薬品、車などを積み込んだ。そして現地では米を配給し、炊き出しを実施したりした。後で述べるSHAREと協力して、診療活動をし、またUNICEFの依頼で学校の屋根を葺いて再建したり、コミュニティーセンター建設の支援なども行った。

　コソボでも活躍したPWJも東ティモールに進出した。PWJは10月上旬にはイリアン・ジャヤのプロジェクトの現地医師・看護婦各一名を同行して、ディリ入りし、混乱期に診察活動、米、マット等の物資配給の活動を行った。さらにUNHCRとIP（実施パートナー）契約を結び、7、8割の家屋が破壊されていたリキサにおいて3千5百戸（後に5千個に増加）の屋根修繕を行うシェルター事業を請け負った。

　コソボで確立された政府とNGOの有機的連携という形式は東ティモールでさらに強化された。日本政府、実際にはJICAによる支援の実施に当たっては、ここでも民間の力、つまりNGOが大幅に登用されている。その典型は

コソボでもシェルター供給で活躍したアドラ・ジャパンである。アドラ・ジャパンは東ティモールにおいて、JICAから開発福祉支援事業を請け負って、ディリ市内の流通の拠点である破壊された公共市場の再建および流通システム確立のプロジェクトを行った。

　医療の分野では、騒乱以前から東ティモール医療友の会（AFMET）がラウテム県の教会をベースに活動していたが、それ以外に国際保健協力市民の会（SHARE）も1999年10月〜11月にかけて助産婦、医師を各一名派遣し、上述PARCとの連携で救援・調査活動を実施した。それを受けてさらに2000年の1月〜3月にかけて順次、助産婦、医師、看護婦を各一名派遣し、ディリ市内の診療所において、診療支援、現地医療・保健スタッフの訓練等を行った。SHAREはその後も、山中のエルメラにおいて活動を継続した。

　以上のNGOはいずれも緊急支援の時期が過ぎると、中長期的な活動に移行している。たとえばPARCやPWJなどはマーケティングも含めたコーヒー生産者の支援を行っているし、AFMETもSHAREも引き続き医療支援を行っている。

　以上に加えて忘れてはならないのは、東ティモールにおいてはJICAが紛争後の早い段階から活動を始めたということである。JICAは2000年3月には現地事務所を設け、騒乱により破壊された生活関連のインフラの緊急復旧に努めた。とりわけ水道、電気、道路の分野で支援を行った。また先に述べたように緊急支援のNGOの活動に資金供与も行った。紛争が収まったばかりで、まだ国連PKOが活動をしているなかでのJICAの活動開始は、日本の国際協力（平和構築）活動史上、エポックメーキングであり、きわめて迅速な対応だといえよう。

5 独立に向け邁進する東ティモール

　2000年8月には、それまでその扱いが宙に浮いていたファリンティル（独立闘争を率いた

最大の抵抗グループで、現在は与党第一党であるフレティリンの軍事部門）の一部が国連ＵＮＴＡＥＴの部隊に参加することが決まり、これで独立後にはファリンティルが東ティモールの国防軍で中心的位置を占めることが固まった。1975年の独立宣言時、一度は東ティモール正規軍とされたものの、その後24年間、インドネシアの併合に対して闘い続け、99年5月のインドネシア・ポルトガル・国連間の合意以降は、唯一、一方的停戦を受け入れ、民兵による民族浄化作戦の間も自制を続けた部隊がついに表舞台に復帰する。ここで注目しておくべきは、この措置自体が、そのまま和平後のＤＤＲ（武装解除・動員解除・社会復帰）の効果的な実施にすでになっているということである[35]。

99年12月にはＵＮＴＡＥＴ、東ティモール民族抵抗評議会（ＣＮＲＴ）、残留派政治組織、キリスト教会代表の計15人によって国会に相当する国民諮問評議会（ＮＣＣ）が創設され、暫定期間中、東ティモール人が国連とともに意思決定に参加する仕組みが出来た。大蔵省、中央銀行が設置され、公共サービス委員会が東ティモール人を含む形で創設され、公務員の雇用、訓練が始まった。裁判官、検察官計12名が任命され、裁判所、検察庁を作る作業も始まった。

2000年7月には暫定内閣が発足し、また10月には上記国民諮問評議会を発展解消する形で国民評議会（ＮＣ）が発足、国連統治後の東ティモール人による統治の足がかりができつつあった。選挙に向けて政党法や憲法の制定作業も進んでいる。まだ建国前だったが、シドニー五輪へは東ティモールとして特別参加で四人の選手を送り込み、国威は大いに高揚した。また米国国際開発庁（ＵＳＡＩＤ）の支援も得て、11月には東ティモール大学が、農業、社会政治、経済、教育、工学の五学部をもって発足した[36]。独立へ向けて国家意識は高揚し、体制作りは進んでいた。

私は2001年度には計四度、東ティモールを訪問した。夏の間に8月末の制憲議会選挙の選挙監視を含め二度訪問、11月にも三たび訪問した後、12月のクリスマスの時期にかけて四度目の訪問を果たした。

8月の選挙は9月中に制憲議会を創設するための選挙だ。未だに親インドネシアの政党がないわけではないが、基本的には住民の大部分が独立支持で、その独立のための議会作りのための選挙なのだから、基本政策上の争点があるわけではない。16の政党が争う比例代表制の全国区（定員75名）と13の地方選挙区から選ばれた13名の計88名が独立に向けた憲法を作る議会を構成する。

この2001年の東ティモール選挙監視に参加していくつか感じたことがある。2年前の状況と比べてみると、今回は住民の表情が桁外れに明るい。2年前は独立に投票した人々はその直後から何かに怯えるような表情をしていた。事実、私も身の危険を感じて、到着したばかりの東ティモールを早々に後にして、脱出した。今度は、長年の仇であったインドネシア国軍も、警察も、民兵もいない。自分たちの議会を作る選挙なのだ。いずれの投票所へ行っても、周辺の治安も完全に保たれていて、投票所内も不正行為などは皆無で、自ら監視した範囲では極めて自由公正との感触を得ることができた。

今回の選挙においては、有権者数42万1千人、投票者数は比例代表の全国区で38万4千人、投票率は同じく全国区で91.3%であった。開票作業は投票日の翌31日から開始され、結果は9月6日までには出揃い、10日に公式に確定した。勢力図はフレティリン（Fretilin）55議席、民主党（ＰＤ）7議席、社会民主党（ＰＳＤ）6議席、ティモール社会民主連合（ＡＳＤＴ）6議席、ティモール民主連合（ＵＤＴ）2議席、ティモール民族党（ＰＮＴ）2議席、ティモール闘士連合（ＫＯＴＡ）2議席、ティモール人民党（ＰＰＴ）2議席、キリスト教民主党（ＰＤＣ）2議席等となった。フレティリンが単独で憲法を採択できる60議席には届かないまでも軽く過半数を制し、他方、フレティリンの分派でより急進派と言われるＡＳＤＴが予想以上の健闘を見せ、さらには親インドネシアと言われる諸政党も少数ながら議席を確保していることからも分かるとおり、住民は結果的に極めてバランスの取れた選択をした

ようだ[37]。

選挙結果を受けて9月15日には制憲議会が発足し、20日には閣僚名簿が発表され新政府が発足した。滑り出しはきわめて順調に見える。懸念があるとすれば、併合派を中心に、故郷に帰還できないばかりか、今回の選挙でも埒外に置かれた東ティモール難民10万人以上がインドネシアである西ティモールに今なお残留していることだ。そしてその帰還希望難民たちの帰還も制憲議会初召集と前後するように9月中旬から始まった。

こうして9月15日に東ティモール史上初の議会が発足した。直前の米国における同時多発テロは、東ティモールにもモスレム系住民が少数いることや、新政府首相が確実視されていたフレティリンの指導者マリ・アルカテリが珍しくイスラム教徒であることなどから、一部に疑心暗鬼を呼んだが、東ティモール社会に大きな波紋を及ぼすことはなかった。議会では早速、年内完成の目標で憲法制定作業が始まった[38]。

11月の段階では、すでに国連PKOであるUNTAETのなかのケニア部隊が撤収してゆき、2002年の独立後へ向けたティモール人化の動きが始まっていた。他方、憲法に加え、国家基本計画を12月までに作成するということで、議会は大車輪の活躍で、関係者も多忙を極めていた。この11月は日本の関係者にとっても同様に忙しい時期だった。中旬に、東ティモール、ジャカルタ、東京から日本人の東ティモール関係者がインドネシアのバリにて一同に会し、画期的な東ティモール戦略会議が開かれた。そこではUNTAETは国連PKOでは前例を見ないほどに上手く活動が行われており、今後は東ティモールの自立が可能な体制を目指して支援が行われるべきで、そこではNGOが果たす役割が大きいことなどで意見が一致した。また同会議の直後から、2002年春からの自衛隊の派遣に向けて、30名近い陣容の事前調査団が東ティモールを訪問、派遣に際しての現地調査が行われた。

12月下旬に訪問してみると、憲法は最終採択にまでは至っていなかったが、憲法草案は完成しており、今後、パブリックヒアリングとして住民や各界の意見が聴取され、年明けの修正を待つだけの段階となり[39]、東ティモールはつかの間のクリスマス休暇に入っていた。

6　東ティモール独立を睨んだ日本の対応は：東ティモール戦略会議

2002年5月に正式独立を果たす東ティモールへの日本の援策を話し合う「第2回東ティモール支援政策戦略会議」（主催：在インドネシア日本国大使館）が、2001年11月16、17の両日、バリで開催された。国連や日本の政府、非政府組織（NGO）、企業関係者が一同に会し、復興から開発への移行期における日本からの支援のあり方をめぐって活発な議論が展開された。一国に対する支援を議論するために、日本の官財民の関係者が外国において一堂に会するなどというのは前代未聞のことではないだろうか。

1999年にインドネシアから分離して以来、国連の暫定統治下にある東ティモールは2001年10月19日、制憲議会が2002年5月20日（与党フレティリンの結成記念日）の独立案を可決。10月末には国連安全保障理事会の承認を受け、同日の独立がほぼ確定的となっている。

日本政府も11月、2002年3月をめどに自衛隊の施設大隊700人を国連平和維持活動（PKO）に派遣し、国境地帯の二つの県を中心に橋げた建設や道路補修の面で協力する方針を明らかにするなど、独立後を見据えた支援の動きが本格化しつつある[40]。

このような情勢の中で昨年に続いて行われた本会議では、各方面からみた東ティモール復興の現状、および日本をはじめとする支援の現状、また今後の支援の方向性について報告と討議が繰り返され、より現状に即した復興・開発支援のあり方が模索された。

東ティモール情勢の現状については、国連東ティモール暫定統治機構（UNTAET）や国連開発計画（UNDP）をはじめとする国連関係者の側か

ら、99年の分離以降、約2年で総選挙と議会制度の樹立に成功するなど、国連PKO史上に類を見ないペースで復興が進んでいるとの報告があった。一方で、残る懸念要素として、政治・社会面では①西ティモールに今も残る難民約7万人の帰還、②旧併合派と独立派の和解問題[41]、③経済面では、道路修復費（インドネシア時代は年間1,700万米ドル）をはじめとする政府歳出（今年度は6,500万米ドル）の拡大、④最大セクターである農業の開発遅延、⑤教育・医療面での人材不足、⑥日本より高い電気代、⑦人口政策の遅れなどが指摘された。

今後、収入面では2005年にも予定されるティモール・ギャップ油田の操業開始により、20年間で約40億米ドル（年間約2億米ドル）の税収が期待できるため、当面は2005年までの歳入不足を補うことが緊急の課題になると認識された。

これに対し、日本政府は今後の支援戦略の基本的なスタンスとして、誰にも過度に頼らない自給自足の国に導くことを目指すと言明。従来の三本柱であったインフラ復旧・開発、農林水産開発、人材育成・制度作りの各分野における支援とともに、和解をはじめとした平和構築のための支援や、独立後を見据えた中期的支援など、新たな視点を付加していく考えを示した。

この会議には東ティモールで草の根支援を展開する10のNGO団体も出席。各NGOは孤児院やかんがい設備、教育施設の修復など具体的な活動案件を提出。このうち多くが日本政府の草の根無償支援対象として、何とこの会議の会期中に会議場にて審査の上、認められたのであり、認められなかった案件についても実現に向けて対話を継続していくことが約束された。日本の全当事者が外国にて一堂に参集し、ある国への貢献について議論するユニークさとも相まって、日本の国際貢献もまったく新しい次元に入ったものと関係者の間では取沙汰された。

7 東ティモールで国際社会が行った平和構築、法整備支援

紛争後の社会を現場でいくつも見てくると、いつも同じように共通してぶつかる光景がある。例えば文化に関わる部分では、国の新しい公用語を何語に定めるか、小学校で何語で教えるか、あるいは特定の言葉、特に外国語を排除するかしないか等々の問題である。東ティモールでは新憲法により公用語が意外にもポルトガル語（とテトゥン語）とされ[42]、大きな波紋を呼んだし、若い世代には一番広範に通じるインドネシア語をどうするかという問題に今も直面している[43]。

UNTAETの時代と比べて独立後の東ティモールが大きく変わった点は、英語勢力の衰退、そしてそれに呼応したポルトガル語勢力の増大である。なにしろ新国家の実質的に第一の公用語がポルトガル語と決められたわけである。UNTAETが暫定統治した約2年半の間に、計75本の規則が採択されているが[44]、初めは丁寧にポルトガル語、英語、インドネシア語、テトゥン語の4ヶ国語が使用されていたものが、次第にテトゥン語が、そしてポルトガル語が、最後にインドネシア語が使用されなくなり、最後の方は英語だけで規則が公布されるようになった。75本のうち31本の規則は英語だけで公布されている。国際社会が関与するとは、要するにコミュニケーションが英語化するということである。その傾向がUNTAET撤収で反転した。

もっとも現在でも国連のミッションは少数残っており、財政、法律、資源等の分野で48人ほどの国際スタッフがアドバイザーを務めている。2006年5月で国連が完全に撤退すると、海外援助は「マルチ（多国間）」の時代から完全に「バイ（二国間）」の時代に入る。そうなると今後さらに行政がポルトガル語化する公算は大だ[45]。

以上は紛争の前後でその社会の言葉がどのように変容を受けるかということだったが、同様に、外国の影響を受け過ぎると、社会システム

- 121 -

に混乱が起きるという現象は、法制度に典型的に現れる。東ティモールの場合、ポルトガル法の基礎の上に、占領者のインドネシア法が覆いかぶされていて、つまりインドネシア統治下ではインドネシアの法律が施行されていた。インドネシアによる併合が終焉を迎え国連が暫定統治した際は[46]、国連ＵＮＴＡＥＴが新規に公布した規則が優先適用される他、それ以外では99年10月以前に施行されていたインドネシア占領時代の法律が可能な範囲で暫定適用されていた。この点は、2002年5月の新国家成立に先立って3月に制定された新憲法によっても同様の扱いがなされており、新憲法やそこに含まれる原則に抵触しない限り、それまで東ティモールで有効であった法律（つまりインドネシア法）や規則は有効であるとされた（第165条）。

法律関係の現状は以上で固定されたとして、問題は将来に向かって国づくりの基礎となる法律制度をどのように構築してゆくかである。先にも述べたが、東ティモールは、ポルトガルやポルトガル語圏諸国（GPLP）などの支援を受けて、ＵＮＴＡＥＴ時代から各法律の見直し・起草作業を行ってきた。当然ながら、新しい立法が進めば進むほど、インドネシア法の適用範囲が狭まってゆくこととなる。刑法、民法、商法などの起草作業はすでに完了している。行政法も完成間近という。

旧宗主国ポルトガルは法律起草だけでなく、議会にも複数のアドバイザーを派遣し[47]、議会運営の指導もしている。2005年夏に閉会中の議会を訪問したが、議員の机の上に置かれていた議事関係の文書はすべてポルトガル語で書かれていたし、スピーチにはインドネシア語、テトゥン語の通訳がつくという。2001年の議会発足直後の論戦も聞いたことがあるが、発言のほとんどがポルトガル語で行われていたことに驚いた記憶がある。もっともその後テトゥン語の発言も増えてきたという。

ポルトガルが最も力を発揮しているが教育の分野であり、同国の支援拠出の約半分が教育分野に充てられている。160名を超える語学教員を初等・中等教育のために派遣し、さらに教材配布、公務員等へのポルトガル語研修、東ティモール大学教育学部の校舎修復、小学校の校舎修復、奨学金の至急等、幅広く教育の分野で活動を行っている。さらにポルトガルは裁判官、外交官研修等も行っている。またメディアの分野でも支援を行っている。

ポルトガル語圏の一員としてのブラジルも、2005年からＵＮＤＰと協力して（Justice System Project）、現職のブラジル人裁判官や検察官、弁護士ら4人の法律家を派遣し、実際に東ティモールの裁判所で働くほか、司法研修センターでの東ティモール人法曹育成にも当たることとなっている。

オーストラリアはと言えば、長い間、東ティモール難民を国内に受け入れたり、ＩＮＴＥＲＦＥＴやＵＮＴＡＥＴを通じ、軍事面で活躍しただけでなく、その後も幅広い分野で、東ティモールの平和構築を支えている。とりわけオーストラリアは、多数の顧問を財務部門に派遣し、予算編成など東ティモールの財政を全面的に支えている。

こうして今、東ティモールに経済支援しているドナー国のなかで最大の拠出を行っているのがポルトガルであり、第二位がオーストラリア、そして第三位が日本となっているわけだが、援助大国日本の地位が相対的に低いように思え、アジアにおいては珍しい様相を呈していると言わざるを得ない。

そうしたなか日本は、1999年の住民投票実施に際し、資金・物資、人的支援を行い、直後の混乱時にも国際機関による人道支援に資金を拠出、自衛隊機による支援物資運搬（ただし西ティモールのＵＮＨＣＲに対して）や、多国籍軍向けの1億ドルの拠出も行った（これについては別途の議論もあろう）。さらにＮＧＯによる人道支援に資金支援も行った。

また1999年12月の東京での第一回支援国会合を皮切りに（3年間で1億ドル）、その後の会合でも追加的に資金援助のプレッジを行っている。ＵＮＴＡＥＴに対しても、副特別代表や特別顧問を派遣し人的貢献をし、独立直前には自衛隊施設部隊も派遣した。またＵＮＴＡＥＴ

- 122 -

法務部に日本人弁護士一人を派遣して法整備支援を行い、さらにJICAは、前述の通り、法律の分野ではインドネシア法が継続適用されることから、法曹三者25人を2000年にインドネシア大学に研修派遣したり、さらに外交官研修をマレーシアで行ったりした。

また独立後は、UNTAET撤収後に縮小された国連ミッションの長に国連経験の長い長谷川佑弘氏を派遣し、経済貿易問題などを専門とする大統領顧問をJICAが派遣し、財務計画省（外国援助の窓口）や教育省等にも日本人顧問を派遣している。もっとも激しいポルトガル語化政策の流れのなかで[48]、ポルトガルやブラジルの傑出した活動に比べると、日本の支援はだんだん影響力や存在感が落ちている感があり、マージナルな役割しか果たしていない恨みがある。とりわけ残念なことに、東ティモールで最重要課題とされている法制度構築の分野で、日本は現在、何らの活動もできていない。

仮にポルトガル語化政策のなかで、日本のソフトな支援を計画せざるをえないのであれば、ブラジルの日系人を大量に登用することを検討してはどうか。海外の日本人コミュニティーとの関係再構築は、海外移民を促進した機関を前身の一つに持つJICAにとっても大きな課題であるからである[49]。

以上にもかかわらず、それでも東ティモールは日本の国際協力・貢献の歴史において転換点となったケースである。同年の春先に発生したコソボ紛争において、救援に入った日本のNGOによってNGO間協力である難民のためのジャパン・ビレッジ構想が生まれ（ただし実現せず[50]）、それがオールジャパン構想に発展した。半年後の東ティモール紛争において、上述の通りオールジャパン構想は部分的に実現し、さらに後日、関係者の努力が実った形で、官界・民間・財界を巻き込んだジャパン・プラットフォームが生まれた。

東ティモールはまた、紛争後に治安が沈静化するやいなや、何と国連PKOの活動初期に、すでにJICAが活動を開始し、日本政府が平和構築に実際に取組んだ最初の地となった。ま

た紛争解決と新国家建設が連続して行われた初めての事例であろうし、また新国家の公用語政策により、これほど援助が制約を受けた経験も珍しいのではないか。

日本の国際協力が東ティモールで新しいステージに達したと言えるもう一つの理由は、シンボリックな事例だが、2002年5月の独立式典前後の時期を彩った一連の祝賀スポーツ行事（4月30日〜5月20日）を日本が演出したことが挙げられる[51]。青年海外協力隊のスポーツ隊員が世界中で活躍しているのは広く知られているが、スポーツイベントの企画・実施支援を経済協力のプロジェクトとして実施したのは前代未聞ではないか。これはJICAから派遣されていた日本人UNTAET特別顧問に、同じく日本のスポーツNGOハート・オブ・ゴールド（有森裕子代表）が話を持ちかけたのがきっかけとなっている[52]。その結果、JICAのプログラムとしてスポーツ行事支援が組み込まれ、日本から三名の専門家が派遣され実施指導を行うとともに（うち一人は、協力隊のスポーツ隊員OBで、大会副統括官として3ヶ月間派遣）、Tシャツや球技用ボール等のスポーツ器具が提供された。開会式、閉会式に内外の要人が駆けつけたのはもちろん、サッカー、マラソン、バレーボール等、約20種目が行われたなか、メインイベントのハーフマラソンでは、シドニーオリンピックに特別出場し完走し、世界に東ティモールをアピールした女子マラソンのアギータ・アマラルさんが出場し、大いに盛り上ったことは言うまでもない。

こうしてこれまで類を見ない国家の骨組み作りが国際協力によって始まっている。その際、東ティモールが真に必要としているのは必ずしも借款や投資ではなく、国家の仕組みを作り、それを運営するノウハウであり、国民が環境に優しい生活スタイルで暮らしていける仕組みである。

以上のような状況に置かれた東ティモールにおいては、必ずしも従来型の経済発展を目指すのではない、ソフトな協力が今、求められている。その意味で東ティモールへの関わりは、日

- 123 -

本に大きな課題と絶好の機会を同時に与えていると言えよう。

　こうして東ティモールの独立後の歩みは、初めから躓きながらもいずれスタートすることになる。東ティモールのような人口規模、経済規模で国が造れるのかという議論は常につきまとう。しかしかりに貧しても自らで治めたいという民族的欲求には計り知れない強いものがあり、すでにポルトガルは年間財政費用を数年にわたり支援する旨確約してもいる。主人がインドネシアから国際社会に代わるだけではないかと酷評する向きもあるかも知れないが、東ティモールの人からすればそれでいいのである。併合あるいは自治体制下ではインドネシアの抑圧の構造は温存されるのは目に見えており、そうした遺構を一掃するには、他の国際的な権威に訴えるしか手段がないからだ。

民族紛争と国際社会、その総括

1　民族紛争において
　　　国連と国際社会の果たしうる役割

　カンボジアにおいては、暫定統治機構という、国連史上前例を見ない国家運営型のPKO活動が行われ、1970年以来の内戦に終止符を打ち、和平が達成されたとされた。ただし平和ということだけなら、和平前も和平後もさほど状況は大きく変わらないのである。国連が関与する前の、ベトナムに支援された人民党が単独で支配するカンボジアから、和平達成後の人民党が中心となり権威主義的に支配するカンボジアへと、統治の色合いが変わっただけであり、国連PKOは実際には何を達成したのかということが真摯に問われなければならない。複数政党制により民主主義を達成したというかも知れないが、それならPKOを経なくても達成可能なものだ。閉ざされて孤立していた無垢な国を、グローバリズムのなかに無理やり引きずり込み、猥雑な普通のアジアの国にしてしまったと

いうのは、国連PKOの功罪の一面を言い当てているかも知れない。

　コソボ紛争での新ユーゴへの空爆については、すでに詳述したように国連をまったく関与させない形で行われ、空爆停止の過程で国連も仲介の労を取った他は、和平合意実施に関しては安保理決議という形で国連の追認を取る形を取った。その後のコソボ暫定統治については、EU（経済復興）、OSCE（民主化支援）と並んで行政について国連UNMICが関与することとされた。まさにヨーロッパの問題はヨーロッパで対処する、国連は必要に応じて招請されるに過ぎないという状況が現れた。

　他方、東ティモールについては、国連による独立選挙後の混乱に際しての多国籍軍の派遣について国連は安保理の全会一致で決議し、民兵による反乱が終息し、独立に向けた暫定統治が始まる際にカンボジアPKOの例に準じて国連UNTAETが全面的に関与することになった。ここではコソボよりもはるかに国連は深い関与をしている。

　これら二例から共通に言えることは、いまや国連と言えども各国や他の国際機関の上位に立つ組織なのではなく、むしろ他の機関と競合する立場にあることだ。しかも緊急で軍隊を派遣するような場合は、国連の意思決定は臨機応変に対応できない。ただし他の地域機関などが地域の特定の利害を背負っていたり、何がしかの色がついているのに対し、国連が最も国際社会の総意を反映しやすいということだ。つまり国連の最大の売りは、国際社会の総意という「御旗」を反映するということだ。国連は治安維持から国家経営、経済支援までをすべて一人でこなす必要はすでにまったくない。それらはそれぞれを得意とする各機関に任せればよい。国連はそうした活動に国際社会全体としての承認を与えることが最大の役目なのである。

　本稿で検討した三例のうちとりわけ東ティモールの例は、今後の国連の役割を考える場合に大いなる示唆を与えてくれる。ソマリア、ルワンダでの手痛い失敗から、国連はしばらくPKO疲れの症状を呈してきた。しかし東ティ

- 124 -

モールの独立投票後の混乱を緊急に鎮めること
は多国籍軍に頼ったものの、ゼロからの国造り
についてはその実施主体はやはり国連しかな
かった。いくら事情に詳しいとは言っても、例
えば旧宗主国ポルトガルがブラジルと組んで再
登場というわけにはいかないし、長らく東ティ
モール併合を承認していた、地域大国たるオー
ストラリアが主導権を握るわけにもいかないだ
ろう。こうした個別利害が対立する場合にこ
そ、国連の出番がやってくる。

　しかもシアヌーク現国王が率いる最高国民評
議会という受け皿から権限を委任されていたカ
ンボジアの例とは異なり、東ティモールの場合
は、行政を担当していたインドネシア政府が撤
退したので、行政、立法、司法のすべてが欠落
しており、まさにゼロからの国造りが始まる。
幸い東ティモールは地理的、人口面では国連が
対応しやすい規模であり、選挙後の混乱を起こ
した民兵も概ね雲散霧消している。国連の直接
の国造りも受け入れられ易い素地がここにはあ
る。

　東ティモールの国造りにおいては、警察や貿
易などの制度を作るといったソフトな支援が重
要となるし、そうした制度を運用する人造りな
どの人間開発、社会開発といったさらにソフト
な仕事も多くなる。これらの分野においては他
の国際機関やNGOとの連携も必要となる。国
連がすべてを一人で行うべしとする理由はどこ
にもない。

　国連は軍事・治安維持面で、他の地域的組織
と役割を補完しあえば良いし、国造り、暫定統
治においても他の国際機関、NGOと連携すれ
ば良い。国連は国際社会の総意を最も反映する
という一点で、意義と権威を保っていればよい
からだ。

　東ティモールではひところのPKO疲れから
脱却した国連のその本来の任務での力量が改め
て試されていると言えそうだ。

2　民族紛争を見る目と国際社会

　民族紛争の本質を理解することは容易いこと
ではない。仮に民族の問題を理解し、紛争の直
接の原因がつかめたとして、次に紛争解決にい
たる過程の分析がまた容易ではない。国際機関
や政府の公式の声明や見解を鵜呑みにしたので
はまったく不十分である。例えばカンボジア和
平のところで述べたように、本来、プノンペン
人民党政権が国土の大半を実効的に統治してい
て、抵抗勢力は国境付近でゲリラ活動を仕掛け
るだけの状況で、国連PKOが入り、それから
10年経過した現在、結局、人民党主導政府の
存在という和平以前とほとんど変わらぬ結果と
なっている。変わったことといえば、国際社会
がその新政権を承認したことだけだ。このよう
な状況で、カンボジアが現在平和になったから
国連主導の平和構築は成功したのかと言えば、
必ずしもそうではないだろう。国連が関与しな
くても、結果はそう変わらないというのであれ
ば、逆に、国連関与の是非が本来問われるべき
であろう。

　また国連は和平後、ポル・ポト政権における
虐殺行為を裁くため、国連主導での特別裁判所
の設置を強く求めてきた。それに対してカンボ
ジア政府は自ら裁判所を設置、運営することを
主張してきている。具体的には、97年6月、
ポル・ポト派の内部崩壊が進む中、ラナリット
＝フン・セン両首相（当時）は、ポル・ポト派
裁判実施に対する支援を求める書簡を国連事務
総長に送った。当初、カンボジア政府は、ポル・
ポト派の投降後に国際裁判方式で処罰するため
に国連に協力を求め、国連もそれに積極的に応
じようとしたのだ。その後、元ポル・ポト派幹
部の投降や同派強硬派指導者タ・モックの逮捕
により、ポル・ポト派が完全崩壊したことを受
け、国際社会は同派幹部に対する裁判実施をさ
らに強く求めた。

　しかし、その後カンボジア政府は、内政不安
を抱えた状況下で国内融和と治安の安定を優先
させようとして、国連の介入を極力抑えた形の
裁判を主張して、国連と対立するようになっ

た。つまりカンボジア政府は、裁判が国際水準で実施されるべしとする国連の意向を取り入れつつ、国内裁判所にて外国人検事・判事も参加する特別法廷を設置する旨表明し、裁判の具体的形態につき国連と協議し、2000年7月に基本合意に至った。これを受け、2001年8月カンボジア国内法である特別法廷設置法が成立した。その後、カンボジア政府と国連との間交渉が行われていたが、しかし2002年2月に国連は、カンボジア政府の姿勢を不服としてその交渉を打ち切った。カンボジアの裁判制度は協力に必要な独立性、不偏性、客観性を備えていない、またカンボジア政府は国連の協力が両者間の合意ではなく、カンボジアの国内法により規律されると主張していることが、その理由だった。

カンボジア政府が改めて、国連との交渉を継続する意思を示したことを受け、2002年12月、国連総会においてカンボジア側との交渉を再開するマンデート決議が賛成多数にて採択され交渉が再開、一時は裁判自体の成立さえ危ぶまれたが、結局、2003年の6月に国連との協議がようやく整い、国連の協力の下でカンボジア国内に特別法廷を設置することが合意された。合意された裁判所は、旧ユーゴ、ルワンダ型の臨時の国際裁判所ではない。裁判官の構成面では、カンボジア人裁判官だけでなく国際裁判官が入る形をとって、国際性を持たせたが、形としてはカンボジア人裁判官が多数を占める混合裁判所である（カンボジア人17人、外国人13人）。

外からは一見、国連の行動は正義感に溢れているかのようにも見えよう。しかしそのポル・ポト政権下の残虐行為を見過ごし、その後も国土再建に努力するプノンペン政権を孤立化させることに荷担してきたのも当の国連ではないか。当事者であり被害者であるカンボジア人自身が虐殺行為の責任を、民族感情に考慮しながら自ら裁く姿勢を見せている時に、ポル・ポト政権終焉後20年以上経過した後の国連のこの姿勢の正当性にはいかほどのものがあるのだろうか。少なくともカンボジア側から見る限りは、「一番支援が必要な時に傍観しておいて、何を今さら」としか思えないであろうことは想像に難くない。

結果的には、そして一般的には成功と見られる国連等による和平の活動でさえ、以上のように批判的に検証され、常に反省されなければ、今後の活動に多くを期待することはできないであろう。

3　和平モチベーションという視点

すでに見てきたように、2001年11月に行われたコソボ総選挙では、セルビア系を含め少数民族に最低限の議席を自動的に割り当てる方式により、少数派の選挙参加を確保したうえで、平穏に選挙は終了、アルバニア系穏健派指導者が率いる政党が勝利し、多民族共生へ第一歩が踏み出された。2000年9月のセルビア共和国の総選挙において国民がミロシェビッチ政権に「No」を突きつけ、旧ユーゴの民主化が完成したこととも相まって、そのことは独裁的、強圧的な政権のもとでも、明らかに国民のなかに和平を志向する内発的なモチベーションが存在し、それが議会選挙という政治制度を構築するスキームを通じて表現されたと見ることができる。

1999年8月の独立を問う東ティモール住民投票においては、独立を選択すれば、インドネシア国軍や民兵による報復が危惧されたなか、それでも大多数が命を賭けて独立を選択した。予見された民族浄化の嵐を潜り抜けた後、独立がすでに確定していた2001年8月の東ティモール制憲議会選挙では[53]、独立闘争を指揮したフレティリンが圧勝したが、そのなかでも独立派系の諸政党の他に、少数派である親インドネシアの政党にも僅かながら議席を与えるという寛容さを東ティモールの有権者は示している。この二回の投票行動のなかに強い内発的な和平モチベーションが存在していることが伺える。

また同年12月のスリランカ総選挙は、和平促進派の野党が勝利し、それを受けて早速選挙後に、反政府勢力との間で停戦合意が結ばれている[54]。このことは選挙を通じた政権交替によ

- 126 -

り和平促進が劇的に図られる可能性を示している。それとまったく正反対の展開になっているのが、パレスチナ和平である。イスラエルでは、和平促進派で、ラビン後継のペレス首相率いる労働党政権が首相公選で敗れ（96年5月）、それ以降、和平慎重派のネタニヤフ政権、再度の労働党バラク政権を経て、タカ派のシャロン政権となった。そのシャロン政権の強硬な姿勢にパレスチナ側は対抗姿勢を強め、パレスチナ問題はさらに混迷を深め、解決の糸口さえ見出しにくくなっているような例もある。

　以上どちらのケースも、政権交替の可能性が制度的にも実際的にも確保されている例で、しかも政権により和平への対応に大きな差異がでる好例だ。注意すべきは、和平慎重派が政権を担当しているからといって、内発的和平モチベーションが消滅してしまっているわけではないということである。

　さらに重要なのは、これら二つの事例から引き出せる推論は、経済運営に重きを置く政権ほど、和平への志向性を強めるということである。イスラエルで和平が順調に進展していた90年代中葉は、イスラエル経済は未曾有の好景気を享受しており、中東紛争解決後のゴラン高原（シリア国境）の観光地化などの構想も新聞紙上を賑わしていた。スリランカで2001年の選挙結果を株式市場が好感したことはすでに述べた。南アにおいてアパルトヘイトを撤廃し、1994年の黒人政権誕生への流れ、道筋を作ったのは、オランダ系移民ではなく、経済を握るイギリス系移民であった[55]。その意味では、経済運営に長けた、あるいはそれに意を用いるグッドガバメントほど、和平にも前向きであると推論することができ、それは今後検証されるべき論点であろう。

　以上のように考えると、和平が最も達成しにくいのは、和平達成のための制度が存在しないか、内発的和平モチベーションが存在しないか、あるいはそのどちらも存在しないという状況である。両民族が完全に住み分けをしていて、お互いに遮断されているキプロスの例は和平のための制度が存在しない好例であろう[56]。ここで

はキプロスのEU加盟という外部的な制度要因しか和平への触媒機能を持つものはないように思われる（加盟候補国トルコ自身もEU加盟を熱望しているので）。また本論文では扱っていないが、タリバン時代のアフガニスタンも、住民の和平モチベーションは強権で抑えつけられていた上に、和平のための制度が完全に欠如していたと考えることができよう。

　1994年の大虐殺の記憶が新しく、和平とはお互いに敵対部族から政権を取り戻すことであり、したがって少数派に支持基盤を置く現政権側は総選挙を延期しているという状況のルワンダは[57]、内発的和平モチベーションが十分でない例である。紛争三当事者のうち、二当事者までが、ボスニアの国家統一より、自らの民族の本国への傾斜を見せているボスニアの例も、国際社会による和平制度の構築にも関わらず、住民自身の和平のモチベーションが十分でない事例となろう。それがゆえにボスニア和平は未だに大きな進展を見せていない。その両方ともないのがソマリアのような例であろう。

　カンボジアの例はというと、和平へのモチベーションに欠けたのは、ポル・ポト派の残党ゲリラ部隊と国際社会のみであり、むしろ当時のカンボジアを内戦が続いていた国と見なすことすら実態に目をそらしていることになることは既に述べた通りである。和平へのモチベーションどころか、和平そのものが存在した。そうしたなかUNTACが行ったことは、制度として少数派も政治参加の機会を与えられることを国際的に保障したに過ぎない。その一点でのみUNTACもその存在意義を認めうる。

　南部アフリカの紛争を例にとっても[58]、アンゴラの場合、いかに外部から和平の制度作りを進めても、紛争両派の和平モチベーションがあまりに希薄過ぎ、「勝つか負けるか」式の自暴自棄的な内戦がつい最近まで続いていた。モザンビークの場合は逆に、紛争を継続するモチベーションが希薄になったところに国連PKOが入って行ったので、和平が達成できた。さらにコンゴ（旧ザイール）の場合は、もともと地域性が強く、国家の統一性が弱いところへ、地

下資源の宝庫であるがゆえに外国勢力が介入し続け、選挙制度は存在していても独裁者に反故にされ続け、国民の間にある種の諦観が充満し、和平へのモチベーションが国家レベルで顕著になることがなかった。

このように世界中の紛争事例を考えてくると、選挙で政権交代の可能性が確保されていたり、反対勢力、少数勢力でも正当に議会で発言権を確保できる制度を備えているなら、つまり内なる和平モチベーションを有効に反映できる政治制度が備わっているなら、紛争の芽は摘み取ることができ、あるいは発生した紛争を終息に向かわせることができることを示しているように思える。

このようにして和平と住民の和平モチベーションとの関係、さらに制度構築、とりわけ議会という最高の統治機関を選ぶ選挙との関係を常に同時に視野に入れておく必要があるように思われる。

(Endnotes)

1　UN/Boutros-Ghali, Boutros (1992), An Agenda for Peace, UN Publications

2　UN/Boutros-Ghali, Boutros (1995), An Agenda for Peace (2nd edition), UN Publications

3　OECD (1997), DAC Guidelines on Conflicts, Peace and Development Co-operation

4　武者小路公秀 (2000) 「総論」、高橋一生・武者小路公秀編著 (2000) 『激動の世界と途上国　紛争と開発』国際高等教育機構 (FASID) p.12

5　もっともこの概念も元々はUNDPが縮小する先進国からの経済協力を再活性化させるべく編み出したものである。Ibid. p.13

6　国際協力事業団 (JICA) による報告書がこのように定義づけている。『平和構築　ー人間の安全保障の確保に向けてー』JICA、2001年3月、PP.4-5。ただしJICAによるこの定義は、平和構築支援を行う主体に重きを置いたもので、開発援助 (経済) の枠組みのなかに、安全保障部門改革 (軍、警察、司法制度等) 、DDR (武装解除・動員解除・社会復帰) 、行政制度改革、選挙支援、民主化支援、人権擁護などが組み込まれているが、内容から言えば、これらは政治的枠組み (政府が行うという意味ではなく) の取り組みであろう。

7　斎藤直樹 (2000) 「予防外交」、高橋一生・武者小路公秀編著『激動の世界と途上国　紛争と開発』国際高等教育機構 (FASID) pp.52-54

8　グッドガバナンス論の背景、現在の論点の整理については松尾弘 (2000) 「開発と『良い政府』　ー開発法学への『良い政府』・『良い統治』論の寄与ー」『法社会学』日本法社会学会、56号を参照。

9　「1990年代に70以上にのぼる途上国が紛争に巻き込まれたが、モザンビーク以外は開発の方向に踏み出せていない」 (高橋一生「紛争と国際開発」『FASID NEWS』2001 No.57) 。しかも不運なことにそのモザンビークも2000年２月の大洪水で国家運営の危機に瀕しているといった具合である。

10　例えばEU代表部と国連大学は2002年１月に東京において共同で「国境を超えるガバナンス　ー国、地域、世界ー」というフォーラムを開催し、そのなかで「優れたグローバル・ガバナンスと国際安全保障」というテーマを討議している。

11   Agreements on a Comprehensive Political Settlement of the Cambodia Conflict, Paris, 23 October 1991, United Nations

12   河野雅治（1999）『和平工作』岩波書店

13   SPK Daily Bulletin, February 21, 1992, p.2

14   小川秀樹（1993）『カンボジア　遠い夜明け』WAVE出版参照

15   小川秀樹「冷戦後史マップ　カンボジア」『フォーサイト』1997年8月参照

16   インターバンドが提携しているカンボジアのNGOであるCOMFRELの集計による。Result of the Commune Council Election Collected by COMFREL（Unofficial）

17   千田善（1993）『ユーゴ紛争』講談社現代新書、p.177

18   ボスニア・ヘルツェゴビナはまさに東西の十字路であり、ハプスブルグとオスマン・トルコの二つの文化圏にまたがって存在していた。ここではかつて東西どちらのローマ帝国からも異端視されていたボスニア教会が勢力を得て、その信者がのちにオスマン・トルコ支配下でイスラムに改宗し、今のモスレム人、またはボスニア人となった。

19   千田善（1993）『ユーゴ紛争』講談社現代新書、p.14

20   旧ユーゴ紛争全般については以下の文献を参照した。加藤雅彦（1979）『ユーゴスラヴィアーチトー以降ー』中公新書、千田善（1993）『ユーゴ紛争』講談社現代新書、千田善（2000）『ユーゴ紛争はなぜ長期化したか』勁草書房

21   Interim Agreement for Peace and Self-Government in Kosovo, February 23, 1999
http://www.rat.pogled.net/doc/ramb-eng.htm

22   ibid., Appendix B: Status of Multi-National Military Implementation Force

23   Annex 2, Sec.3-4, Security Council resolution 1244(1999), S/RES/1244(1999), 10 June 1999

24   Op.cit., supra note 21. Chapter 8, Article 1.3

25   Ibid., Annex 2, Sec.8

26   OSCE Department of Human Rights and Rule of Law, Report 2 -The Development of the Kosovo Judicial System(10 June through 15 December 1999)

27   http://www.un.org/peace/kosovo/pages/kosovo12.htm　国連の権威のもとに国際機関が結集しているというのは前例のない方式であり、聞こえはいいが、実際は、各国際機関が自分たちが活動したい部分を早いもの順に取ってしまい、国連は残った取りまとめの役割を委ねられたということだ。

28   OSCE Mission in Kosovo, Municipal Elections 2000, Final Results, 8 November, 2000, http://www.osce.org/kosovo/elections/archive/2000/results_parties.php3

29   Constitutional Framework for Provisional Self-Government, UNMIK/REG/2001/9, 15 May 2001

30   OSCE/UNMIK, Election Day and Results, Kosovo Assembly Election 2001, p.7

31   ibid., p.5

32   依田博（2000）『紛争社会と民主主義　国際選挙監視の政治学』有斐閣選書、P.67

33   http://www.un.org/peace/etimor99/agreement/agreeEng04.html

34   http://www.un.org/peace/etimor/news/N251099.htm

35   それがために国際社会としては元兵士の失業対策、つまりDDRのRの部分（例：UNDPの「元兵士及びコミュニティーのための復興・雇用・安定プログラム（RESPECT）」）に力を効果的に注げたと言える。

36   2005年には医学部が創設された。ただし当初はキューバ政府の全面的な支援で、医学生全員（200名）がキューバに留学することにより医学を修める方式が採られている。留学期間は、初め一年間のスペイン語学研修に続き、5年間の医学教育が行われる。

37   http://www.un.org/peace/etimor/electionreport.pdf
小川秀樹「東ティモールの制憲議会選挙監視に参加して」（Peace Building, 2001 No.2-3）

38   本来は議会発足後3ヶ月間で憲法を採択するものとされていた。なお憲法起草にあたっては、ポルトガルやポルトガル語諸国からの憲法専門家が大きな役割を果たした。また起草段階で、各国の憲法の内容が参照されただけでなく、世界人権宣言などの条文も随所で参考にされていた。憲法草案の日本語による概要説明は、小川秀樹『民族紛争と平和構築』（JICA国総研、平成15年）を参照。英語による最終公式訳文

は、『Constitution of the Democratic Republic of East Timor』（Assembleia Constituinte）を参照。

39　憲法草案を巡っては、2001年の6月～7月にかけて計38,00人の住民が計212回にわたり各地で開催された公聴会で憲法起草に関する意見を述べ、さらに最終ドラフトについて2002年3月上旬には二回目の意見聴取が行われ、その結果、最後の内容調整が行われている。

40　ただし本会議においては、ＮＧＯ側から、自衛隊派遣が東ティモール側から歓迎されている状況ゆえ、それに反対はしないまでも、インフラ整備であれば、ＯＤＡで対処した方が現地へのインパクト（雇用等への）ははるかに大きいとの意見が続出した。

41　例えば東ティモールの騒乱と同年に発生したコソボ紛争においては、選挙法で強制的に少数民族や女性に議席が割り振られるような規定が設けられた。小川秀樹『民族紛争と平和構築』32頁を参照。

42　憲法第13条。同時にインドネシア語と英語も「経過措置として」「行政部内で」「必要な限りにおいて」作業用語として併用することも定められた（第159条）。しかしこの規定が、第Ⅶ部「経過措置規定」のところに置かれたことから明らかなように、むしろ「そのうちに排除すべき言語」という扱いを受けていることに注意。

43　田平由希子「東ティモールの教育開発と公用語問題」（『新しい平和構築論』（明石書店、2005年）所収）参照。和平・紛争と言語を含む文化の問題については以下の一連の拙著も参照。小川秀樹『カンボジア　遠い夜明け』（WAVE出版、1993年）。同『ベルギー　ヨーロッパが見える国』（新潮選書、1994年）、同『南ア新生の現場から』（JETROブックス、1994年）、同『イスラエル・パレスチナ聖地紀行』（連合出版、2000年）

44　UNTAET Regulations (http://www.un.org/peace/etimor/untaetR/r-1999.htm) 以降を参照。

45　もっとも現状で、すでにポルトガル語が幅を利かせているというわけではない。むしろ行政府内では、いまだにインドネシア語で条文案を作り、それをポルトガル語に苦心して翻訳しているというのが現状では一般的である。

46　Regulation No.1999/1 on the Authority of the Transitional Administration in East Timor,

Section 3 (http://www.un.org/peace/etimor/untaetR/etreg1.htm)

47　2005年9月現在、議会には9～10名のアドバイザーがおり、大半は法務アドバイザーである。国籍はポルトガル、シンガポール、モザンビーク、フィリピンなどである。

48　ちなみに現大統領顧問である畑宏幸氏の派遣に際しても、日本からの財政・経済担当の顧問派遣に対しても、まずもってポルトガル語の要件が課されおり、ポルトガル語が出来る専門家の人選が行われたという。

49　「日系人ネット構築：外務省、経済・技術協力の人材育成」『サンケイ新聞』2000年2月19日付け

50　小川秀樹『あなたも国際貢献の主役になれる』（日経新聞社、2001年）第一章参照

51　『JICAの対東ティモール復興・開発援助総括報告書』（平成14年6月、JICA）59頁。「ハート・オブ・ゴールド通信」（vol.9、2003年7月）参照。

52　それまでは海外ではカンボジアでしか活動経験のなかったハート・オブ・ゴールドの顧問として、東ティモールでの活動を進言し、現地でUNTAET、日本政府事務所、JICA事務所長等に話を持ちかけたのは筆者である。

53　小川秀樹「東ティモールの制憲議会選挙監視に参加して　－現状と平和構築に向けての課題―」『Peace Building』2001, No.2/3, p.30参照。See also http://www.interband.org/easttimor/easttimor2001.html

54　小川秀樹「スリランカ総選挙監視に参加して」『Peace Building』2002, No.4, p.4参照。See also http://www.interband.org/srilanka/ogawa.html

55　小川秀樹（1994）『南ア新生の現場から』JETROブックス、pp.124-128

56　小川秀樹（2003）『民族紛争と和平　―政治制度構築の観点を中心に―』JICA国総研を参照

57　ルワンダにおいては2001年3月に共同体首長を選出する地方選挙が行われたが、国会議員選挙は2002年7月に、大統領選挙は2003年に延期されている。瀬谷ルミ子「ルワンダ地方選挙監視報告」『Peace Building』2001, No.2/3、p.26

58　上記注56を参照

回顧'99 民族紛争

コンボ ▼上

国際問題アナリスト 小川秀樹

コンボ、東ティモール、イボディナ自治州など、周辺に影響を及ぼす問題であチェチェン、アチェ…。新る。

一九九九年は、世界各地で民族問題が〝臨界点〟を超えた年でもあった。自ら現場で見た経験をもとに、ユーゴスラビア・コソボ自治州紛争と東ティモールのインドネシアからの独立紛争の事例を振り返り、民族問題とこれら紛争の関係について考えてみる。

　　◇

コソボの問題は、主権国家内で少数民族をどう処遇するかという普遍的な問題をはらんでおり、それは同じセルビア共和国内のハンガリー系住民が多い北部のボイボディナ自治州など、周辺に影響を及ぼす問題である。

コソボ自治州の人口の九〇％を占めるアルバニア系は大半がイスラム教徒で、もともと民族的には何らセルビアとのルビア系との類似点はない。

アルバニア系は、医学教育のセルビア化ってくる問題になるからだ。欧米諸国と戦火を交えれば、負け戦であっても民族感情に訴え政権基盤を強化できると同時に、コソボを国際的な承認のもと自国の主権下にとどめておくことができると考えた。和平の結果導入される平和維持軍がNATO（北大西洋条約機構）軍でさえなければ、敗戦なのではないかとのメン

こうした現状に呼応したコソボ解放軍（KLA）軍が、支配するセルビア兵、警察に対する抵抗運動を起

コソボ紛争

コソボ紛争 コソボのアルバニア系住民へのユーゴなどからの難民は、空爆開始後による迫害を理由に、アルバニだけでも八十万人以上にな多数の犠牲者を出し、アルバニア系住民へのユーゴによる作戦で多数TO軍は3月24日以来約2カ月半、ユーゴ空爆を実施。6月9日、ユーゴ軍は撤退した。空爆

コソボの古都プリズレンの街の様子。解放後、などで、NATOのいうハイテク武器によるピンポイント攻撃はまんざら誇張ではなさそうだ。こちらも自分の戦争を淡々とこなしたということだ＝7月16日

コソボを解放したのだから、現地ではNATO軍は人気があり、子供たちは道をゆく戦車に歓声を上げ、手を振っていた。戦後復興・治安維持についても初めから予定していたかのように英仏独を中心に、見事な役割分担で行っている。

何の抵抗手段も持たない住民が難民となり、犠牲を強いられたのは事実だが、それにしてもあまりに政治のにおいが強すぎる紛争解決と言えないだろうか。

〝自分の戦争〟こなした両者

あまりに強い政治のにおい

戦略と思惑

一例を挙げれば、コソボで唯一医学教育をしていたプリシュティナ大学医学部では、アルバニア系教授らが職を追わ

れ、医学生らは行き場を失ったので、一般のクリニックで研修を受けつつ、暫定の医師免許を取るという、急場しのぎが行われている。

警察や司法権さえも有していたコソボのアルバニア系に対して、そのルバニア系に対する抵抗運動を起自治権さえをも骨抜きにして、セルビア共和国によって強行された。

こうしたのである。

ユーゴのミロシェビッチ大統領は、欧米諸国がコソボ独立を擁護しないと見て域内紛争に有効に対処できることを示すことは組織存続にとって重要である。人権侵害を理由に、域外の国で武力行使を行う先例をつくこしたのである。

一方、NATOの側としては、冷戦下での役割を終え、新しい存在意義を模索中であり、ヨーロッパの地域紛争に有効に対処できることを示すことは組織存続にとって重要である。人権侵害を理由に、域外の国で武力行使を行う先例をつく

役割分担

以上のような経緯で空爆は始まり、そして綿密な計画に基づいて双方が次元の違うそれぞれの戦争をきっちりと戦った。そのことはアルバニア系の文化体系を破壊し、アルバニア系住民をコソボから追放する大作戦が取られたことは確かだ。

他方、コソボ内でNADA顧問。昭和31年、岡山県鴨方町生まれ。現住所は横浜市青葉区。

は、大半がセルビア軍が

が、モスクや旧市街など被害が甚大なことから、アルバニア系の文化体系を破壊し、アルバニ

私は、NATOの空爆が終わり難民帰還が進む中、活動拠点をアルバニアからコソボに移した国際医療ボ

ランティアAMDA（本部・岡山市）支援のため、七月二日から同二十七日まで、コソボ及びアルバニアに滞在した。

コソボの古都プリシュティナや古都プリズレンのように無傷に近い都市もあった

おがわ・ひでき

早稲田大政経学部卒。さくら総合研究所主任研究員、外務省専門調査員（在イスラエル）など歴任。カンボジアや南アフリカ共和国などの総選挙で政府派遣監視員を務めた。国際医療ボランティアAMDA顧問。

（山陽新聞 1999年12月18日付）

- 131 -

回顧'99 民族紛争 ▼下

国軍のひ護で民兵騒乱
政治の貧困と稚拙さが要因

国際問題アナリスト　小川秀樹

ユーゴスラビア・コソボの民族紛争で、難民の帰還が初夏までにおおむね終了したと思ったら、次は東ティモールのインドネシアからの独立紛争が世界の耳目を集めた。私は、東ティモールの住民投票（八月三十日）に合わせ、八月末から九月上旬にかけ、東ティモールだけでなく、西ティモール、さらには北のフローレス島を視察してきた。それぞれの地域社会を見た上で東ティモール独立紛争の表と裏を明らかにしたい。

東ティモール

東ティモール紛争　8月30日の住民投票で、インドネシアからの独立派が圧勝。76年に併合されて以来のインドネシア国軍を中心とした強権統治に終止符が打たれた。しかし、投票直後から9月初めにかけ、民兵らが略奪や放火、住民の殺害を繰り返し、経済基盤も破壊された。インドネシアでは、東ティモールの独立選択後、イリアンジャヤ州やアチェ特別州でも独立運動が激化、緊迫している。

自治州の民族紛争、独立の是非を問う住民投票は、予想通り圧倒的多数をもって独立賛成の住民意思を示した。そして投票結果が判明した直後から併合派による反攻が始まり、多数の（避）難民が発生したので、治安維持のため多国籍軍が派遣されることは周知の通りである。

こうした経緯から、独立派と独立反対派の間には和解困難な亀裂があるかのように見えただろう。しかし、一般には投票結果発表後に起こった独立派と独立反対派の間の抗争ではない。

と言っても、本来この陣営いずれにしても、小走りに去ったくらいだ。住民投票を行う際にインドネシア国軍に治安権限をゆだねた国際社会の大きな判断ミスがあったことは留意されるべきだ。その意味で、東ティモールの混乱も、本来不必要な騒動にすぎないのである。国軍のひ護がなくなれば、民兵組織は雲散霧消する多国籍軍のなかでも最右派はインドネシア国軍と密接な関係にある。私は首都ディリの町をくまなく歩いたが、併合派に分かれており、併合派、自治派、自治派間の和解などはたやすい。

しかし、かりに貧しくとも自らで治めたいという民族的欲求には計り知れない強さがある。すでに、かつてから権限を委任された形で独立への歩みは、つまずきのさえおらず、迷い込んだながらもスタートしたが、二世紀半にわたり東ティモール

以上のように、コソボと東ティモールの紛争を振り返ってみると、どちらも民族問題が最大の理由なのでなく、国際社会の対応を含めた政治の貧困、稚拙さが大きな要因であることが分かる。避けることのできた、本来不必要な紛争だった可能性もあり、必ずしも民族主義が世界中で紛争の種をばらまいている時代といえるだろう。

プラスの機能

いまや「グローバリゼーション」（地球規模化）が言われる時代である。しかし政治、経済、文化の面において、欧米諸国がつくり上げたスタンダードに先導されたグローバリゼーションは万能ではなく、おのずと限界がある。民族主義には、その民族が持っている価値観をグローバリゼーションの大攻勢から守るという重要なプラスの機能があるので、その意義を正当に評価することも必要であろう。

投票結果発表後に起こった騒乱は、選挙物と連なるように民兵が占拠し、根城にしていると続いていた。その通りはバリケードが築かれ、不気味な静けさを保ち、近づくのさえおらず、寒気を感じ、思わず独立反対派私は、寒気を感じ、思わず

インドネシア国軍が本部としてしまう運命にあり、そうなれば地元一般住民のないる海岸に面した建物、経済規模で国がつくられるのかという議論は常につきまとう。

しかし、かりに貧しくとも東ティモールのような人口規模、経済規模で国がつくられるのかという議論は常につきまとう。国連もカンボジアUNTAC以来、久しぶりにあるいは自治体制下でインドネシアによる抑圧の構造は温存されるのは目に見えており、そうした遺構を一掃するにはあろう。

東ティモールから脱出した住民たち＝9月1日、東ティモール・ディリ港

（山陽新聞　1999年12月19日付）

3-2. 平和構築と法律との関わり

平和構築と法整備支援

冷戦が終結して以降、民族紛争または地域紛争は逆にその数を増し、紛争解決や平和構築ということが大きな課題になっている。紛争を回避し、あるいは解決するためには、そもそも紛争が生じないような、また紛争が生じても平和的な手段で解決できるような社会の仕組みをどうつくるかが最大の課題であることは自明だろう。社会の仕組み、つまり制度的な枠組みとしては、政治的なもの、行政的なもの、そして法律的なものが考えられる。本稿では最後の法律的な部分について考えていくことにしよう。

もっとも法律的な側面とは言っても、紛争処理に関わる狭義の司法的側面に限定することなく、行政法的、経済法的側面をも含む広義のものと考えることにしたい。つまり紛争の種をできるだけ排除した、人間の安全保障が保たれた国づくりのためには、そもそもどのような制度を構築する必要があり、そしてその制度の土台となる法律はどうあるべきかという視点から見ていきたい。

法律とはその社会の慣習や掟が、その社会固有の言葉によって、まとめられたものである。とするならば法律とは極めて文化的なもの、否、文化の極致または文化そのものであると言っても過言ではないだろう。しかし逆に、制定されたその法律によって、社会に変化をもたらすことも可能なのであって、その両側面に絶えず気を配っている必要もあろう。

本稿においては、紛争や社会変革や法律を文化の問題ととらえることから出発し、具体的に制度構築、とりわけ法制度構築が行われ始めた背景やその現在の状況について触れ、また日本の当該分野での支援活動を概観してみる。さらに法制度構築における日本の特異な立場について検討を加えることにしよう。

紛争と制度構築

1. 紛争に制度構築がどう関わるのか

本稿で主として取り上げるのは、紛争発生前、紛争中、紛争後の各段階において妥当し、しかも手段面でも軍事的・政治的・経済的手段のすべてを網羅する横断的な適用性がある制度構築という問題であり、より具体的には政治制度構築、行政制度構築、さらに法制度構築という手段に注目して考察してゆきたい。当然ながらそのなかで、和平選挙は、政治意思をもって統治制度を主導する議会を設ける役割を担うものであり、すべての制度構築の命運を左右するものであることは言うまでもない。

紛争後の平和構築において、どれほど政治制度、行政制度、そして法制度構築が、お互いに複雑に絡み合いながら和平に向けて有効に機能しうるのだろうか。政治制度構築においては、紛争を再燃させないために、少数民族やジェンダーに配慮した選挙法の起草が最重要となるが、民主化への試金石となる選挙を実施するためには、国際社会が関与した形での選挙支援（事前の選挙教育、選挙実施、選挙監視、その間の治安維持、さらにはメディア支援など）が必要とされる。

行政制度構築についても、とりわけ安全保障（治安）部門（特に警察・司法制度）の再構築が最重要となり、それは、直接に上記の民主選挙実施や下記の法制度構築に関わってくる。いわゆるＤＤＲ（兵士の武装解除、動員解除、社会復帰）もこの部分に含まれる。

そして最後の法制度構築については、民主選挙の実施に際しても、紛争時の戦争犯罪人を刑事的に裁く際にも、直接的、決定的な重要性を有するだけでなく、紛争後の社会において民事的な社会関係を落ち着かせ、経済運営等を民主的に行う際に、つまりガバナンスを取り戻す際

に法制度こそが基本的なツールとなるものである。

2．紛争と文化の衝突

さて本稿の主題から少し離れるが、紛争後の社会を現場でいくつも見てくると、いつも同じように共通してぶつかる光景がある。いずれも文化に関わることだが、国の新しい公用語を何語に定めるか、小学校で何語を用いて教えるか、あるいは特定の言葉を排除するかしないか等々の問題である。加えて、国際語である英語の問題も関わってくる。例えばカンボジアでは、和平後、それまでの主要外国語としてのフランス語の地位に英語が取って代わった。東ティモールでは公用語が意外にもポルトガル語とされ、大きな波紋を呼んだし、若い世代には一番広範に通じるインドネシア語をどうするかという問題に今も直面している。コソボではセルビア語（キリル文字）の看板がスプレーで黒く消されている現場に多く遭遇した。スリランカでは、そもそも少数派のタミール語の地位を巡る問題が長い紛争の端緒になっている[1]。

以上は紛争の前後でその社会の言葉がどのように変容を受けるかということだったが、同様に、外国の影響を受けすぎると社会システムに混乱が生じるという現象は、法制度に典型的に表れる。例えばインドシナ諸国に共通する事情は、近代的な法制度は宗主国であったフランスに由来するものが多く、その後の社会主義の時代にソ連法などの影響を受けたので、基本的に大陸法系[2]に属すると言える。インドシナ諸国の場合に、市場経済化、または和平後の復興を視野に入れて法制度の再構築を図る場合、基本的には社会主義化する前の、あるいは紛争前の法律に回帰するというスタンスも十分有り得るはずだが、ドナーの意向によりそうしたアプローチが取られることは稀だ。ドナーが既存の法システムに考慮を払わず、自らに都合の良い法律を導入しようとする場合（例えば英米法系の法律を持ち込むこと等）、既存の制度との間

に混乱が生じ、あるいは整合性を欠く状況が生じる。

一般論として例えば、大陸法系であり、さらにその後に社会主義法の影響を受けた諸国では、裁判官が下す判決の重みが他の法系とは異なり、判例の持つ意味も比較的少ない。そのような法文化的背景を持つ国で、判例に非常に重きを置く英米法的なスタンスが持ち込まれると、十分に機能するとは到底言い難い。

また法体系の違いが混乱を招く具体例としては、例えばベトナムにおいて、既存の法制度では、質権が設定された物件の売却は不可であるが、アジア開発銀行（ADB）が米国の統一商法典(UCC)に準拠しつつ導入した担保取引法では、その売却が可能となっており、ここに法体系の違いが実際に混乱を生じることとなる。市場経済化を急ぐあまり、ドナーに依存して性急に個別の経済関係法を整備すると、特別法が先行して、その基礎となる一般法たる民商法との間に乖離が生じる可能性は大きい。

その他、国際標準的な概念が持ち込まれても、現地の実情に必ずしも合致しない事例もある。カンボジアにおいて、土地の所有形態として高地クメール人の間で行われている総有という方法があり、それを新土地法において採用するならば、前近代的との理由からそれを採用しない新民法典との間で齟齬が生じることとなる。

調和のとれた社会・法システムを作るには、必ずしも国際社会全体から支援を受けることでは達成されない場合もある。地域の伝統や個性を保持するためには、援助受入国自身が自ら青写真を示し、自主的に適切なドナーを選択し、自ら求める援助について指示を与えるくらいの対応が必要で、ドナー側もそれを理解する度量が必要だろう。

3．法の世界的統一（調和）は可能か

法体系の相違が法整備支援において問題点を提示することはわかったが、そもそもその前に法制度そのものが内包する政治性や経済的側面

についても理解しておく必要があろう。例えば自由無差別を指導原則にしたＧＡＴＴ／ＷＴＯの国際貿易制度や考案者の権利を保護する目的の工業所有権（知的財産権）制度が、もともと先進工業国側の必要に応じて出来上がったものであることに異論はあるまい。途上国としては、既存の国際的な法制度を拒否し孤立することはできないがゆえに、それに参加すべく自らの基盤整備や人材育成を行いつつ（参加準備のために先進国ないし当該機関から技術指導を受けることさえある）、経済的弱者にあたる自国当事者の権利を擁護するために、それらの国際的レジームに対して改革を求めているのが現状である。ＷＴＯの昨今の混迷は、途上国による既成秩序に対する異議申立にこそ根本的原因があろう。

　さて法制度を構築するに際して、二国間で法整備支援を実施することの他に、多国間で法制度構築を進めていくアプローチも当然ありうる。その典型的な例が国連商取引法委員会（UNCITRAL）だろう[3]。ＵＮＣＩＴＲＡＬによる商事法の世界的統一・調和作業において、法体系の対立が先鋭化しがちな手続法的な分野、例えば国際商事仲裁モデル法（1985年）等においても、大陸法と英米法の相克が問題となった。

　国際取引から生じた紛争を、一国の裁判によるのでなく、仲裁という私的フォーラムによって解決するのが国際商事仲裁である。この分野では国連が1958年に作成した外国仲裁判断の国際的な執行を定める条約があり（いわゆるニューヨーク条約）、そのなかでその適用対象となる外国仲裁判断は、地理的に外国で下されたか、または執行を行う国で国内判断と見なされないものという二つの基準を備えていた（第1条1項）。前者の基準は属地主義的な英国の、後者の基準は国際主義的なドイツやフランスの立場をまさに代弁しており、法体系の違いが克服されることはなかった。後に世界の仲裁法を調和させる目的で作成された1985年の上記ＵＮＣＩＴＲＡＬモデル法は、一国の法律となることを前提としているので、その適用範囲が自国で行われる仲裁であるのは当然として、

対象となる仲裁の範囲については、その内容が国際商事に関わる仲裁であると定義したのである（第1条3項）。法律の世界的調和の過程で、1981年のフランス仲裁法的な国際主義的立場が取られたということである[4]。この事例は、法体系の相違はこれまでにその調和が試みられてきて、それが不可能ではないことを示すとともに[5]、他方で、一般論として法の継受や世界的調和を考えた場合には、判例によって培われた長い法的伝統に大きく依拠する属地主義的な英国法より、国際主義的で法典主義の大陸法の方が適している可能性があることを示唆している[6]。

法制度構築の今

1．制度構築と法整備支援

　法整備支援という言葉は、ＪＩＣＡが1996年に「法制度整備」という名称で支援を開始して以降使用されている用語である。本稿においては、政治制度、行政制度と並んで法制度も、制度構築（institution building）の観点から取り上げているので、法制度構築という用語を使用してきた。法制度構築（整備）を特定のドナーが経済協力の一貫として行うなら、法整備支援と言っても差し支えなく、定義上何らの問題もない。ただし法整備支援が、語感上、法文の作成、整備にのみに限定されると考えられるならば、それは狭きに失する。何故なら法制度構築で含意しているのは元来、法律の条文自体の作成に加えて、その制度的な執行・運用、人材育成までをも含めたものだからである。用語の定義に多少拘りが必要なのは、実際問題、紛争経験国、市場経済移行国に対する法律面の支援が、法律の起草面のみに限られ、その運用にまで考慮が十分に払われたか否かに疑問なしとはしないからである。

- 135 -

2．世界で誰が法制度構築を行っているか

さて現在、世界で法整備支援がどのように行われているのだろうか。世界銀行、アジア開発銀行（ADB）、欧州復興開発銀行（EBRD）、国連開発計画（UNDP）などの国際（金融）機関、さらには日本以外にもオーストラリア、カナダ、ドイツ、フランス、スウェーデン、米国、英国などの欧米先進諸国が、中欧、インドシナ、中央アジアなどの市場経済移行国を中心に法整備支援に取り組んでいる。

国際金融機関が多いことや、中欧、中央アジア諸国が受入国となっていることからも分かる通り、法整備支援はもともと冷戦終結・社会主義圏崩壊後の市場経済への移行を支援すべく開始された経緯がある。移行経済国は、当然ながら、国内市場を整備しつつ、外国資本や融資を導入し、さらには知的財産権保護を図ったり、ＷＴＯ加盟などを準備したりする緊急の必要に迫られている。それに対して、ドナー側が、投資・融資条件として（コンディショナリティ）、土地法、担保法、破産法、外国投資法などの制定を要請することが多いのである。それが直ちに問題を生じるわけではないが、当座の必要に応じてドナーの求めるままに（場合によってはドナー側が提示するモデル法に従って）、一般法を差し置いて、個別の分野で特別法が多数制定される状況は、少なくとも好ましい状況ではない。こうした個別の立法が、民法等の一般法や法制度全体のなかで整合性が取れていないと、齟齬が生じることとなる。例えば、土地法で土地の登記を所有権移転の成立要件としているのに、その登記制度自体が整備されていないといった齟齬である。

その点で日本のこの分野での実践と経験は注目に値する。

3．ベトナムから始まった法整備支援

日本の法整備支援は 1996 年からベトナムに対して行われ始めた[7]。欧米諸国や国際金融機関の東欧や中央アジアに対する支援と同様、1986 年以降、ドイモイ政策を掲げ市場経済化を進める移行経済国ベトナムに対して支援が行われたのである。ベトナムは、ドイモイ政策を掲げた当初、国際機関の支援を受け、国際投資・貿易に関わる個別な特別法多数を大急ぎで整備したが[8]、90 年代に入ると、新憲法（1992 年）、新民法（1993 年）等の基本法の整備も行った。

ベトナムは、紛争によって政府のガバナンスが途切れていたわけでもなく、また国際機関としては国連開発計画（UNDP）、アジア開発銀行（ADB）、国際通貨基金（IMF）および世界銀行が、二国間としては、スウェーデン、フランス、オーストラリア、カナダなどが法整備支援に早くから従事しているので、日本は当面の法整備が一巡した段階で、民商事法分野を中心に支援を開始したのである。特定の法律の起草を請け負うというコンサルタント的な形でなく、むしろ側面支援に徹し、ベトナムの主体性、自主性を重んずる姿勢を貫いた。実際には、専門家の派遣、研修留学生の受入れ、セミナー開催により、民法の改正作業を中心に、経済契約の法令、商法などの民法周辺の法律について支援を行い、法体系全体に目配りするための現行法令の鳥瞰図作成なども行った。

カンボジアに対しても 1999 年から、紛争後の平和構築の一貫として法整備支援が開始された。カンボジアにおいては、1993 年の国連による総選挙を受け、新政権が発足、長い内戦の歴史にピリオドを打ったばかりで、新政府の統治能力もベトナムとは事情が異なるので、ベトナムでの経験を踏まえ、ここではドナーとして積極的にイニシアティブを取り、より前面に出るアプローチが取られた。つまり 1999 年より民法と民事訴訟法の起草作業を共同のチームで行うという本格的なものである。その結果は 2003 年に見事に両法の草案完成に結びつき（民法約 1300 条、民訴法約 570 条）、その後さらにその立法化のための支援が継続されている。

現在ではそれらの経験を踏まえ、ラオス、モンゴル、さらには中国に対しても支援が行われ

- 136 -

始めた。これらも移行経済の国に対する支援と考えることができる。もっともカンボジアについては、もともと社会主義の時代もあったわけで、しかも支援分野が民法・民事訴訟法の作成であり、逆にウズベキスタンについては、比較的最近になって紛争の火種が発生しているが、しかしこうした国への支援について、厳密に移行経済の国に対する支援か、それとも紛争後の国に対する支援かを峻別しなければならない積極的理由はない。

4．法整備支援において日本流は可能か

さてこれらの国に対する日本の法整備支援であるが、欧米流のやり方に比べ、かなり明瞭な違いがある。欧米流のやり方としては、国際金融機関のように融資条件や投資環境を整備するやり方、民主化支援という考えのもと、人権保障や市民社会実現を目指す北欧的なやり方、さらにはフランスなど旧宗主国的な、自国文化の普及を目指すやり方など、いくつもの方向性に分かれる。

日本の場合は以上の欧米流のやり方のいずれとも異なり、日本特有のアプローチと言うことも出来よう。まず受入国の主体性を尊重する姿勢で、単に法文を与えて終わるのではなく、受入国と政策的な対話を重ね、受入国自身による決定と責任を求めるもので、コンディショナリティとしてその受入れを迫る欧米流とは一線を画している。

次に、受入国の実情に即し、社会に根づく支援を行うという姿勢である。そのためには長期的な視点から現地の実情・慣習を調査し、将来的な運用までを視野に入れながら支援を行うことである。そのためには、緊急の必要から個別具体的な法律の制定を急ぐ欧米流とは違い、長期的視点からむしろ基本法整備に力を注ぐのが日本流となっている。民法、民事訴訟法、商法等は、自由な経済活動を保障する基礎となるのは言うまでも無い。また法令起草に際しても、カンボジアにおける民法および民事訴訟法の起草作業のように、受入側の担当者と共同研究を重ねながら、逐条的に起草作業を行う方式を採っている。これが日本側にとっては現地の法律・社会事情の調査となり、また同時にカンボジア側への立法技術の移転に資することは言うまでも無い。

日本が法制度構築に貢献できる理由

1．法の継受について

すでに述べたように、法は社会の規範として成立し、社会統制の手段として用いられてきた。法はもともとその社会が自然に有する道徳や慣習などを基礎に（固有法・伝統法）、その後の政治経済的な要請をも受け発達してきたもので、それがその社会に固有の言語をもって表されることもあり、まさに文化のある一つの極致ということさえできる。

そうであるなら異なった文化をもつ社会が接した時に確執が生じ、場合によっては、一方の文化、とりわけ法文化が他方の法文化に影響を及ぼし、それを変容させ、いわゆる「法の継受」という現象が起こることがある。そしてその法の継受は、自己の社会に由来しない法を導入することになった場合に、固有の法文化との間に齟齬をきたし、社会規範との間に乖離を起こすという問題を引き起こすことがある。歴史的にみれば、例えばゲルマン民族であるドイツがローマ法を受け入れた時がそうであろうし、世界的に見れば、世界の大半が欧米列強の植民地になった時に西欧の法が大々的に導入された（移入法・植民地法）。また日本が19世紀後半以降に西欧法を取り入れた時に、そうした問題が発生した。

誤解を恐れずに極論するならば、日本が法制近代化に当たり、西欧のなかでもとりわけプロシア憲法をはじめドイツ法の影響を濃く受けたことは事実であり、それが日本の国体をより中央集権的にし、ひいては国民にそうした気質が受け継がれてゆくことになった側面は否定でき

ないだろう。法とはそれほどに社会文化に深く根ざしたものなのである。

2．日本のユニークな法継受の経験

さて日本が法制近代化にあたり、西欧法のなかから適切なものを参考にしつつ、日本の伝統社会の実情と必要に応じ、さらに修整を加えつつ導入したことは広く知られている。具体的には、19世紀後半からフランス法、ドイツ法の大陸法系を基本法として日本は導入し、第二次大戦後にアメリカ法を中心とする英米法をも必要に応じ導入、自国の必要にあった形で発展させてきたユニークな経験を有する。また導入した法律の間で相互に齟齬がないよう吟味されたこともちろんである。そして高度な専門性を誇る司法当局がそれを運用してきた実績も伴っている。要するに、法律を外部から継受する場合の既存の法規範との抵触、つまり法社会学的な問題、継受する法律どうしの調和や法体系全体との調和という、比較法的な問題、さらには新しい時代に法律を適用させる法政策的な問題のいずれにもわれわれ日本人は比較的馴染みが深く、それを得意とするということになる。

より具体的には、例えばベトナム刑法はソ連刑法経由でドイツ刑法を導入したものとなっており、ドイツ刑法をモデルとしている日本の刑法とは近い関係にある。旧東ドイツに留学した法律家も多いベトナムにとり、日本の刑事法は参考になる存在である。あるいは独占禁止法等の経済法に関しても、後発の資本主義国である日本の制度が、途上国にとって大いに参考にしうる可能性もある。こうした事例は枚挙に暇が無い。

終わりに
－政尾藤吉という人物を知っていますか？－

1．法整備支援の先駆者・政尾藤吉[X]

普段はあまり気づくこともないが、本稿で述べてきた分野において、われわれは日本人は世界においてユニークな立場を占めていることは事実だろう。日本は非西洋国家ながら、欧米の法制度を苦心しつつ導入したので、他の途上国の立場を理解し、その苦労さえ分かち合える。さらには、上述の国連商取引法委員会（UNCITRAL）に代表されるような、商取引分野での世界的な法の統一活動に日本は積極的に関わっているので、ヨーロッパの伝統的な法体系の呪縛を受けることなく、世界的な法の統一・調和という試みに途上国と一緒に参加することもできるのである。

冷戦終結後の世界において、とりわけ移行経済国に対する法整備支援の活動に日本は多少遅れて参入したわけだが、実はこの分野で新参者であったわけではない。むしろ輝かしい実績を持っていたと言っても過言ではない。何故なら19世紀の終わりから20世紀の初めにかけて政尾藤吉という法学者が、日本人版お雇い外国人としてタイ司法省首席顧問としてタイの法制近代化に大いに尽力し、とりわけ刑法典の起草に大きな貢献をした実績があるからである。

政尾藤吉[9]は1970年、現在の愛媛県大洲町に生まれた。17歳の頃、大洲教会で洗礼を受けプロテスタント信者になる。その後、家出し大阪へ出た後、上京、慶応義塾を経て、19歳で東京専門学校（現早稲田大学）英語普通科を卒業。

1891年、21歳で渡米、バンダービルト大学神学部、西バージニア州立大学ロースクールを経て、1895年、エール大学ロースクールに入学し、翌年、法学修士号取得。さらに1897年に弱冠27歳で、エール大学より日本の新民法典の研究により博士号を取得した。これについては、政尾よりも遅れてエール大学に留学し、後に日本人としてはじめてアメリカの大学の教授になった歴史学の世界的碩学朝河貫一元エール大学教授よりも早く、エール大学で博士号を取得した日本人ということになる[10]。

アメリカにおける日本排斥運動の発生という背景もあり、帰国を決意、1897年7月に約8年ぶりで帰国した。そして同年11月より、外

務省の委嘱によりシャムに赴任した。

2. シャムを巡る国際情勢

政尾が赴任した当時のインドシナの状況はどのようなものだったのだろうか。当時フランスは、積極的に植民地の拡大を計っていた。アジアにおいては、ベトナム統一の過程で中部フエに介入を開始し、1862年には早くも南部メコンデルタの一部を割譲させた。翌1863年にはベトナム、タイという強国に挟まれたカンボジアがフランスの保護下に入っている。

フランスはさらに、1884年の清仏戦争、翌85年の天津条約を経て、今のベトナムを版図に収めた。こうして1887年10月に仏領インドシナ連邦が成立した。そしてその版図をさらに拡大すべく、周辺の広州、雲南、そしてシャムへ向かって策動していた。

一方、当時の英国は、すでにビルマ、マレーを領有しており、グラッドストーンの自由党政権下で、現有の版図を越えての植民地拡大には積極的でなく、シャムの外国通商の90%を独占していた商業的権益を越えてまで領土的野心を持っていなかった。必ずしもシャムの領土を巡って英仏がぶつかり合ったというわけではなく、シャムを東方から虎視耽々と狙っていたのはフランスだった。

フランスは艦隊をメナム川河口に派遣し、シャム政府への圧力を強める。緊張感が高まり、1893年7月にはパクナム要塞での両軍の衝突が発生した。そしてフランスから最後通牒が突きつけられる。シャム政府は熟考の末、その受け入れを決める。その結果、10月にはシャム・フランス間に条約が締結され、シャムは遠隔の支配地を一部失いつつも（ラオス、カンボジア）、ひとまず国家の独立を保持することができた。

この国の存亡を賭けたフランスとの交渉を背後から支えたのが、チュラロンコン国王付のベルギー人顧問であったことは当のタイでもあまり知られていない[11]。法律家であるローラン＝ジャックマン（Rolin-Jaequemyns）は、ベルギー北部フランダース地域のヘント（英語ではゲント、フランス語でガン）生まれのフレミッシュ（フラマン）系のベルギー人である。もっともその背景には、タイ側も初めは英国に顧問の人選及び派遣を依頼したのだが、英国人顧問では経費が高すぎ、やむなく英国の推薦により、ベルギー人顧問に落ち着いたのだという。そしてこのフランス語を母語とするベルギー人は、フランスの国情や世論、対シャム戦略を冷静に読みながら、腰の座った対応をし、他方で在留の英国人社会と頻繁に接触し、ヨーロッパやシャムの新聞で反フランス植民地主義の論陣を張るなどして、シャムへの共感と同情を喚起するのに成功し、国王の全幅の信頼を勝ち得た。

3. 政尾藤吉とローラン・ジャックマン

さて政尾が赴任した時のシャムは、国王付きの総顧問として大臣相当の高位に君臨していたベルギー人国際法学者ローラン・ジャックマンをはじめ、司法省に居並ぶジャックマンが呼び寄せたベルギー人法律顧問たちが、列強との不平等条約改正を睨んだ法制近代化に苦心している時であった。政尾はひとまずシャム外務省書記官となり、折りしも交渉中だった日本との通商航海条約をシャム外務省のなかから補佐することとなり、条約は1898年2月に調印、4月に批准された。

1898年4月、条約の調印・批准手続きと前後してジャックマン総顧問の信頼を勝ち得た政尾は、その補佐となり、ほとんど独力で刑法第一次草案を作成させた。1901年4月、ジャックマンの帰国にともない、総顧問補佐（Assistant General Adviser）から司法顧問（Legal Adviser）となり、第二次刑法草案を作成し、さらに控訴院裁判官に就任した。シャムの刑法典はといえば、政尾の草案を基礎にして、後にフランスとの不平等条約の改正を機に、やっと1908年に施行された。この刑法典は後の1956年に改正されているが、基本的な部分は今に生き長らえている。なお政尾は、1903年、

当時としては珍しい論文博士という方法により東京帝国大学から、シャムの古代法に関する英文論文で法学博士号を取得している。

1905年から13年までは、国王への直訴裁判所、後の大審院で裁判官を務めた。法の起草だけでなく、その運用の重要性を認識し、しかも自ら関わった刑法典の運用にも携われるということで、政尾はタイ滞在の大半を法律顧問というより裁判官として過ごすことになったのである。

その後、シャム司法省にはフランスとイギリスから多くの顧問が派遣され、主としてフランス人は法律の起草に、イギリス人は裁判所の運営に関わり大きな影響力を発揮した。これも興味深い英仏間の役割分担と言わざるを得ない。また民商法典の起草作業も行われたが、それを支えたのもフランス人顧問であり、裁判官となっていた政尾の関与は側面的なものに留まった。民商法典起草に際して興味深いエピソードは、フランス人顧問たちは、当地の伝統や慣習を重んじる態度を取り、一夫多妻を容認し継続する姿勢を取ったのに対し、不平等条約撤廃のための法制度近代化であるとの理由で政尾が反対の立場を取り、最後には政尾の立場が採られたということである[12]。

結局、司法の面で英仏が本格的な関与を開始する19世紀末までは、司法省顧問はほぼ全員がベルギー人と言えるほどに小国ベルギーも大きな力を発揮したが、英仏が本格的に介入してくると、その勢力は一掃されることになった。日本もまた同様で、政尾の後任者を送り込むことも叶わなかった[13]。

さて政尾は、1913年8月、肝臓病の持病もあり、シャムを離任、9月に帰国した。

1915年3月、衆議院選に政友会から立候補、初当選、1917年4月に再選された。1920年5月の3度目の衆議院選においては、政尾は立候補せず、同年12月、特命全権公使に任命され、翌1921年2月にシャムに着任。しかし到着後半年にも満たない8月11日、脳溢血のためバンコク市内の公邸で死去。享年50歳。こうして結局、政尾は人生の約半分を海外で過ごし、外国にてその生涯を終えたことになる。

政尾は、シャムの不平等条約の撤廃のために、かつてお雇い外国人としてシャムの法整備に協力してきたのであり、2度目に公使として再赴任した最大の目的は、平等な日・シャム間の条約を交渉するためであった。外務本省の意向に反して、領事裁判権の放棄や関税自主権の付与等を具申しているが、結局、シャム赴任後半年での急逝により、生前にそれを成就することはできなかった。しかし1924年に締結された新条約では実質的に政尾の目指した方向で決着がついたのである。

政尾藤吉のように、日本人でありながら、アメリカで法学を修め、大陸法と英米法の両方に通じた人物が、開発途上国における法整備支援で大きな貢献をすることが可能なことが、こうして歴史的にすでに示されているのである。

参考文献

香川孝三『政尾藤吉伝：法整備支援国際協力の先駆者』信山社、2002年

小川秀樹『あなたも国際貢献の主役になれる』（日経新聞社、2001年）

小川秀樹『民族紛争と平和構築』JICA国総研、2002年

首藤・山田・小川・野本共編著『新しい平和構築論（仮題）』（明石書店、2005年）

(Endnotes)

1 和平・紛争と言語を含む文化の問題については以下の一連の拙著も参照。小川秀樹『カンボジア　遠い夜明け』（WAVE出版、1993年）。同『ベルギー　ヨーロッパが見える国』（新潮選書、1994年）、同『南ア新生の現場から』（JETROブックス、1994年）、同『イスラエル・パレスチナ聖地紀行』（連合出版、2000年）

2 大陸法は（civil law）、遠くローマ法にまで遡るヨーロッパ大陸の伝統的法制度のあり方。対する英米法（common law）が判例重視の体系であるのに対し、大陸法は成文法典重視の体系である。ちなみに明治維新の時期に形作られたわが国の基本法制はドイツ法、フランス法に大きく拠っているので、典型的な大陸法系の国である。

3 United Nations Commission on International Trade Laws。国際商取引法の調和と統一を任務とする国連総会直属の委員会。事務局はウィーン。本文で述べた国際商事仲裁の他に、国際物品売買、国際海運、国際支払等の分野で統一私法条約などを作成している。

4 小川秀樹「フランスにおける国際仲裁」国際商事法務1985年7月号

5 UNCITRALが世界の仲裁法の統一・調和にあたり、内容を固定化し、条約として採択して、各国に押し付けるのでなく、モデル法として採択し、各国に国内法化する際の修正の裁量を与えたことも、法体系の調和が簡単なことではないことを物語っている。

6 UNCITRALモデル仲裁法制定を受けて、伝統ある英国の仲裁法も1996年に大改正され、これまでの断片的な1950年法、1975年法、1979年法が統合され、判例も成文化され、異例の単一の仲裁法典としてまとめられた。まさに伝統的な英国法のスタイルからの決別となった。

7 もっとも日本が1990年代に至るまで法律の分野で国際貢献をした経験がないわけではない。昭和36年に日本に招致され設立された国連アジア極東犯罪防止研修所は刑事法の分野で長らく国際協力に携わっている。

8 小川秀樹「動き出すベトナム経済改革」、日本経済新聞経済教室、1987年11月13日。小川秀樹編著『ベトナムのことがわかる本』（明日香出版社、1994年）

も参照。

9 政尾藤吉については以下の著作に負うところが大である。香川孝三『政尾藤吉伝　法整備支援国際協力の先駆者』信山社、2002年

10 ジョン・ホール／阿部善雄「朝河貫一という人を知っていますか」中央公論、1981年12月および阿部善雄『最後の「日本人」―朝河貫一の生涯』岩波書店、1994年参照。ちなみに朝河も東京専門学校（現早大）出身であり、1902年にエール大学から大化の改新の研究にて博士号を取得している。

11 Walter E.J. Tips, Siam's Struggle for Survival - The 1893 Gunboat Incident at Paknam-, White Lotus, 1996; Walter E.J. Tips, Gustave Rolin-Jaequemyns and Making of Modern Siam - The Diaries and Letters of King Chulalongkorn's General Adviser, White Lotus, 1996

12 香川孝三、前掲書、p.171

13 同上書、p.189

(日本経済新聞 1987年11月13日付)

動き出すベトナム経済改革

新外資法固まる

西側企業との合弁推進く

経済教室

国連ESCAP
技術移転問題担当
小川 秀樹

3-3.市民とＮＧＯによる国際平和貢献

```
カンボジア
和平選挙に参加して
```

1993年の5月12日、私は日本からのカンボジア選挙監視員の一員として、成田を発ちバンコクへ向かった。4月の中田さん、5月の高田警部補（当時）の死亡事故が発生したばかりで、日本ではＰＫＯからの撤退も論議されていて、選挙監視員の派遣についても、辞退する勇気も必要だとか、何人辞退したとか新聞が連日報道するなかでの出発であった。成田を出発する時の取材などは、まるで戦場に赴く人への取材のようだった。

かつて私はバンコクにいたことがあり、その頃からカンボジアに関心があった。昨年には、現地調査のため三度もカンボジアを訪れていたこととあいまって、和平の行方には大いに関心があった。だから、この選挙については、自ら参加しないわけにはいかなかったのである。とはいえ、治安の悪化が気にならなかったと言えば嘘になる。むしろ大いに気になった。

選挙監視の実際

出発に際しては、内心いろいろ考えたものの、結局は選挙監視員の一人としてカンボジアに向けて日本を発った。私達はタイのパタヤで3日間の研修を受けた後、5月17日にタケオに入り、自衛隊施設大隊の宿営地で、スタンバイしながら研修や打合せの日々を繰り返した。そして、21日になっていよいよ各々の投票所へ散らばり、23日からの投票に向けて準備を行うことになった。

私が担当したのはトレアンという地区の投票所で、パゴダに小学校が付設してあり、その小学校の教室が投票所となっていた。私は文民警察官や他のローカル・スタッフとともにやはりパゴダに付設された高床式の大きな屋根を持った講堂のような建物に寝泊りすることになった。この建物は柱があるだけで壁はなく、そのうえ床はすき間を開けて板を通しただけで、床下が丸見えである。さすがに夜などは不気味で、政府支給品で持て余し気味だった防弾チョッキを床に敷いて寝ていた。

投票日の三日間の生活はというと、朝は5時くらいに起き出し、投票箱を運んできてくれるフランス軍のトラックを待つ。8時に投票を開始し、夕方4時に締め切る。そして再び投票箱を持っていってくれるフランス軍の到着を待つのである。こうして行われた投票は、大きなトラブルもなく、皆、お祭り気分で投票に出掛けた結果、高投票率を記録し、予想外に順調だったのである。

選挙管理に当たってはローカル・スタッフがよく訓練されており、私は実務的にはほとんど何もすることがなかった。何か問題があると出ていき相談にのったり仲裁に入る程度で、後は自衛隊やフランス軍が来た時に代表者として出ていって仕切る。そのほかには投票箱の開け閉めに立ち会ったり、書類に確認の署名をしたりするだけである。ローカル・スタッフをきちんと訓練した国際ボランティアの人たちの努力には本当に頭が下がる思いがした。

29日から始まった開票作業は、フランス軍のテントのなかで暑さや虫に悩まされながら、三交代8時間勤務で行われ、投票の監視よりこちらの方が困難を極めた。開票作業で面白かったのは、選挙の意味がわかっていなかったり、文字が読めない人が多かったためか指定の枠にチェックをしていなかったり、白紙投票だったり、いわゆる無効票が多かったことである。厳密に判断すれば一割近くの投票が無効票ではなかったろうか。しかし、投票者は誰からの締め

- 143 -

付けも感じず、自由に、そして秘密に投票していたことは確かである。

帰国後、いろいろな人と選挙監視について話していてわかったことは、日本人監視員だけが自衛隊施設大隊の宿営地のお世話になったかのように思っている人が多いということである。タケオ州に配属になった選挙監視要員は100名で、国籍でいえばアイルランド、スウェーデン、フランス、シンガポール、ジンバブエ、そして日本であり、そのほかにも国連からの派遣要員もいた。そしてこの100名が、投票所に展開したとき以外は自衛隊の宿営地に宿泊し、ブリーフィングなども、ＵＮＴＡＣの担当官がここに出向いてきて英語とフランス語で行うか、自衛隊の渉外担当の人が英語を使って行っていた。その意味では、タケオ地区の日本人だけが固まって日本式にやっていたわけではなく、ＵＮＴＡＣに属する自衛隊宿営地で、他のＵＮＴＡＣ要員と一緒に、ＵＮＴＡＣの様式に基づいて行動していたのである。外国人を宿営地に受け入れたことは同時に、自衛隊もきわめて有効な国際化の実地訓練を積んだことにもなる。

日本の国際貢献とＰＫＯ

選挙期間中、自衛隊の宿営地は、41人の日本人を含む100名の選挙監視要員を世話したことになり、自衛隊にとって画期的な経験をしたことになる。100名が到着して、英文のキャンプ案内を使っての英語ブリーフィングからして大変な苦労であったろう。シャワーの使用時間についても、朝も使用可能かという質問があり、担当者が思わず返答に窮するということもあった。これこそが自衛隊の中の国際化であった。その他、ＵＮＴＡＣの責任者とやりあったり、喫茶室でフランスの外人部隊と席を同じくしたり、国際化という意味では、何物にも代え難い経験であったろう。

しかし、自衛隊派遣に関しては、依然として明快な議論と合意は必要であり、少なくとも3年間のＰＫＦ凍結が解除されるまでに本格的な

議論が行われるべきである。もし自衛隊の本格的海外派遣が実施されることになっても、停戦合意や武装解除を絶対要件とすべきであろう。そしてそれでも血が流れることがあるということも覚悟しなければならない。

だが、そこまでの厳密な議論ができなければ、日本は今回のＵＮＴＡＣにおけるオーストラリアの通信、ドイツの医療、日本の施設のように、永遠に非軍事の得意分野にのみ活動を限定すべきであろう。いずれにせよ国を守る自衛隊の本分と、海外でのＰＫＯ業務に就くこととはかなり異質なものであり、国際貢献のための別組織が鋭意検討されるべきである。

今回の選挙監視は、カンボジアの和平と国造りにおける出発点であり、またその是非は別として、日本のアジアにおける政治大国への復権を賭けた日本外交の最前線であるカンボジアを内側から体験できたことは、個人的にも貴重な体験であった。この体験と実情を将来のＰＫＯ議論のために語り継がなくてはならないと思う。

考えてみよう!!

○1991年の湾岸戦争とカンボジアＰＫＯへの日本の参加について、その関連を調べてみよう。

○カンボジア紛争とベトナム戦争との関連を調べてみよう。

○国連によるカンボジア和平と現在のカンボジアの政治状況を比較して、国連ＰＫＯの意義を再考してみよう。

○カンボジア和平の前後における日本のＮＧＯの活動について調べてみよう。

カンボジアPKOの読み方

カンボジアを忘れないで！

1993年5月に、世界の関心を集めたカンボジア総選挙がひとまず無事終わると、その結果、プノンペン政府（人民党）と第一党のフンシンペック党が大同団結し、制憲議会が新たに採択した憲法が定める立憲君主制の下で、シハヌーク殿下の国王復帰が果たされた。長い間、盟友関係にあったフンシンペック党が政権の主導権を握ったためか、焦点のポル・ポト派も大規模な軍事行動は起こしておらず、結局、一年半に及んだ国連ＵＮＴＡＣの活動も、1994年9月にはひとまず成功裡に終了することとなった。そしてその結果、世間のカンボジアに対する関心も急速に失われていったように思われる。

しかしカンボジアは今後、ほとんどゼロからの国づくりを行うのであり、間違ってもカンボジア問題が、ＰＫＯの終了ともに片付いたわけではない。その状況は戦後の日本にも例えられようが、カンボジアの現況は、むしろ明治維新に近いのではないか。何故なら、カンボジアは長らく続いた閉鎖体制を脱し、これから本格的に開国するのであり、日本の場合の岩倉使節団や伊藤博文の憲法調査よろしく、いずれかの国に模範を求め、社会システムそのものの再構築から始めなければならないからである。

カンボジアの問題は、国連ＰＫＯの終了をもって終わったのではなく、むしろこれから始まるのであることがお分かりいただけたかと思うが、カンボジアの今後や日本の関わりを考える場合に、国連ＰＫＯとは何だったのか総括してみることは非常に重要だろう。

本稿ではスペースの関係で、国連ＰＫＯの全容を総括することは出来ないが、何故、そしてどのような点において、カンボジアにおけるＰＫＯが我々日本人にとっても今後とも重要であるかという理由を幾つか示してゆこう。

何故カンボジア和平は重要なのか

まずカンボジア問題は、アジアの安定と統合を考える場合のキーポイントとなる。カンボジアは、タイとベトナム、あるいはより大きく捉えれば、（旧）社会主義国とＡＳＥＡＮの架け橋である。カンボジアの安定なくしてアジアの平和もありえず、したがってアジアの問題はカンボジアを抜きには語れない。カンボジアは、冷戦終結後のアジアの平和と統合の象徴たりうるのである。

カンボジア問題はまた、国連の問題を考えるために絶好の機会を提供してくれた。ここではカンボジアは本当に国連ＰＫＯが必要だったのか、国連ＰＫＯにより、何がどう変わったのかという根源的なところから疑問は発せられよう。カンボジア問題への対処の仕方から、国連の活動の実証的な組織論、機構改革の方向性、そして日本の安全保障理事会入りなどの問題も見えてこよう。国連の紛争解決機能についても、格好の事例研究の対象になるであろう。

和平のプロセスを通じて、大国はすでに、政治経済的に活発な動きを開始しているが、紛争解決を通じた影響力拡大合戦の様相を呈しており、「国連の顔をした新々植民地主義」とでも言えるほどである。オーストラリア、タイ、日本、フランスがそうした当事国となっているが、これらの国が持ち込む外来の文化・社会制度とも相俟って、開発協力とそれに伴う既存の文化や社会制度の混乱、ひいては文化的従属という問題が起こる。これはＵＮＴＡＣの活動自体にも言え、フランス語が依然通じていたカンボジアで、あれだけ英語主導の活動を行うことの功罪も議論の対象となりうる。選挙法などは英米流の概念に基づいており、国連の名のもとに特定のスタイルの制度が持ち込まれたことになる。直ちにそれが問題なわけではないが、その事実は認識されるべきだし、その功罪につき議論もあろう。

カンボジアでこそ問われる日本の姿勢

日本の観点から見ても、日本は政治・外交大国への道をカンボジアから歩み始めるのである。政治大国として復権を賭ける日本は、その適性をカンボジアで試されるのである。

自衛隊の海外派遣もカンボジアで初めて実施された。国内的には憲法問題を引き起こす自衛隊海外派遣であるが、仮にカンボジアで上手く行ったからといって、他の国でも歓迎され、上手く行くとは限らない。「国連ＰＫＯ活動へは自衛隊とは別組織で」という当初の合意は今や忘れられているが、ＰＫＦ活動解除の問題とも絡んで、カンボジアの経験を踏まえ、実のある大人の議論が必要である。

経済面でもカンボジアは日本に対して新たな課題を突きつける。これまで日本は、タイやマレーシア、インドネシアなどの例に代表されるように、政府のＯＤＡが現地のインフラ整備に向けられ、その恩恵を受ける形で民間ビジネスが進出し、結果として現地の経済成長に大きく寄与してきた。しかしカンボジアはそれほど工業発展力を有し、ビジネスチャンスの大きい国ではない。民間ビジネスの力を借りない中での、本当の意味の日本のＯＤＡの実力が試される。しかも基礎教育への支援やアンコールワット修復のような、文化的・技能的な力量が問われる。行政官や専門家の派遣を通じて、日本の人的資源の水準も問われよう。

日本人を映し出す鏡、カンボジア

これまで長い間、孤立し、手を差し伸べられることのなかったカンボジアで、現地の行政組織に成り代って大変貴重な活動をしてきた民間ＮＧＯも、改めてその真価を問われる。堰を切ったように各国政府が援助を行ってくる中で、キメ細かい草の根レベルでの活動は以前にも増してさらに重要となろう。

最後にあれほど報道合戦を繰り広げてきたメディアが、国連ＰＫＯの何をどう伝え、何が伝わらなかったのかというのは、まさに格好のマスコミの事例研究の対象となろう。

かようにしてカンボジアＰＫＯという事例は、まさに社会科学の領域の宝の山なのである。

Cambodia volunteer experience ripe for sharing

By RITSUKO NAKAMURA
Staff writer

Despite the killing of a Japanese U.N. volunteer and a civilian police officer, despite the heated arguments over Japan's peace keeping operation, Hideki Ogawa, 37, was undeterred from his mission to Cambodia as an International Polling Station Officer (IPSO). The country exerted an irresistible pull on him.

Ogawa is, as his business card indicates, associate researcher for University of Nantes, international cooperation volunteer and international affairs analyst. He has been involved in various projects abroad. Based on his rich experiences he writes books and magazine articles on international issues. "When I passed 30, I realized that I'd go crazy if I stuck to one organization too long," he says. "It's easier as a freelancer to do what I like." He has energetically translated his ambition into action.

It was when Ogawa was stationed at the Economic Commission for Asia and the Pacific (ESCAP) in Thailand as a United Nations Industrial Development Organization (UNIDO) trainee in 1986-88 that he became fascinated by neighboring but distant Cambodia.

Hideki Ogawa

"I'm often attracted by countries that are tossed about in power relations, by so-called buffer states," he says. After joining an aid organization's one-week fact-finding mission to Cambodia and witnessing the first signs of revival of once moribund towns, his zeal for the country snowballed.

Japan's dispatch of election monitors was a golden opportunity for Ogawa, and it was quite natural for him to apply for the position. Even after the killing of two Japanese citizens, withdrawal was out of the question. He thought that those nurturing idealistic hope for peace should not risk their life. "But," he states frankly, "my purpose in going there was not purely to contribute to the peace, and I couldn't miss that chance."

In addition to strong personal interest, Ogawa's vocation as an analyst presented further incentive to go to Cambodia. He had strong doubts about the policies of U.N. Transitional Authority in Cambodia (UNTAC) and wanted to study them firsthand and write up his views for the public. Since returning to Japan, he has published a book, "Cambodia Tōi Yoake (Distant Dawn in Cambodia)," an account of his experiences and personal opinions.

"Since I'm a civilian, I'm in a position to speak more freely," he explains.

He criticizes UNTAC's relentless push for the elections as he believes they did not necessarily guarantee the improvement of the situation and feels it was sheer luck that the Khmer Rouge faction refrained from major attacks during the elections, avoiding huge casualties. "Thinking about it now, I can't help feeling indignation toward UNTAC's attitude. They breached the faith of IPSO," he says angrily.

The constitutionality of Japan's participation in peace keeping operations stirred up great controversy. Those who insisted on going to Cambodia were thought to be supporters of the peacekeeping law. When Ogawa was back in his hometown before the departure, he had police protection in anticipation of harassment by radical opponents and hotheads. Amid such tension he felt uncomfortable being seen as a supporter, since he was rather cynical about the government's peacekeeping law.

Ogawa feels Japan should contribute to international peace in accordance with its capabilities, but that dispatching Self-Defense Forces is not the only resort.

"The eyes of professional soldiers and those of the Japanese soldiers are quite different. I don't think the young Japanese can get arms and fight. I think Japan is better suited to contribute to the world as the symbol of peace," he says.

Ogawa, though more an individualist than a nationalist, was actually quite self-conscious about his participation as a Japanese. Since blossoming into an economic giant, Japan's presence in Asia has been measured in economic terms. In war-torn Cambodia, however, Japan has not yet made inroads. Ogawa sees Cambodia as a test of Japan's political possibilities in Asia. It is the first time the Japanese government and NGOs have preceded Japanese business ventures.

Since his return he has been treated like a soldier back home from the rigors of the front. He is almost reluctant to admit he enjoyed some aspects of the mission. Under such strenuous circumstances the bonding among the 41 IPSOs was strong regardless of age and status. UNTAC members always drew the attention of the local children and Ogawa enjoyed their fascination with his canteen and recorder.

Above all, he was thrilled to witness the unfolding of historical events firsthand: the first dispatch of Japanese Self-Defense Forces abroad; the election in Cambodia. "We all should hand down what we saw," he says, especially now that Japanese IPSOs are back in Japan and it is easy to forget that problems in Cambodia are ongoing.

Ogawa has plenty of plans. In his role as an "international cooperation volunteer," he is planning to form a group with some members of the Japan Volunteer Center to clear land mines in Cambodia. In the long run he would like to establish a peace park as part of a blueprint to encourage peaceful tourism in a country once ravaged by war.

(ジャパンタイムズ　1993年8月26日付)

平和構築と
ＮＧＯ・市民

市民が関わる和平

　国際紛争とか和平というと、その発生や解決には主として国家が外交問題としてかかわるものと思われがちだ。しかし冷戦終結後の世界において、状況は大きく変わった。まず戦争や紛争が国家間ではなく、国家のなかでの内戦という形で多く行われ始めた。次にそれらの解決には、国連をはじめ、地域的国際機関、さらにはＮＧＯなど多様なアクターが関与するようになった。さらには開発援助機関も、平和なくして開発もありえないとの認識に至り、開発援助にはすべて平和への配慮を伴うべきとさえ考えられるに至った。

カンボジアが全ての始まり

　日本で国際ＮＧＯ活動が本格的に始まったのは、1979 年以降、タイ・カンボジア国境でカンボジア難民の支援活動を行ったのが端緒になっている。その後、80 年代はアフリカなどへ活動の範囲を広げ、そして 92、93 年に国際ＮＧＯ活動は大きな転機を迎えた。カンボジア内戦を終結させるべく国連平和維持活動（PKO）が行われ、ＮＧＯだけでなく、多くの市民が国際和平に直接携わったのである。国連ボランティアとして派遣された一般市民が、そして政府の国際平和協力隊員として派遣された地方公務員や一般市民が、国連のカンボジア和平活動（UNTAC）の最後を締めくくる和平選挙の実施に貢献した。私自身もそうであるように、このカンボジア和平に直接参加した人々は、その後、継続して世界の和平に関与し続け、日本における平和構築のリソースパーソンとなっている。

コソボ・東ティモールから
新たな地平へ

　21 世紀を間近に控えた 99 年、春先にはコソボ紛争がＮＡＴＯ空爆に発展し、そして夏には東ティモールで住民投票後に混乱が勃発した。どちらの場合も、治安維持のため国際社会による軍事行動が実施されたことが共通点であり、そうしたなか日本政府は直接には紛争地域に手を差し伸べることができなかった一方で、ＮＧＯが医療支援やシェルター造りなどで緊急人道支援に赴いたのである。

ポスト同時多発テロの時代

　21 世紀に入ると、さらに新たな局面が現われてきた。2001 年の同時多発テロに端を発し、アフガニスタンとイラクで米国などがテロ撲滅のための戦争を行い、その戦争復興において誰が何をすべきかが現在問われていることは周知の通りだろう。今、ここでその問題は議論できないが、その点では、例えば 94 年のルワンダ難民支援において、ＰＫＯの枠組みで自衛隊が医療チームを派遣したほか、前代未聞の政府・ＮＧＯ合同のＰＫＯチームの派遣が検討された歴史が想起されてもよいだろう。

　私は今、仲間とともに、平和構築に経験、関心を有する研究者や、政府機関・ＮＧＯなどの実務家を統合した専門家のネットワーク作りにかかわっている。多くの人から関心が寄せられており、この 10 年でこの分野を巡る状況は大きく変わったと言わざるをえない。

市民による
平和協力の可能性

国連の平和維持活動の効用と限界

　我が国においては国連の平和維持活動は、国連カンボジア暫定統治機構（UNTAC）への自衛隊派遣の際の国内での議論や、同じくカンボジアでの文民警察及び国連ボランティアの計２名の日本人死亡事故等のイメージを強く引きずり、多少偏った印象を持たれている傾向は否めない。極端な場合、あたかも平和憲法上の疑念がありながら、自衛隊を海外派遣する対象となる国連の軍事的オペレーションであるかのようにとる向きもある。不幸にもカンボジア以降、国連平和維持活動は、ソマリアやボスニア等で惨めな結果しか残せなかったことのみが目を引き、ナミビアやモザンビーク等での希有な成功例や、キプロス、南レバノン、ゴラン高原等での長期にわたる地道な活動があまり注目を集めることもない。

　私は何も国連平和維持活動が本来的に正しいものであるとか、国際紛争に無効なものであるとか安易に結論づける積もりはないし、日本国憲法上の問題をここで議論する積もりもない。ただ国連平和維持活動が辿ってきた歴史をその概略でも理解し、それをありのままに評価する必要はあろう。

　国連平和維持活動は、1960年の独立直後に勃発したコンゴ（旧ザイール）動乱での活動のような例外的に巨大なオペレーションを除くと、伝統的には停戦監視のような比較的機能限定的な部分から始まり、最近になってカンボジアのように一国の治安維持と民主化を引き受ける大型の事例が登場し、そしてさらにソマリア、ボスニア等の平和執行型に発展していったが、そこでの苦い教訓により、今、新しい方向を模索しているところであると手短かに言うことはできる。そして経験的には、国連平和維持活動は、和平への機運が芽生えている紛争において

中立かつ国際的な仲介者が存在することが大きな意味を持ちうる時にのみ有効であり、そうした条件が存在しない事例では有効ではないことが分かった。

　こうしたなか最近目立つ傾向は、ボスニアの例に見られるように国連の直接の関与に代わり、地域的国際機構や特定の国の組織による平和維持活動が盛んになったことである。

地域的国際機構の登場

　国連に代わり地域的国際機構等が平和維持に関与してきた背景には、国連がうまく機能しない場合で、他の組織の方が有効に対処できる部分があるという事情がある。国連は全世界にまたがる組織であり、したがって特定地域に特別な関心を払うことはないし、広範囲に及ぶ利害調整の必要もあり、意思決定にも複雑なプロセスがある。予算面や装備面の制約もあり、紛争のすべてのプロセスをパッケージで扱うことは困難だし、万が一の場合の武力行使にも制約が伴う。

　それらの弱点のすべてが地域的国際機構等にとっては得意な部分になりうる。地域的国際機構は歴史的関係などから特定地域の紛争や和平に特別の注意を払うことができ、迅速な意思決定及び行動を取ることができる。強力な軍事力を展開することもできるし、軍事面だけでなく、人権保護、難民救済、選挙等民主化支援、さらにはその後の経済支援などの分野でパッケージで活動を行いうる。

　いずれにしても今後、地域紛争において国連とその他の組織が競って活動の場を求めることが予想される。そうなると何が起こるか。国連は、平和執行型活動への反省もあり、よりソフトな平和維持活動へシフトしてこよう。それに対応して地域的国際機構はよりパッケージ性を高め、予防外交から紛争・和平のプロセスを経て経済復興、国家運営まで活動分野を広げてくることも考えられる。その結果最も需要が拡大する分野は非軍事の平和協力の部分であり、つ

- 149 -

まり市民による国際平和協力の可能性が大きく
開けることとなる。

平和協力への市民参加の可能性
-カンボジアの事例-

　日本にとって1993年は国際貢献あるいは国
際平和協力元年であった。カンボジアの和平に
ついて国民が大量の情報に接し、日本がそれに
関わることについて深く考えることになった。
私見ではあるが、私は常々、日本がカンボジア
に多くを与えたのではなくて、カンボジアが私
たちに多くを与えてくれたものと考えている。
しかもそれは国際貢献元年である93年、ある
いはそれ以降の話ではなくて、むしろそれ以前
からの話である。例えば、日本の国際貢献ボラ
ンティア団体の草分けである日本国際ボラン
ティアセンター（JVC）は、タイ国境付近でカ
ンボジア難民の救済に当たったのがその活動の
発端である。後に述べるアジア医師連絡協議
会（AMDA、岡山）も、当時医師になりたての菅
波茂代表らがタイ国境でカンボジア難民を救済
しようと奮闘したことがその後の活動の契機に
なっている。そしてJVCは、プノンペン政府
軍に追い詰められタイ国境に逃れてきた三派の
兵士を救援することが、結果的にカンボジア内
戦を長引かせることになるという冷徹な現実を
学び、その後の活動をカンボジア内に移した経
緯がある。AMDAはといえば、難民キャンプ
で医療のお手伝いをしようと乗り込んだにもか
かわらず、すでに欧米の医療NGOが入り込ん
でいたため、医学の知識と善意だけでは何らの
手伝いも出来ず、難民救済や医療援助の分野で
も「業界」があることを学んだという。日本の
国際貢献ボランティアの先駆者たちは実に70
年代末以降のカンボジアから学んだのである。
もちろん93年以降にカンボジアと関わり、人
生観が変わり、その後国際貢献の活動を始めた
人は数多い。日本はカンボジアに与えたのでは
なく、むしろカンボジアから教わったのだと私
が考える所以である。

　かなり話は脱線したが、日本の多くの人に国
際平和協力とは何かを問いかけたのは、やは
り93年のカンボジアであることは間違いない。
協力に出かけていった日本人の血が流れたこと
で危険な活動とのイメージがつきまとったUN
TACであるし、当時国連史上最大と言われた
活動の大きな部分を軍事部門が占めていたのは
事実であるが、全体の活動の主目的は暫定的な
政府の運営を支援し、民主的な選挙を実施する
ために必要な選挙教育を施し、その締めくくり
に選挙を実施するという任務を担っていた。つ
きまとう軍事オペレーション的なイメージとは
違い、本来カンボジアの民主化を国連が一括し
た担う一大プロジェクトだったのである。

　したがってその国連の民主化プロジェクトに
多くの「文民」、つまり市民が日本からも参加
した。警察官が文民警察として活動したことは
承知の通りであろうし、選挙教育に国連ボラン
ティア(UNV)の人たちが前年の92年からフィー
ルドで活躍していた。選挙の際には選挙監視員
が派遣された。また明石康特別代表を含め、国
連の内部からUNTACに参加したり、外務省
から参加した人もいた。そのいずれもが「文民」
による国連の平和維持活動への参加であった。

　それに加えて、JVCや曹洞宗国際ボラン
ティア会を初めいくつもの日本の国際救援団体
が以前から活動しており、外国の団体も含める
と92年の段階で80あまりの団体が活動してい
た。あたかもカンボジアは国際救援団体のオリ
ンピックのような観を呈していた。行政の機能
が麻痺していたカンボジアで住民に各種サービ
スを提供したのはこれら救援団体の役割に負う
ところが多いのであって、私は対カンボジアの
和平協力の真の功労者はこれら救援団体であろ
うと思う。

　UNTAC自体の功罪については他に譲ると
して、UNTACはソフトな国連平和維持活動
の典型であり、ナミビアやアンゴラでの先駆的
な選挙監視の例は別として、本格的に市民が平
和協力に参加する端緒を開いたという意味でそ
の意義は極めて重要である。

最近の市民参加による平和協力
-パレスチナ・ボスニア-

　カンボジア平和維持活動以降、市民参加による平和協力で最近の代表的な事例としては、96年のパレスチナとボスニアの2件がある。

　96年1月に行われたパレスチナの評議会選挙は、93年のオスロ合意を受けて暫定自治の始まった西岸・ガザ地区で初の民選の指導者と評議会議員を選ぶために行われたもので、中東和平の行方を左右し、世界が注目する重要な選挙であった。パレスチナ和平においては、国連もその他の組織も軍事的にはいかなる関与もしておらず、外交的に米国、EU、ノルウェーなどが個別に和平の仲介をしているにすぎず、国連関連機関は難民支援（UNRWA）や経済協力（UNDP）、財政支援（世銀）を主として行っていた。

　こうしたなかでパレスチナ選挙に対して関係国が取った対応は興味深いものであった。和平の政治的仲介の役割を事実上米国に独占されて、経済支援の役割のみに甘んじていたEUが選挙支援に名乗りを上げ、選挙法の起草から、選挙実施の技術支援、さらには国際選挙監視の調整までをパッケージとして単独で行ったのである。

　こうした状況下で日本は選挙支援の主導権がEUにあることを前提とした上で、EUを側面からではあっても全面的に支援する姿勢を取った。現地の日本大使館は前年（95年）の11月にはパレスチナ選挙シフトを敷き、EUの選挙本部と密接な接触を開始、12月に入ると、外務本省から派遣されたアラブの専門家、現地の大学に研究員として滞在中だった2名の専門家等を中心に、事前調査団が結成され、さらに第二陣として、近隣の在外公館からの外交官に加えて、日本からパレスチナ和平に詳しい現地滞在経験のある専門家が加わった。こうして高度な専門性を有する市民を中核とした日本の選挙監視団は、EUの監視団とともに選挙人登録等の早い段階から選挙監視に従事しただけでなく、EUの選挙監視調整に早い段階から関わった。

　投票日直前には国会議員を含む総勢70名以上という大型の監視団となり、EUは別として、単独の国としては日本が最大の監視団派遣国となった。数だけでなく質の面でも、日本監視団は大学教員、中東専門家、ボランティア活動家、過去の選挙監視経験者、ジャーナリスト、大学院生等から成り、しかもアラビア語の知識のある者の割合が他の監視団に比べて高かったことは特記すべきである。注目されたのは、EUが仕切った選挙監視だったためか米国は距離を置く姿勢が見え、NGOが米国を代表して参加していたに過ぎないこと、アジアの仲間の中国や韓国も参加していたことである。

　選挙監視の活動には直接含まれないが、平和協力に関わった日本人はその他にもおり、西岸・ガザに在住していたいくつかのNGOの担当者はその支援業務の枠内で、そして、WHO派遣の公衆衛生専門家、UNVの美術教育専門家、UNRWAの職員らは国連の活動の枠組で継続的な平和協力に従事していたことになる。

　以上のパレスチナ選挙における経験は、同年9月に行われたボスニア選挙においてもさらに凝縮された形で生かされた。ボスニアにおける平和維持活動自体は、国連軍が撤収した後、多国籍軍IFORが展開していたが、選挙実施についてはウィーンに本部を置くOSCE（欧州安保協力機構）がその任に当たった。選挙実施・監視を自ら主催しない場合でも選挙実施の立案の段階から専門家を派遣し、それに参画するという教訓にしたがって、6月という早い段階から、過去の国際選挙監視の経験者でもある二人の現職の大学教授が現地に長期派遣され、選挙本部等での業務に従事した。

　投票日の前までには30名を超える選挙監視団本隊が到着し、日本監視団はサラエボ地区で投票の監視活動を展開した。ボスニアで見逃すことが出来ないのは、大量に発生した難民の救済に前出のAMDA等日本の救援組織が当たっていたことである。これは人道的活動であるとともに、同時に立派な平和協力活動でもある。

ソフトな平和協力の事例
　-AMDAの例を中心にして-

　カンボジア、パレスチナ、ボスニアの事例を順に検討してくると平和維持活動の本質というかルールとでも言うべきものが見えてくる。紛争防止等、和平の構築にイニシアティブを取り、汗を流した組織が、その後の選挙実施等の民主化のプロセスでも主導権を握るのである。逆に言えば、民主化やその後の経済復興支援に強い関心と利害を有する組織・グループが紛争の当初から平和維持活動に協力するということだ。つまり軍事能力、選挙実施ノウハウ、国家運営支援、財政支援のメカニズムをパッケージで持つ組織が一番有利ということになる。国連は世銀グループを擁するとはいえ、それは実質的に米国がコントロールしているという弱みがある。

　以上の基本構造はしかし平和協力を行おうとする組織に直接の影響を及ぼすものではない。日本の救援組織はこれまでも国際機関や政府の活動とは一線を画して、独自の財源をもって独自の見地から行われていたからだ。ただし今後は状況が変わってこよう。官と民の垣根が取り払われ、公的機関の平和協力活動がソフトな部分の領域を拡大するので相互乗り入れという形でそこに民間組織が参加する余地が増える。

　その意味でルワンダ難民支援において日本政府の平和維持活動の枠組でAMDA、難民を助ける会、アフリカ教育基金の会が難民支援を行うことが検討されていることは先駆的な動きとして大いに注目される。同様にAMDAは、国連の諮問機関として国連認定NGOの資格を有し、すでにWHOやUNHCR等と共同して業務を遂行している。

　さらにAMDAは国際貢献大学構想を有し、主として国際緊急医療協力、人道的平和協力等においてコーディネーターとして活動できる人材養成を計画している。こうした人材が将来、官民の枠を超越して国際平和協力に従事するであろうことは言うまでもない。

考えてみよう!!

○1979年に日本の市民グループがタイ国境でカンボジア難民救済に従事した時のことを調べてみましょう。

○1992～93年の国連UNTACによるPKOの際の日本のNGOの貢献について調べてみましょう（例えば曹洞宗国際ボランティア会＝現シャンティ）。

○1994年のルワンダ難民支援において、国連や日本の政府・NGOがそれぞれどのような支援をしたかを調べてみましょう。文中にある日本の民間NGOによる国際平和協力隊派遣の試みは結局どうなったのでしょう？

○岡山に本部を置くAMDAが有する国連諮問資格というのはどのようなもので、日本では他にどの機関が有しているものなのでしょう？AMDAが取り組んでいる国際貢献人材育成の試みの現状はどのようになっているのでしょうか？

○和平選挙やその選挙監視の重要性について書かれていましたが、成功裡に終わった1996年のパレスチナ選挙以来、イスラエル・パレスチナでどのような選挙が行われ、オスロ合意の路線からの逸脱、和平の頓挫を余儀なくされたのか、調べてみましょう。あるいはコソボで和平選挙、より具体的には選挙法の規定がどのように和平に直接貢献しているかを本書の中の論文で再度確認しましょう（3-1の論文）。

- 152 -

3-4.国際平和協力と日本

―ゴランPKO派遣に思うこと―

　1995年8月26日の土曜日、外務省専門調査員として調査のためイスラエルに滞在している私は、日本大使館の新任防衛駐在官等、何人かと一緒にゴラン高原にドライブ旅行した。折しも日本では前日の25日、96年2月からイスラエル・シリア間のゴラン高原のPKO（国連平和維持活動）、つまりUNDOF（国連兵力引き離し監視軍）に自衛隊を派遣する方向で与党の方針が固まったと伝えられていた。

　私にとって6、7度目のゴラン高原であるから、すでに地図を見ないでも運転できるほどに地理には習熟しており、レバノン国境の町メトゥーラ、十字軍の要塞ニムロッド、シリア国境のドゥルーズ族の町マジュダル・シャムス、戦力引き離し帯の中の無人の街クネイトラを見下ろす展望台、ガラリヤ湖を一望のもとに見下ろすピースヴィスタという展望台等を一日かけて案内した。

　緑が豊かで花が咲き乱れていた春先とは違ってゴラン高原の草木は夏枯れで黄色い大地だったが、それでも過酷な灼熱の死海周辺やネゲヴ砂漠辺りとは違って、生命の息吹を感じる美しい高原である。国境付近でも別段緊張感があるというわけでもなく、一行の面々、特に新任の防衛駐在官などは平穏なゴランに目を見開かれる思いがしたに違いない。

　思えば、95年4月、中東和平をフォローするために赴任してしばらく経ったイスラエルに、日本から総勢20名を超える政府与党合同UNDOF調査団がやって来た。その受け入れのお手伝いをしていて、一番印象に残っているのは、団員の一部の人が、団長を務めていた社会党の早川代議士にUNDOF派遣を熱心に働きかけ、それに対して銀髪で人の善さそうな早川氏は困り切ったような表情を盛んに見せていたことである。

　結局、調査団の帰朝後、自衛隊のUNDOF派遣は国連平和維持活動協力法（PKO協力法）上、問題なしとする主旨の報告書が出され、自衛隊のゴラン派遣への道が開かれたことになった。ただしその後も与党内の調整に手間取り、6月のハリファックス・サミットでゴランPKOへの派遣を明言したにも関わらず、正式な決定が夏まで持ち越された経過は、ここであらためて述べるまでもなく周知のとおりであろう。

　しかし4月のUNDOF調査団受け入れを現地で見ていて私が感じた違和感は、現地の情勢や国際情勢とあまり関わり無く展開する日本の国際平和協力への取り組み方への根源的な不安感であり、それこそが国際平和貢献に関して、今後日本が考えていかなければならない問題点であろうと思う。そのことを主としてゴラン高原とカンボジアのPKOを例にして本稿で検討してゆきたい。

平穏なUNDOF（ゴラン）、危険なUNIFIL（レバノン）

　初めに明らかにしておくが、私は基本的に自衛隊のUNDOFへの派遣には賛成である。それはなによりもまず同じユーラシア大陸で行われている国連の平和維持活動であり、しかも中東和平へ向けての日本の貢献の一つの方法でもあるからである。イスラエルとシリアの双方に停戦を遵守する意思が明瞭であり、中立的な軍隊の存在そのものに意義がある、いわゆる伝統的な国連PKOの典型であり、しかも20年間停戦違反が発生していない。当然ながら戦闘行為よる犠牲者はUNDOF創設以来、ゼロである。たまに羊飼いの少年やハイカーたちが兵力引き離し帯を越境してくるとそれが新聞ネタになるくらい国境付近は情勢が安定している。ここ数ヶ月でも月平均30件前後のミサイル等による砲撃や衝突事件が報告されているレバノン国境（UNIFILが展開している）と比べると、

シリア国境のゴラン高原の安定度は群を抜いている。

こういう現実を知る人にとって、輸送対象に武器がある場合にはUNDOF派遣はPKO協力法上問題あり、などという国内の議論は、法律解釈上だけの論議のための論議としか思えない。他方でゴラン派遣をめぐる社会党の譲歩が、PKF（平和維持軍）本体業務凍結の解除を議論する3年目の見直しを先送りする代償として行われた、などと報道されている。まるでPKO派遣は、PKO協力法解釈の問題か、あるいは政治取り引きの対象に過ぎないのかという気さえしてくる。これでは、「日本が参加可能」であるだけでなく、より重要な「参加すべき内容のPKO」だからという政策の匂いが感じられない。

政治調整にてこずり、やっと派遣が決定する方向となったが、忘れてはならないのは、ゴランに派遣できないようなPKO協力法であれば、派遣できるPKOなど他にないのであって（人道的な医療援助等を除き）、あのカンボジアUNTACでさえもそれに抵触する可能性があった。そんなことであるなら、不評を承知で「小日本主義」に立ち戻り、初めからPKO参加など止めてしまえばいいのである。結論的に言うなら、現在のところ、ゴランのUNDOFほど自衛隊派遣に適したPKOはないということである。

しかしだからといって私はPKO協力法に示された、非常に慎重な日本の参加方針が間違っていると言っているわけではないし、ゴランPKOは議論の余地なしに参加決定されるべきと言っているわけでもない。その理由を次に順番に述べていこう。

ゴランPKOの本当の姿

まずゴランが平穏である事実は先に述べた通りである。それには確固たる理由がある。まずシリアとイスラエルが戦火を交える積もりがそもそも無い。エジプト、ヨルダン、シリアが束になってもかなわなかったイスラエルに対して（67年第三次中東戦争）、エジプト、ヨルダンがすでに和平を結んだ今、シリアが単独で戦いを挑む可能性は限りなくゼロに近い。しかも旧ソ連という後ろ盾を失い、軍備レベルの現状維持でさえも困難をきたしているのは明白であり、イスラエルとの差は開く一方である。他方で、国の体制が一糸乱れぬ統率を誇るシリアであるから、中央政府レベルでの政策は辺境の国境でも履行されている。レバノンとは違い、国境での小競り合いが起きない筈である。

他方で、ゴラン高原を占領していて、それを返還して中東和平を完結させることを真剣に考えているイスラエルが、その占領地を越えてまで攻勢に出ることも極めて考えにくい。停戦を守る意思を双方が持っていること、日本が求めるPKOの原点がここにある。

しかしそのゴランPKOにもいくつも日本が問題にすべき点がある。あるいは誤って日本が問題にした点がある。

まずゴランPKOを進展する中東和平プロセスの中でどのように見るかという視点がまったく欠けている。94年12月のイスラエル・シリア両国の軍参謀総長同士の会談は物別れに終わったが、95年に入ってからの米国クリストファー国務長官のシャトル外交により、6月、再度参謀総長どうしの会談が行われ、イスラエルがゴラン返還を決意すれば、和平はすぐそこに手が届くところまで来ている。イスラエルのゴラン撤収後、米軍の駐留さえすでに検討されている状況である。早ければ95年中に和平が達成される可能性大と見るイスラエルの専門家もいる。UNDOF派遣を決定したはいいが、実際来てみるとUNDOFは解消していたなどという事態が発生しないとも限らないのである。

実際にも与党政府合同調査団が4月に来ていた時期は、3月のクリストファー米国務長官のシャトル・ミッションの成果を受け、対シリア和平がおぼろげながら見えてきた雰囲気があった時期である。日本がゴラン高原の視察ミッションを送るという情報が流れた時、日本大使

- 154 -

館に電話をしてきた現地マスコミ数社は、例外なく和平達成後のゴラン高原に多国籍軍の一部として日本が自衛隊派遣を検討していると誤解しており、ＵＮＤＯＦの補充だと分かるとそれきりコンタクトはなくなり、取材もなかったという。ＵＮＤＯＦの構成国がどこになるかは、基本的には国連の問題であり、イスラエルにとって副次的な重要性しかなく、それは報道された通り、ラビン首相の調査団に対する突き放した言動にも如実に現れていた。果たしてＵＮＤＯＦ調査団のことをイスラエル側のメディアで僅かでも報じたのは労働党系の新聞一紙のみであった。

他方、新聞紙上で連日、対シリア和平の問題が報道、議論されるなか（当然ながらそのなかでＵＮＤＯＦの問題等は俎上にも上らない）、日本の調査団がＵＮＤＯＦの問題で大奮闘している姿は、皆が真面目に取り組んでいるからこそ、逆にかなり困惑を禁じ得ない雰囲気であった。

それでは本当にゴラン返還によるシリア和平はあるのか。一般的には、シリアは現状で何の不足もなく、焦ってイスラエルと和平を結ぶ必要は無い、逆に中東和平を完結したいイスラエルがゴランを返還してでもシリア和平を必要としていると言われる。

しかし冷戦終了後、旧ソ連という後ろ盾を無くし、米国が唯一の大国となった状況で、しかもアラブの統一と大義も失われた今、イスラエルと和平を結ばないことでシリアが得るメリットは大きく減じた。むしろそのことでシリアはアラブの孤児になりつつある。

内政を見ても20年以上にわたる強権的なアサド体制は、実はアラウィ派という少数派に基盤を置いたもので、自らが政権をまっとうするだけでなく、死後も国父となり、尊敬されるためにはゴランを取り返して国土を統一し、和平を達成しなければならない。そうでないとアサドは単なる独裁者で終わってしまう。それは後継と言われた長男が交通事故死した今、次男への禅譲を実現するためにも必要なことである。イスラエルとの対立関係を維持し、その緊張感

のなかで強権的体制を続けるならば、アサドの死後、クーデターなどでアラウィ派の王朝は早晩崩れ、次男への禅譲も夢物語となる。アサドが健全なうちにシリアはいくらかでも民主化を行い、政権移譲へのレールを敷いておきたいところだ。

むしろ逆に、一般には和平志向といわれるイスラエルであるが、所詮「冷たい平和」か「安全な戦時体制」かの違いであって、国民の多数がゴラン返還に賛成なわけではない。なにより水資源が豊富で、かつ涼しく美しいゴラン高原をイスラエル国民は好きなのである。ただし現ラビン政権は、エルサレムの取り込みに異常な執念を燃やす以外は、「土地と和平の交換」の原則に則り、対シリア、対パレスチナの和平を明確に志向している。

以上のような双方の事情であり、対シリア和平早期実現は十分ありうるシナリオなのである。そしてその暁には米軍がゴランに駐留することが鋭意検討されており、さらにＵＮＤＯＦのカナダ部隊などはＵＮＤＯＦ解消の際には多国籍軍に移行する用意すらすでにあるとも言われる。

日本が参加しようとしているＵＮＤＯＦはこのような状況のなかに置かれているのである。外務省の高官が、「ＵＮＤＯＦは現地では空気のような存在だ」と語ったと報じられているが、それは事実である。ＵＮＤＯＦは、明日、和平が達成され、解消されるかも知れず、あるいはあと20年以上も延々と静かに存在するかも知れない。

自衛隊のＵＮＤＯＦ派遣に反対の人は、なぜ、こういう事情を逆に問題にしないのか。例えば、なぜ、完成されつくして順調に機能しており、しかもいつ何時消えてしまうかもしれないＰＫＯに、わざわざこの期に及んで日本がそれに割り込む形で派遣しなければならないのか？なぜ、ＵＮＤＯＦ解消後に自衛隊を横滑り的に多国籍軍に参加させようとする魂胆（参加させられる危険）がありそうだから問題あり！と言わないのか？なぜ、シナイ半島に今なお残るＰＫＯほどではないにしても、古過ぎて安全過ぎ

- 155 -

る、世間からは忘れられたPKOだから、日本が満を持して参加するにはふさわしくないとは言わないのか？あるいはなぜ、理想的なPKOだからこそ、カナダ部隊の一部と交替などという姑息な方法でなく、堂々とゴランPKOに参加すべく、この際PKO協力法の全面見直し（凍結解消だけでなく）を国民的論議を経て行おうと提唱することにより、逆に今次参加を阻止しようとはしないのか？

UNDOFは日本にとって最適だからこそ、今回の派遣決定の経緯と実態は、私には失望以外の何物でもなかった。

外から見たPKO参加方針と派遣手続きの問題

ゴランPKO、つまりUNDOFへの派遣は、報じられた通り、与党間の合意事項をベースにして、やっと実現する方向となった。それには、国連平和維持軍（PKF）本体業務の凍結解除は当面行わないことや他国の武器・弾薬や武装要員の輸送を行わないことなどが確認事項となっている。その他、武器使用や独自撤収の原則などを定めた「PKO派遣五原則」について国連と日本の国連代表部との合意を文書で確認する、武器を使用する共同訓練には参加しない、派遣期間は2年をめどとすることなどが含まれている。

ここにおいても感じるのは、国内向けの、しかも法文上の論議だけですべてが決定されていくという、いつものパターンである。

武力の行使を伴うPKFには参加しないというのは、ひとつの見識であり、武力行使が確実に求められるPKFには参加しないという限りで、それに私も賛成である。しかしかつてよく議論されたようにPKOとかPKFとかいうのは国内向けの議論なのであり、国連はそれを区別して実施しているわけではない。しかも大事なのは、概念的にPKOとPKFが区別できるとしても、結局実践では一件一件個別に判別されなければならない問題であるということであ

る。カンボジアのケースがPKOとして認識されていても、ゲリラから攻撃を受け、それに応撃したならそれはその限りでPKFの色彩を帯びる。現にそれは何度も発生した。逆にUNDOFはPKFだと認識されていても、20年間、武器使用の実績がなく、これからも考えられないのであれば、それをPKFとして認識していいのかという問題になる。要するに平和維持活動の性格は、文言としてどのように表示されているかより、実態がどうなのかの問題である。そのためには紛争の経緯、戦闘ないし停戦の経緯、国連等介入の形式、そして最近の動向が綿密に研究されなければならない。

カンボジアUNTACの例を取ると、一国の統治を暫定的に行い、新しい国造りを手伝う前例のない国連活動だとされた（実際には後述のコンゴ動乱で展開したONUCがあるが）。軍事的にはここでは外敵は存在せず、内なるゲリラ、特にポル・ポト派等が潜在的に攻撃を受ける相手とされた。これまでの「線」または「点」で展開したPKOとは異なり、UNTACはカンボジア全土に「面」で展開したため、全体としてPKOの体裁を取っていても、どこかの地域で武装襲撃等は必ず発生する。その意味でカンボジアはPKOだから、安全かつ武力行使の要がないという理屈は欺瞞に満ちているということになる。

他方、UNDOFの方は、双方の停戦合意に基づき、非武装地帯が設けられ、その外側にはさらに戦力制限地域が設けられている。実際、イスラエル側を例に取ると、ゴラン高原はほとんど全域が戦力制限地域に入っている。UNDOFが展開しているのは、その非武装地帯なのである。迷い込んでくる牛や羊はいても、ゲリラはおらず、そもそも人がいない地域で、どうすればUNDOF側で武力の行使が可能なのか、理解に苦しむほどである。

UNDOFで武力の行使がありえるのは停戦が廃棄されて大規模な戦闘が発生した時であるが、そうなると総勢1000名強で軽武装の「監視軍」であるUNDOFにはもはやなす術はない。日本が問題にしている撤収の問題がここで

発生する。しかし条約で非武装地帯や戦力制限地域が明示的に設定されているＵＮＤＯＦのような場合、停戦違反の認定は、カンボジアのように「面」で一国のなかに展開した場合と比べると、比較的容易である。したがって撤収も、カンボジアのように、究極的には選挙を行い新政府を作るという政治目的がある場合とは異なり、実施ははるかに容易である。そもそもＵＮＤＯＦは停戦を執行する任務を負っていない。

　日本が拘る独自撤収についても、ゴラン高原において戦闘が再開されるような場合には大規模な衝突が予想され、監視軍全体が撤収しなければならない事態となる。カンボジアのように一部の地域の治安が極度に悪化したなどという微妙な問題とは無縁である。独自撤収を云々する前にこうした状況認識が必要である。しかもＵＮＤＯＦは６か月ごとにマンデートを延長してここまで来ている（ちなみに今次のマンデートは95年11月まで）。停戦違反が発生し、戦闘再開となれば、そのマンデートを延長しないことによってＵＮＤＯＦの業務は自動的に終了する。

　以上のようであるから、一般論として日本部隊の撤収の原則などにつき、派遣前に国連側と合意できればそれに越したことはないが、そのことが最重要なわけではなく、重要なのは派遣するＰＫＯ個別の状況判断である。

　派遣期間は２年間をめどにするということについても、国際社会からは理解されにくい要請である。派遣決定にいたる過程ではＵＮＤＯＦ派遣が１年を越え、長期化する恐れが大きいから問題ありとされた経緯がある。しかしカンボジアＵＮＴＡＣのように、一定期間内に特定の政治目標があるような業務とは違い、ＵＮＤＯＦは和平が達成されない限り、停戦を見守り続けるのがその任務である。長々と存在し続けることを宿命つけられた組織なのであるから、長期にわたって駐留することがＵＮＤＯＦの場合は重要である。先にも述べたが、今現在完璧に機能しているもののなかに割って入っていって、１年だけカナダ部隊の一部と交代してもらって、１年後には「はい、さようなら」と言ったらって、１年後には「はい、さようなら」と言っ

て、再度、組織に穴を空ける身勝手が国際社会で通用するというのだろうか。

　結局、派遣は２年をめどにするという線で落ちつき、それは外務省によれば２年で完全に終了するという主旨ではなく、２年を経た時点で状況を見直して判断し直すということになった。私はＵＮＤＯＦに派遣するのであれば５年でも10年でも、イスラエル・シリアの和平が達成されるまで派遣すればいいと思う。

　ＵＮＤＯＦの歴史を振り返ってみると、74年にオーストリア、ペルーの歩兵部隊とカナダ、ポーランドの後方支援部隊という構成で発足し、75年、ペルーに代わってイランが、79年、イランに代わってフィンランドが参加し、さらに93年にはフィンランドに代わってポーランドが歩兵部隊を派遣している。その結果現在は、オーストリア、ポーランドが歩兵部隊を、カナダが後方支援部隊を派遣している状況となっている。以上から分かる通り、派遣国は自国の都合でしばしば撤収しているのである。日本も数年の後には撤収してゆくのであろうが、その際、自国だけで一つの構成要素を構成しているわけではないので、その引き継ぎ調整にも困難が今から予想される。カナダ部隊に取って代わるのではなく、「一部の肩代わり」という奇策を取ったことは将来に禍根を残すこととなろう。

国際平和協力の質の問題

　ＵＮＤＯＦ派遣を論議するなかで、一部から、ゴランＰＫＯは国どうしの陣地の取り合いの監視に過ぎず、カンボジアのように国造りへの協力という色彩がないので、参加すべきでないという結論が上がった。

　ＰＫＯを武器使用や安全基準等だけで見るのでなく、その内容、目的とするところにまで考慮を及ぼそうとするその考えは、注目に値する。ＵＮＤＯＦは確かに陣地合戦の監視役であり、そこには国造りや民主化という色彩は希薄である。そもそも中東紛争自体が、アラブの地におけるイスラエル建国に端を発する陣地合戦であ

- 157 -

る。

しかし、ＰＫＯの目的とするところを斟酌してというのは、聞こえはいいが、実に難しいことである。国造りとか民主化とかを支援するということは必然的に一国における内戦終了時や、植民地支配、占領の終了時における活動を意味することになる。カンボジアの事例が典型である。

カンボジアについては、ＰＫＯ参加の過程で大議論が行われた割には、事後の評価がなされていないと思うが、私はＵＮＴＡＣは決して成功とはいえないと思っている。最大の根拠は、カンボジア和平とはポル・ポト派をどうするかという問題であったのに、それがそのまま積み残しになった。旧人民党政権と反越三派のいくつかが連合を組んで、いや極論するなら人民党とシハヌークが組んで新政権を運営するなどということは、ＵＮＴＡＣや選挙を経ないでも自然と予想されたシナリオであったし、その動きは80年代からあった。中立的な国連が関与して期待されたことは、ポル・ポト派も選挙に参加して、新しい国民和解政府の一員として国家再建を担うということであった。国連史上最大のオペレーションを展開した結果その前後で変わったことといえば、外国諸国が新生カンボジア「王国」をこぞって承認して、カンボジアが国際社会に復帰する契機となったことである。他方、山岳ゲリラへと没落してゆく道を歩んでいるかに見えるポル・ポト派を見ていると、結局はポル・ポト派の政権を承認していた国連その他多くの国が、それを合法的に切り捨てるためにＵＮＴＡＣがあったのかと穿った見方さえしたくなる。

しかし私がもっと問題にしたい点は違うところにある。一国の中でＰＫＯを展開し、その国の社会・政治に対して直接手を突っ込んでゆくことの是非が真剣に問われなければならないということである。確かに国造りに資するＰＫＯと言えば聞こえはいい。陣取り合戦的な戦争に関与するＰＫＯより意味が大きいように一見して思えることは確かだ。

しかしカンボジアに関して言えば、ＵＮＴＡ

Ｃが入る前は内戦で国中が荒れ果てて、人々が飢えに苦しんでいたというわけでは全然ないということだ。ポル・ポト政権時代の後遺症に悩まされながらも、ベトナムの傀儡と言われ、国際社会からは無視されながらも、人民党政権のもと、国土復興に打ち込んでいたというのが実態である。

私が初めてカンボジアに入った92年3月は、ＵＮＴＡＣの展開直前であったが、首都プノンペンの目抜き通りにも人影がまばらな素朴な国であった。夜中など薄暗い街中をサムロー（人力タクシー）で流して涼むことが何の懸念もなくできたものだった。それがＵＮＴＡＣの一年半のうちに、道路は車で溢れ、物乞いや娼婦が徘徊し、町中に拝金主義がはびこった。通りを走る車はロシア製やフランス製の左ハンドルから右ハンドルの中古日本車までが混然としている。エリートは依然としてフランス語やロシア語を喋るこの国で、片言の英語を喋る若者が通訳や運転手として引っ張りだこになる。ＵＮＴＡＣに参加した国は例外なくその後の経済競争にも参入してきている。逆に言えば、カンボジアで影響力を強めたい国がＰＫＯに参加してきたということだ。それは日本やフランス、中国、オーストラリア、タイという参加国を見れば一目瞭然だろう。今のカンボジアは外国の影響力で国の統一性が侵されていると言っても過言ではない。

私は何も、ノスタルジックな気持ちでカンボジアにとって開発が悪で後進性が善であるなどと言っているわけではない。ＰＫＯという美しい仮面の裏には往々にしてこのような実態があるということである。そうしたＰＫＯ効果のプラスマイナスの判断は大変難しい問題である。そして私はカンボジアＵＮＴＡＣの場合、投入したリソースとその効果を判断すると、政治的には最悪の事態は避けられたにしても、成功とはいえないと思う。

いずれにしても、私がＵＮＴＡＣに高い評価を与えない究極の理由は、カンボジアは、ポル・ポト政権の後、人民党政権のもとで10年以上も実効的に国土の大半が統治されていたの

であり、国連に暫定自治をしてもらう必要など無かったと言っても過言ではないところにUNTACが入って行ったことに尽きる。つまりカンボジア側の必要よりは、国連側（あるいはその支援国）の都合が勝っていたPKOであったからである。

一国の統治を暫定的に行うというのはベルギーから独立したばかりのコンゴ（現ザイール）でも国連は経験している。その時は東西冷戦の真っ只中であり、地下資源の豊富なコンゴを取り込むという欧米諸国の思惑が複雑に交錯しあい、結局、国連PKO史上最大の犠牲者（そのなかにはハマーショルド事務総長が含まれる）を出した後、コンゴの分裂だけは阻止して、国連は撤収した。実際、内戦はその後さらに激化し、それを収拾したモブツが今日に至るまで、世界でもっとも悪名高い独裁政治を続けていることは周知のとおりであろう。他方で、最近のモザンビークにおけるPKOのように、冷戦終了後、交戦グループに内戦継続の理由も意思も無くなり、戦後の影響力拡大を狙う大国もない国のような場合は、国連がしっかりと予算をつけ十分な兵力を与えると、立派な成果を残すことも可能であることが証明された。アフリカにおけるPKOの希有な成功例である。

かように一国の国造りや民主化を支援するPKOというのは高度な判断が必要とされるものであるとともに厄介なものである。国造りや民主化支援だからという美名だけではPKOは盲目的に正当化はできない。しかし人道的支援を含めて、日本はそのようなPKOだけを、あるいは中心的に、行ってゆくべきだというのは、議論としては傾聴すべき点が多いし、それこそPKO協力法を改訂してでも、考慮されて然るべきだろう。かと言ってしかし、現状の法制からしてゴランのような旧来のPKOを排除することにはならない。

日本の「国際」平和協力の効能と限界

先に述べたPKOの派遣地域の問題等、あまりに議論されていない問題が多いことに気づく。いままでは安全性とか、武器使用、撤収問題ばかりが先行し過ぎたせいでもある。

問題点を整理しなおした上で、最後にこれまで議論されなかった部分について私見を述べてみることにしよう。

日本がいわゆるPKO協力法を制定した時に、当然ながら想定されたことは、国連等が行う平和維持活動に今後参加してゆこうという意思があるということである。国際社会はそれを当然、軍事分野をも含むと解する。例えばドイツも、旧ユーゴのPKOにおいて戦後初めて軍事分野での海外派遣を行い、しかも最近、実際に軍事行動を行った。日本はその部分だけを当面凍結して、非軍事の部分だけで派遣を開始することとした。私はドイツの例と日本を同列に論じるものではない。ドイツは敗戦後から、フランスとのパートナーシップを基礎に仏独不戦共同体であるEECに参加し、ヨーロッパの発展に黙々と汗を流してきた。他方で根気強く自ら戦争責任を追及し続けた結果、ドイツはヨーロッパからやっと「普通」の国になることを許されたのである。日本がドイツと同じことをやってきたとは到底思えない。

しかしそれが日本のPKO協力法の「凍結解除」ができない理由ではあるまい。「凍結解除」自体は日本の問題である。問題は、「凍結」が解除されたところで、旧ユーゴにおけるように、当然に軍事力の行使が予想されるPKO（F）には日本は派遣できないだろうということである。すべきでないと言ったほうが適当かも知れない。

私は個人的に、カンボジアでPKOに派遣された自衛隊員の多くにタケオ基地で接した。彼らが施設部隊の要員であることを差し引いても、タケオにいたフランス部隊のメンバーとはすべてにおいて違いすぎた。平和日本からの自衛隊員を常に死と隣り合わせの任務につけていいとは普通の神経を持った日本人であれば思わないはずだ。

何はともあれ日本が国際的に「普通」の国に近づくためには、まずその凍結は解除されなけ

ればならない。非軍事の活動は大いに結構で、どんどん促進されるべきだが、初めから軍事分野の活動に制約があるのは国際社会では大変なハンディキャップとなる。否、他国部隊の足を引っ張ることにもつながりかねない。大切なのは、軍事力を持ちながらそれを求めて行使しないで済む、言い換えれば軍事力の存在こそが意味を持ち得る、そうした性格のＰＫＯ（Ｆ）に参加することである。

しかしそこまでやっても日本はまだ「普通の国」とは言えまい。あるいは平和維持活動と日本との関わりに関する基本理念が曖昧なように見える。平和維持活動の枠内でさえも、一人前の活動ができないのであれば。それでは一体それ以上の部分で日本はどうすべきか、日本はどこまでやればいいのか。

まず明らかにしておく必要があるのは、何をもって「普通の国」というのかということである。「普通の国」とは「軍事大国」と同義ではなく、経済大国に見合った政治力を国際的にも発揮するということである。ハンディキャップが無いということでもある。ＰＫＯに関して言えば、自ら派遣が適当と判断したＰＫＯに適当ないかなる形式でも参加することができるということである。それをもって日本の軍事大国化を懸念する必要はみじんもない。なにしろ国際社会の総意のもと、かつ当事国の承認を得て、派遣が行われるのである。限定されたＰＫＯへ、わずかな兵力を提供するだけで、軍事大国化の懸念をすることはまったくナンセンスである。

それよりも平和国家日本として大事なことは、日本がどのような基準でＰＫＯに参加してゆくかを明確にすることである。つまり派遣のポリシー、質で勝負することである。

仮に、かつてのソマリアや旧ユーゴのボスニア・ヘルツェゴビナで行われているようなＰＫＯに参加できる法的体制が整ったとしても、大部分の日本人はそれに躊躇するであろう。あるいはいくらか停戦が成立してＰＫＯをという話になっても、旧ソ連のチェチェンに派遣することには疑問を感じる人が多かろう。さらには仮にパレスチナやアルジェリアでの治安維持にＰ

ＫＯをという話になったとしても派遣に違和感を持つ人は多いだろう。そうした自然な感情は実は十分な根拠があることが多い。

ソマリアや旧ユーゴでの活動には軍事力行使が欠かせない要素であった。しかも現場では敵意と戦意が燃えたぎっている。さらに旧ユーゴの場合、地図を良く見てみると何とイタリアの隣国で完全にヨーロッパである。

チェチェンの場合、旧ソ連が崩壊して、いずれにしても各共和国は旧ソ連の呪縛から自立する方向にあるのに、何故チェチェンだけがこの時期に、という割り切れない気持ちが残る。さらに日本が派遣した場合には、巨大なロシア軍との前面に対峙することとなり、こちらも割り切れない。

パレスチナの場合、国際世論をものともしないイスラエルの挑発が原因であると分かっていてその弾よけになるのはかなわないし、アルジェリアの場合も含めて、将来的にはイスラムのなかでの原理主義との戦いになるのが分かっていて、宗教戦争に日本が割って入ってゆく必要性も感じられない。

要するに紛争の形態は多々あれど、国連がＰＫＯを展開できる紛争は多くなく、そのなかで日本に適した紛争など数えるほどしかないということだ。

私は日本のＰＫＯに適した紛争のパターンとして、次の二つのことを提唱してみたい。

・一つは紛争の原因が構造的で、当事者の努力に限界があり、中立的な第三者の存在が意味を持つケース（例えば島の南北にそれぞれギリシャ系とトルコ系の住民が住み、第三者による分離が意味を持つキプロスのようなケース。本来は旧ユーゴなどもこの範疇に入ろう）

・二つ目は対立の原因がすでに消滅し（冷戦構造の消滅等）、第三者の介添えがあれば、和平へのモーメンタムが大きく期待されるケース（日本も参加したモザンビークのようなケース。アルジェリアなどはこの観点から大きく外れるであろう）

そして以上のいずれの場合も、それに内容、

質的な考慮と地理的な考慮が加わる。

先に述べたように本当に国造りや民主化、人道的支援という要素があるなら、それは優先的に考慮されるべきであろう。

いくら上記範疇に入っていても、地中海に浮かぶキプロスまで派遣が行われることは考えにくいし、ヨーロッパ本土への派遣も想像しにくい。派遣先が他国（他地域）の庭先のような地位にある場合、例えば、旧ソ連にとってのチェチェンや米国にとってのハイチやキューバなども同様であろう。やはり日本にとっての派遣先は、全世界にまたがるのでなく、ユーラシア、アフリカ、オセアニアあたりが中心になるのではあるまいか。

この地理的な考慮というのは意外に大事なものであり、例えば日本人が海外の問題を考える時に「国際（International）」という語で考えるのに対して、イギリス人は、あるいは英語では「世界（World）」という視点からものを見る。日本人が考える海外ニュースが「国際ニュース」なのに対して、イギリス（英語）などでは「ワールドニュース」となる。「国際」とは国境の存在を前提とした「内」からの見方である。一方、「世界」とは地球全体からものごとを見る発想である。残念ながら日本では「世界」という言葉にはなにがしかの胡散臭さがつきまとう。この違いは一朝一夕には埋めがたいものなのであり、我々はその違いをよく認識しておく必要がある。条件が整っていれば世界のどこにでも出かけていけるというものではないと思う。

本稿冒頭で、日本のPKO派遣の検討は、現地情勢に関わりなく国内事情で進んで行くと述べたが、それは日本の上述の「国際」観とも密接に結びついている。日本にとっては、各種国内法を慎重に全部クリアして、国から外に出すことに全神経を集中するのである。日本と海外の間にはこの時代に至っても高い壁があるのである。そこにおいては現地、つまりフィールドからの発想は事実上必要とされない。否、日本国内の要請がフィールドからの発想を飲み込んでしまう。フィールドからの発想の欠如が、カンボジアPKOにおいては高田警部補の殉職を

招いたことは言うまでもない。何故なら部隊単位で基地内に駐屯する自衛隊より、個人単位で村に入り込んでいる警察官の方がリスクがはるかに高いことは火をみるより明らかであったからである。自衛隊を送り込むという国内の政治的要請が、リスクが予知できたはずの派遣警察官への安全対策を疎かにさせた。

日本が「普通の国」になるということは、実はイギリスやフランスのように、ましてやアメリカのように世界中で政治力を行使できることまでを要求しているものではなく、せめてPKOが展開する現地の状況や必要に応じて政府が臨機応変に対応できるシステムを有し、少なくともアジア太平洋地域では政治リーダーとして認めてもらえるレベルを想定してのことなのであろう。日本のPKOもせめてその程度に大人になれれば成功と言えるのではないだろうか。

私はUNDOFへの自衛隊派遣に関して、その安全面では何の懸念も持っていない。休日にはゴラン高原で自衛隊員が快適に休息を取れることも私自身保証できる。今、心から祈っていることは、自衛隊が実際に派遣される前にイスラエル・シリア和平が急転直下、達成され、参加予定のUNDOFが解消していたなどという喜ばしくも大いに困惑する事態だけは起こらないことである。

カンボジアＰＫＯの国際選挙監視
（1993 年）

ゴラン高原に展開するＵＮＤＯＦ

空爆終了後、今度は報復にセルビア系の家が焼かれている。手前はＫＦＯＲのドイツ軍。プリズレンにて。
提供：ＡＭＤＡ

3-5. 日本の若者と平和貢献

イラク日本人人質問題の底流にあるものは何か
―素朴な疑問から自己責任論を読み解く-

2004年4月上旬、イラク戦争開始（2003年3月20日）からほぼ1年経過した頃、戦後のイラク支援や報道の意欲に燃える日本人の若者3名（男性2名、女性1名）が、ヨルダンから陸路イラク入りの直後にイラク武装勢力に拘束され、行方不明となる事件が発生した。犯行グループからは、3日以内に自衛隊がイラクから撤収しなければ人質を殺害する旨の犯行声明が出され、同時に3名の拘束を示すビデオもアラブ系メディアで放映され、事態はにわかに政治化していった。また少し遅れて、さらに2名の日本人フリージャーナリスト（どちらも男性）が不明になる事件が発生し、こちらについてはまったく犯行グループからの声明も、接触もないまま、事態が推移した。

とりわけ初めの3人に関する報道が過熱するなか、人質の家族の一部からは安全な解放、救出を願わんがための、自衛隊撤収要求まで出されたが、小泉首相は当初から自衛隊撤収はあり得ないとの明快な立場を堅持し（ただし犯行グループと交渉は行う姿勢は維持）、そうしたなか政府側からは問題を自衛隊派遣にまで及ぼさないがための自己責任論が噴出することとなった。

その後現地では聖職者協会の介入が奏功する形で、結局、前後して5名は解放され、3名は政府手配のチャーター機でドバイに運ばれ、健康診断や日本の対策チームの事情聴取を受けた後、ドバイまで出迎えに行った一部の家族らとともに、帰国した。しかし事件によるPTSD（心的外傷後ストレス障害）の症状ありと診断され、帰国時には記者会見も行われず、3人の行動に対する賛否両論がその後も渦巻くこととなった。あとの2名は、往路と同様、ヨルダンに出国、そこから自らモスクワ経由の飛行便で帰国した。こちらは帰国後は拘束されている間のことにつき、メディアに対して自ら発言を行った。

今回の一連の出来事は、犯人グループが固い決意に満ちたというより、むしろ交渉の余地を認める緩やかな姿勢を取ったという幸運があったため、事件発生当初考えられたように、日本のイラク政策の是非や、邦人保護における政府の役割などを厳密に問うようなものには必ずしもならず、むしろ日本社会や日本人の行動そのものを問い直す格好の事例を提供したように思う。何故問題はこれほど紛糾したのか。その原因をそれぞれの主体ごとに考えていこう。

まず外務省。今回、在イラク日本大使館には数名の日本人館員しかおらず、奥参事官（当時）などの殺害事件のこともあり、現地での情報収集もままならなかったことから、大使館の動きに注文をつけることは難しいだろう。しかし本省サイドの解放後の5人の取扱いについては首を傾げたくなることが多い。隣国ヨルダン経由でイラク入国した3名をなぜ、チャーター機まで利用して湾岸のドバイに連れ出し、そして自己責任という名目で新規に（余分に）航空券を買わせ（あとで費用請求したという）、帰国させたのか。何故ヨルダンへ出国させ自力で（本人たちの帰りの航空券を利用し）帰国させることで、自己責任を明確にしなかったのか。現に、あとの2人は、所持している帰りの航空券を用い、往路と同じくモスクワ経由で粛々と帰国しているではないか。しかも当時、対策本部はヨルダンのアンマンにあり、その本部を率いる逢沢外務副大臣もヨルダンにいたのだし、ヨルダンにも立派な病院くらいはあるだろう。まるで世間の注目に過剰反応し、必要以上に策を弄し、本人たちが希望するとは決して思えない対処を行い、そして自己責任という便利な掛け声のもと、その実費経費の一部を本人たちに負担させ

- 163 -

たのかと思わざるをえない。

　次にマスメディア。初めの３人に対して綿密な報道をするより、無謀とも思える大胆な行動に対する驚きもあり、賞賛も含めた興味本位でイメージ先行の報道に走り、その結果、後に一転して批判的な報道に陥ってしまった恨みはないだろうか。細かく言うと、当初は善意のNGOの活動家というイメージを作り上げたが、３人のうちの二人は、活動仲間はいるにせよ、実質的にはほとんど一人で活動しているボランティアではないか。国際的な活動にむやみとNGOという語を用いるならば、NGOに対する誤解を助長することになる。NGOと表現するならば、NPO法人化しているNGOなのかどうかも確認し（別段、任意団体でも構わないのである）、組織の実名で報道すべきではないか。今、世界のNGOは、イラクの情勢を見極めながら、支援準備をしつつイラク派遣できないで待機中か、それとも緊急の場合の避難方法を含め、万全の体制を整えイラクで活動しているかのどちらかである。組織と言えるのかどうか分からないような団体が今のイラクで活動を行えるほど、国際NGOの世界は甘いものではない。世間の一般の認識とは大いに異なり、国際NGOの世界は、まさにプロフェッショナルの世界なのである。

　一人で活動することが悪いと言っているわけではない。しかし当然ながら一人で出来ることには限りがある。しかも一人の活動は往々にして独り善がり、自己満足に陥りがちである。緊急人道支援でも、日本から医療チームを一組、短期間派遣したところで、その活動成果は僅かなものである。しかしそのチームが長期的な活動に入り、国連機関等から資金を得て、例えば地元の診療所などを修復し、現地医師を雇用し医療制度を復旧させるなら、効果は格段に大きくなる。

　それに一人の活動ということは、今回イラクに行くにしろ、派遣した組織がないということだ。派遣した組織がないということは、活動国で問題が発生した場合に、被害に遭った人と邦人保護を行う日本政府が、被害家族を介して直接に対峙しあうということである。当然ながら、派遣元がないということは、組織としての渡航の安全調査や保険や装備等の安全対策が十分には出来にくいということを示す。彼らは保険や通信手段、地図、医薬品等々、さらには遺書なども準備していたのだろうか。

　他方、フリージャーナリスト、とりわけフォトジャーナリストは本来、名を上げることを狙い戦地などに赴くものだ。それをメディア側も分かっているからこそ、敢えてより純粋な動機に基づいたボランティアたちを取材対象に狙う。そしてそれが今回は不幸にも極端から極端へと振れた。

　最後に被害に遭ったボランティア、ジャーナリストたちやその周囲の人々について。

　先に述べたように、若いボランティアの人たちは、いわゆる「一人NGO」のような形で現地へ入っていた。日本のすべての国際NGOは、今のイラクに支援を行おうにも、現実のイラク入りに二の足を踏んでいる状態なのであり、つまりイラクに入っているボランティア関係者は皆、組織からの派遣でなく、個人で入っているのである。それは百戦錬磨のNGOでさえ、イラクの治安が民間人の活動に適さないと見なしているからに他ならない。

　それでは米国政府筋（パウエル国務長官）やフランスの報道（ルモンド紙）が指摘したように、彼らは日本が誇るべき勇気ある人々なのだろうか。私は、国際舞台での活動を夢見る若い人たちが、きっかけを掴むべく、多少冒険をしてでも、若い年代のある時点で、どこかの紛争地や人道危機の現場へ飛び込むものであることを知っている。1979年初頭のタイ・カンボジア国境での難民発生を契機に日本の主要な国際NGOが誕生したこと、1992年からの国連によるカンボジア和平においてそれに参加した大勢の民間の人々のなかから和平ボランティアが育っていったことを身をもって知っている。私は今回の被害者についても、その勇気も含め、資質的にはこれらの和平ボランティアの系譜に連なってゆくべき人たちだろうと思う。

　しかし自分の立場、そして現地状況の認識に

- 164 -

は大いに甘さがあったと言わざるをえない。フリージャーナリストについては、世界で一番注目を集める場所に赴き、命を賭けて現場を取材し、自分の地歩を築きたい、場合によっては一之瀬泰造のように命を落としても構わないという発想だろうから、退避勧告が出されようとイラク入りするのだろうし、話は別だろう。

　若いボランティアについては、年代から言っても、一人ＮＧＯをしている経緯から見ても、それ自体を批判するわけではないが、私には彼らが大人になる途上で、まだ自分探しをしている様子にしか見えない。彼らは和平の現場に赴いた日本人が凶弾に倒れた歴史を果たして知っていただろうか。1993年のカンボジアでは、国連ボランティアとして働いていた、大学を終わったばかりの中田厚仁さんが、そして1998年のタジキスタンでは国連の政務官として和平の調停に奔走していた、ロシア・中央アジアが専門の大学教員だった秋野豊さんが。和平をもたらす国連という組織が安全対策を取っていたとしても、時として要員にこうした悲劇は起こりうるのである。とりわけカンボジアの場合は、内戦が終わり、国連による和平が進み、初めて海外派遣された陸上自衛隊の安全の問題のみが論議されるなか、まったく想定外の若い民間人が命を落としたのだ。イラクでも同様に、占領米軍の傘下にある自衛隊とは一線を画した日本人外交官が二名、命を落としたばかりではないか。部隊で駐留する自衛隊の安全が問題なのではなく、個人で動く自分たちこそがソフトターゲットなのだという冷徹な認識はあったのだろうか。そもそも占領米軍に連なるという理由から日本はターゲットとして名指しされてもいたし、加えてイラク全般の昨今の急激な情勢悪化がある。

　自分探しのために戦争が継続している国へ入るというのは、周りから見れば、特に政府から見ると迷惑極まる話だろう。なぜなら準備不足、装備不足なのに加え、そもそも大人になりきっていない、自分探しをしている年代だからこそ、家族の人々はより感情的に本人の生命や安否に反応することになり、そしてそれこそが今回、

そもそも初期のボタンの掛け違いを生み、問題を複雑化させる最大要因となった。人知れず凶弾に倒れたのと、メディアで公開されたなかで人質になった違いは確かにある。しかし上述の中田さんの事件でも秋野さんの事件でも、周囲はそれを冷静に受け止めた。いずれにしてもイラクは自分探しをしに行く場所ではなく、最悪の事態に対して周囲を納得させてから赴く場所なのだろう。

　今回の騒動を振り返ってみると、不思議なことに気づく。大きな問題とされたことについて、実は本質的な意見の相違がないということだ。自由意志に基づく行動の結果に対する自己責任を否定する人は誰もいない。海外渡航や移動の自由を否定する人もいない。邦人保護における日本政府の義務を否定する人もいない。それでもなおこのような大きな騒動に発展するのである。

　その背景には、案外、自由な時代に育ち、ものごとを安易に考える傾向のある若い世代に対する大人の世代の反発のようなものがあるのかも知れない。大人の世代から大人になりきっていない世代に対する、組織の世界から個人の世界に対する、そしてプロフェッショナルの世界からアマチュアの世界に対する・・・・・。

　それでは今、イラクで仕事をしている人々とは一体どんな人たちなのか。例えば自衛隊の佐藤先遣隊長は、かつてゴラン高原ＰＫＯの第一次隊長を務めた人で、自衛隊のなかでは国際経験が豊富で、かつ統率力がある人物だ。ＮＨＫの出川記者は、大学時代は相撲部で鳴らしたスポーツマンで、10年ほど前は中東紛争の最前線エルサレムに派遣されており、アフガンでも現地取材の経験を積んでいる。イラク報道でボーン・上田特別賞を受けた佐藤和孝・山本美香さんは、アフガン戦争でも活躍したばかりか、その前はコソボ紛争等での現場取材経験も豊富なフォトジャーナリストだ。皆、歴戦のつわものだが、もちろんこれらの人々にも駆け出しの頃はあった。願わくば、これから国際的な活動に進出しようとする若い人々が、やっかいな任地に赴く前に、適切な訓練を受けられる環境に身を置く機会があることを切に望む次第である。

あとがき

　古くは30年前の学生時代の稚拙な小論から、最近では参議院の専門調査誌に発表した、脚注だらけの政策提言論文まで、かなりバラエティに富んだ複数の論文をこの度、このような形でまとめる機会に恵まれた。

　私は、官学のドイツ風の学風とは異なる私学にて、しかも政治経済学部政治学科でかつて学んだ。政治学科ということで、国際政治学が専攻ではあったが、同時に広く浅くではあったが、経済学、法学などにも馴染むことができた。同時に、本当はその方が好きだったのか、文学や美術史、人類学や地理学等々、人文系の学問にも惹かれ続けた。社会人になってからも、国際ビジネス調査の分野に身をおいたり、国際法の分野の研究に従事したり、さらには国際協力あるいは平和協力の分野に身をおいて、実際に外国のフィールドで活動したりしてきた。

　偶然だが、40歳代も後半になって横浜国立大学から取得した博士号の名称が私の学問的・専門職業的遍歴を如実に表している。私の博士号の名称は「国際経済法学」だからだ。

　かつて、ある大学の宣伝のコピーで、「人生は文系でも理系でもない！」といった名文句を見たことがある。確かにその通りで、世界の諸問題も、「文系でも理系でもなく」、さらに「法学や政治学や経済学でもない」のだろう。本書を通じて、学問分野（ディシプリン）に拘らず世界の諸問題に対応する柔軟性を持った国際人が一人でも多く誕生してくれることを期待している。

　また同時に、国際関係に限らないが、他人が誰もやらないことでも、自分で「これだ！」と感じたら、それを10年間、やり続ける勇気と根性を持って欲しいものである。もしもそれを信念を持って10年間やり続ければ、その道の専門家にはなれるのであり、そういった人材も一人でも多く出てきて欲しいものである。

　本書の出版に際しては、2009年3月に刊行した訳書に引き続き、岡山大学出版会の皆さま及び査読にあたっていただいた岡山大学の先生方にはたいへんお世話になった。ここに記してお礼を申し上げたい。また下記に記したように、原稿の初出の発表元が快く転載を承諾いただけなかったら、そもそも本書は成立しなかった。それらの機関の方々にこの場を借りてお礼を申し上げたい。

　なお原稿データの収集、編集に関しては、私の山口時代のゼミ生である上田真之介氏のご協力に依るところが大きかったことをここに記しておきたい。

2009年11月3日
編集の最終打合せの地、山口湯田温泉にて

＜初出一覧＞

1．なぜ、世界と関るか
1．世界の視点を持つことの意義（「地球市民的な視野で日本を見つめ直す」J-eyes誌巻頭記事、2002年8月）
2．フィールドが教室：海外の現場に学ぶ重要性（「私の体験的『国際社会を見る眼』」経済セミナー誌1994年11月」、「ＥＣの心臓部は唯今分裂中」新潮社「波」1993年2月、「イスラエル廃線紀行」日経新聞文化欄、1997年6月2日）
3．国際キャリア、私の事例（「私の国際経験と稲門交遊録」早稲田学報、1991年2・3月、「ベルギー政府奨学金を得て　社会人の公費留学」留学と会話、1983年12月、「海外留学、国連勤務から国際協力専門家へ」（書下ろし）、「私の国際渡世、その中間報告」臨床看護、2006年3月）
4．大学で「世界」に触れてみよう（「大学人から大学進学者へのAdvice」蛍雪時代、旺文社、2004年8月及び「軌跡：Legend 2002〜2006」山口県立大学小川秀樹ゼミ、「タイ・ベトナム・スタディーツアーを企画・引率して」スタディーツアー報告、山口県立大学国際文化学部小川秀樹ゼミ編、2002年9月、「大学ゼミ訪問第50回、小川秀樹ゼミ（国際関係論）外交フォーラム、2003年2月」）
5．世界と言語（「言語の政治性　―英語vs.仏語」、IBDインフォメーション、1987年10月号に加筆修正）

2．開発と日本
1．世界の発展と日本（「経済協力への私の提言」経済協力推進協議会経済協力論文賞・文部大臣賞、1979年3月）
2．企業活動と貿易制度と国際援助と（「ビジネスも貿易も外国人労働者も『援助』？」（書下ろし））
3．経済発展と経済活動の連関を法的に見る（「経済開発と国際企業活動」国際協力推進協会（APIC）入選論文、1982年3月、「日米構造協議と独占禁止法の強化」三井銀総合研究所経済レポート、1990年11月）
4．貿易と開発と地域主義（「ＥＣ市場統合とリージョナリズム」興銀河上記念財団・経済分野入選論文、1989年）
5．日本のＯＤＡの過去・現在・未来（「世界のＯＤＡの趨勢と日本」参議院「立法と調査」2007年4月、「ASEAN工学系大学ネットワーク・プロジェクト（AUN/SEED-Net）」タイ・ベトナム・スタディーツアー報告書、山口県立大学国際文化学部小川秀樹ゼミ編、2002年9月）

3．紛争と和平
1．冷戦後の紛争と和平（「民族紛争と平和構築　カンボジア・コソボ・東ティモール紛争における国連の役割と政治制度構築」東京国際大学論叢・国際関係学部編第12号、2006年9月、「回顧'99　民族紛争（上・下）」山陽新聞1999年12月18日、19日）
2．平和構築と法整備支援（「平和構築と法制度構築支援　政尾藤吉のエピソードを交えて」早稲田大学WAVOCリーフレット、2005年3月、「動き出すベトナム経済改革」日経新聞経済教室、1987年11月13日）
3．市民とＮＧＯによる国際平和貢献（「カンボジア選挙監視に参加して」SPF、ニュー

ズレター、1993年9月、「カンボジアPKOの読み方」読書のいずみ、1993年12月、「Cambodia volunteer experience ripe for sharing」The Japan Times, 1993年8月26日、「平和構築とNGO・市民」早稲田学報、2004年11月、「市民による平和協力の可能性」軍縮問題資料、1997年3月）

4．国際平和協力と日本（「国際平和協力と日本　ゴランPKO派遣に思うこと」読売新聞論壇新人賞入賞、1996年2月）

5．日本の若者と平和貢献（「イラク日本人人質問題　－NGOと自己責任論を巡って」書下ろし）

著者略歴：小川　秀樹（おがわ　ひでき）

1956年生まれ。1979年に早稲田大学政治経済学部政治学科卒業（政治学士）。ベルギー政府給費生としてルーヴァン大学（オランダ語系KUL）研究留学、横浜国大国際社会科学研究科博士後期課程修了（博士：国際経済法学）。国連アジア太平洋経済社会委員会（ESCAP、外務省JPO派遣、在バンコック）、さくら総合研究所（現日本総合研究所・旧三井銀総合研究所）、在イスラエル日本大使館（外務省専門調査員、中東和平政務担当）、山口県立大学・東京国際大学助教授、岡山大学教授等を経て2016年から千葉大学教授（国際未来教育基幹所属）。

主要著書
・『カンボジア　遠い夜明け』（WAVE出版、1993年）
・『ベルギー　ヨーロッパが見える国』（新潮選書、1994年）
・『南ア新生の現場から』（JETRO、1994年）
・『イスラエル・パレスチナ聖地紀行』（連合出版、2000年）
・『あなたも国際貢献の主役になれる』（日本経済新聞社、2001年）
・『学術研究者になるには（社会・人文科学系）』（ペリカン社、2003年）
・『ベルギーを知るための５２章』（明石書店、2007年）

訳書
・『F1　一瞬の死』（WAVE出版、1998年）
・『シャムの独立を守ったお雇い外国人』（岡山大学出版会、2009年）

国際学入門マテリアルズ

2010 年 2 月 25 日　初版 第 1 刷発行
2019 年 7 月 25 日　初版 第 2 刷発行

編 著 者　　　小 川 秀 樹

発 行 者　　　槇 野 博 史
発 行 所　　　岡山大学出版会
　　　　　〒 700-8530　岡山県岡山市北区津島中 3-1-1
　　　　　　　　　　TEL 086-251-7306
　　　　　　　　　　FAX 086-251-7314
　　　　　　　　　http://www.lib.okayama-u.ac.jp/up/

印 刷 ・ 製 本　　富士印刷株式会社

©2010 Hideki Ogawa　　PRINTED IN JAPAN
ISBN978-4-904228-08-1

落丁本・乱丁本はお取り替えいたします。
本書を無断で複写・複製することは著作権法上の例外を除き禁じ
られています。